大家史说

# 明代史事与人物

苏同炳／著

紫禁城出版社

**图书在版编目（CIP）数据**

明代史事与人物 / 苏同炳著. — 北京：紫禁城出版社, 2010.1
（大家史说）
ISBN 978-7-80047-922-9

Ⅰ. ①明… Ⅱ. ①苏… Ⅲ. ①历史事件-研究-中国-明代②历史人物-人物研究-中国-明代 Ⅳ. ①K248.05 ②K820.48

中国版本图书馆 CIP 数据核字 (2010) 第 013084 号

明代史事与人物

作　　者：苏同炳

责任编辑：王冠良

封扉设计：赵　谦

出版发行：紫禁城出版社

地址：北京市东城区景山前街 4 号　邮编：100009

电话：010-85007816　010-85007808　传真：010-65129479

邮箱：gugongwenhua@yahoo.cn

制　　版：保定市万方数据处理有限公司

印　　刷：保定市中画美凯印刷有限公司

规　　格：1/16　787×1092mm

21.75 印张　260 千字

版　　次：2010 年 4 月第 1 版

2010 年 4 月第 1 次印刷

印　　数：1–4,000 册

书　　号：ISBN 978-7-80047-922-9

定　　价：36.00 元

# 目　录

# 明代廷杖制度溯源

## 锦衣卫当廷杖责

凡是对明史曾有涉猎的人，都知道明代有所谓“廷杖”之制。即是皇帝如果对某些大小臣僚不满意，可以令锦衣卫官校当廷杖责，重者每因此致死。由于被杖之人往往罪不至死而竟因杖致死，遂被人视为皇帝的法外滥刑。明代的刑法多滥，此为其一端。

《明史·刑法志》说：“刑法有创之自明，不衷古制者，廷杖、东西厂、锦衣卫镇抚司狱是已。是数者，杀人至惨而不丽于法。踵而行之，至末造而极。举朝野命，一听之武夫宦竖之手，良可叹也。太祖尝与侍臣论大臣礼，太史令刘基曰：‘古者公卿有罪，盘水加剑，诣请室自裁，未尝轻折辱之，所以存大臣之体。’侍读学士詹同因取《大戴礼》及《贾谊疏》以进，且曰：‘古者，刑不上大夫，以励廉耻也，必如是，君臣恩礼始两尽。’帝深然之。洪武六年，工部尚书王肃坐法当笞，太祖曰：‘六卿贵重，不宜以细故辱。’命以俸赎罪。后群臣诖误，许以俸赎，始此。然永嘉侯朱亮祖父子皆鞭死，工部尚书夏祥毙杖下，故上书者以大臣当诛不宜加辱为言。廷杖之刑，亦自太祖始矣。”

明代的廷杖之刑，在后世至为酷烈。如明武宗正德十四年，以谏止皇帝巡游故，廷杖翰林院修撰舒芬等一百四十六人，死者十一人。明世宗嘉靖初年大礼议起，世宗迁怒言者，杖翰林学士丰熙等一百三十四人，死者十六人。明代廷杖之滥，以明世宗一朝为最甚。史称明世宗在位的四十余年间，“杖杀朝士，倍蓰前代”。到了明熹宗时，太监魏忠贤擅权窃柄，滥刑立威，郎中万燝、吴裕中等先后毙于杖下。王圻《续文献通考》论此云：“志称廷杖之制自太祖始，然太祖特偶一为之，而不图其后世之因而甚焉，是故用法不可不慎。”这一段话，说得很有道理。但后世史家，虽然都以为“廷杖”的制度是明太祖所始作俑的弊政，考之前史，殊又不然。

《后汉书·申屠刚传》：“光武时，尚书近臣，乃至捶扑牵曳于前，群臣莫敢正言。”又《左雄传》：“迁尚书令。时大司农刘据被谴，诏诣尚书，传呼促步，又加以捶扑。雄上言：九卿位亚三公，班在大臣，行有佩玉之节，动有庠序之仪。孝明皇帝始有扑罚，皆非古典。帝从而改之。其后九卿无复捶扑者。”所谓“捶扑”，即是杖责。可知刘基所说，“古者公卿有罪，盘水加剑，诣请室自裁，未尝轻折辱之，所以存大臣之体”云云，其实只是一种理论，历代以来的皇帝多不能遵守。皇帝不能以礼待大臣，则大臣不知自顾廉耻。这当然是很不好的后果。然而自后汉的光武帝及明帝以后，好以捶扑及杖责行罚于大臣的事例，实在太多。

《三国志·吴志·孙和传》：“（孙）权欲废和立亮，无难督陈正、五营督陈象上书，称引晋献公杀申生，立奚齐，晋国扰乱。又（朱）据、（屈）晃因谏不止。权大怒，族诛正、象，据、晃牵入殿，杖一百。”汉光武及明帝好捶扑大臣，还只是令诣尚书省行责，孙权则居然当殿行杖，此与明代的廷杖何异。《魏志·何夔传》云："夔字叔龙，曹操辟为司空掾。操性严厉，掾属公事往往加杖。夔常畜毒药，誓死无辱，是以终不见及。"据此可知，大臣被杖固然是不常见的罕事，而小官被杖，在当时则被视为常法。然则"士可杀而不可辱"之说，在官僚政治制度的时代里，是久已被视若无物了。

## 州刺史贪暴罚杖

后魏时，曾有两个州刺史被杖的纪事。一是陈建，因在州贪暴，文成帝遣使罚杖二十；一是皮怀喜，因在州饮酒废事，孝文帝遣使决杖。此是见于《后魏书》记载的事例，其他未见于记载者，不论。北齐时，冯翊王润廉慎方雅，习于吏职，历官至东北道大行台、右仆射、都督、定州刺史。"因举发开府王回洛及六州大都督独孤枝侵窃官田，收纳贿赂，润按举其事。二人表言，王出送台使时，登魏文旧坛，南望叹息，不测其意"，将图陷以怨望重罪。齐武成帝遣元文遥至州宣旨，曰："冯翊王少小谨慎，不为非法，朕信之熟矣。登高远望，人之常情，鼠辈欲横相间构，曲生眉目。"于是将回洛决鞭二百，独孤枝决鞭一百。此是见于《北齐书》的事例。又，北齐时李中散之弟庶为临漳县令，坐事为齐文宣帝所杖三百，竟死狱中。中散痛弟枉死，终身不经临漳，此事见于《五代新说》的记载。凡此，俱可知在隋代以前，北方诸朝的皇帝，屡有杖责臣下之事。这种惯例，发展到隋文帝时，就达到了新的高潮。

隋文帝性猜忌而不学，既以智术得篡周自立，遂好以明察自矜。除以重法处治罪犯以外，又好于殿廷打人，一日中每至数次。如果行责之人用杖不力，甚至并行责之人处死。尚书左仆射高颎及治书侍御史柳彧等进谏，以为

“朝堂非杀人之所，殿廷非决罚之地”，帝不纳。至中年以后，用法愈峻。时越国公杨素最为文帝所亲信，杨素因事与鸿胪少卿陈延不睦，奏陈延所管蕃客驿馆庭中有马粪，又纵令仆役在毡上赌博，文帝因此发怒，曰：“主客令不洒扫庭内，掌国以私戏污败官毡，罪状何以加此?”皆于西市棒杀，而捶陈延几死。这些记载，比之明代的廷杖，几乎并不逊色。开皇十七年，以所在地方官属不相敬惮，多自宽纵，事难克举，不即决罪，无以惩肃。于是授权地方长官，对于所属僚吏若有过犯，准许在法律规定的科条之外，斟酌决杖，以为惩警。于是，在从前只是皇帝可以随便发怒责打朝官，而自此以后，地方长吏亦可以对属官随意行杖了。士子读书入仕，至此乃随时有因得罪长吏而被杖责之虞，这一层，当是现代的知识分子所不能想象的吧。

唐代的刑律，号称宽严得中。虽然在武则天专政时，因酷吏周兴、来俊臣等人之用事而刑狱太滥，但自玄宗拨乱反正之后，刑轻狱少，号称治平。至于朝臣之不致如隋代时常被杖责，据说与玄宗时宰相张说之谏止有关。按《唐书·张嘉贞传》，嘉贞于玄宗初年时官中书令，开元十年，秘书监姜皎有罪，嘉贞附和王守一，奏请杖处，皎竟死。后广州都督裴伷先有罪下狱，玄宗问宰相，当以何罪处之，嘉贞又请行杖。张说时官兵部尚书，以为不可，曰：“臣闻刑不上大夫，以其近于君也，故曰士可杀不可辱。臣今秋受诏巡边，中途闻姜皎以罪于朝堂决杖，配流而死。皎官是三品，亦有微功，若其有犯，应死即杀，应流即流，不宜决杖庭辱，以卒伍待之。且律有八议，勋贵在焉。皎事已往，不可追悔，伷先只宜据状流贬，不可轻又决罚。”玄宗以说言为是，从之。嘉贞不悦，既退朝，谓说曰：“何言事之深也?”说曰：“宰相时来即为，岂能长据?若贵臣尽当可杖，恐吾等行当及之。此言非为伷先，乃为天下士君子也。”张说的器识宏远，远非张嘉贞之流可及。而由张说的故事，更可以使我们连带地将宋代名相范仲淹的故事提出来在此一说。

## 长吏任意杖属官

罗大经《鹤林玉露》云：宋仁宗庆历间，劫盗张海过高邮军，知军州晁仲约力不能御，令百姓以牛酒犒劳，海悦，竟不为暴而去。事闻于朝，宰相富弼以仲约身为地方长吏，而竟以牛酒犒劳贼盗，虽罪不致死，而其情可恶，必欲处死。范仲淹时为参知政事，曰："祖宗以来，未尝轻杀臣下，此盛德事，奈何欲轻坏之！且吾与公在此，同僚之间，同心者有几？虽上意亦未知所定也。而轻导主人以诛戮臣下，他日手滑，吾辈亦未敢自保也。"富弼殊不以为然。其后富弼自河北出使还朝，有旨不许入京，不测朝廷意向，至于终夜彷徨，忧心忡忡。因思昔日范仲淹之言，叹曰："范六丈，圣人也。"罗大经并有一诗咏此，云："奋髯要斩高邮守，攘臂甘驱好水军。直到绕床停辔日，始知心服范希文。"

希文，即范仲淹之字；六丈，则范仲淹之排行也。范仲淹以为大臣不可劝人主于法外滥刑，以免他日"手滑"。揆之张说之言，其意亦正如此。唐代的皇帝多仁恕，常以滥刑为戒，虽说与其天性有关，张说的劝导未始没有很大的影响。倒是隋代所创地方长吏可以随意杖责属官的制度，对于当时州县簿尉以下的小官，确实构成了极大的虐待。

吴曾《能改斋漫录》引杜甫诗云："脱身簿尉中，始与箠楚辞。"又引韩愈诗云："判司卑官不堪说，未免箠楚尘埃间。"又引杜牧诗："参军与簿尉，尘土惊羌勤。一语不中治，鞭笞身满疮。"这些诗句，都可以说明唐代的州郡佐贰，如参军、主簿、县尉等官，随时都有因长吏的喜怒不测而被杖的机会。佐贰等官犹且如此，等而下之的掾吏人役，自然更甚。参军与簿尉的地位虽低，但一样亦是朝廷命官，与吏员的身份不同。他日循序渐进，未尝不可以致位公卿。然而他们在官卑职小时却不免要忍受州郡长吏的滥法非刑，真不知道如何方能砥砺其廉耻之心。明代的廷杖制度虽然酷烈，但州县下僚尚不致动辄受迫害，有如大诗人杜甫、韩愈所描写的那样。然则明代皇帝之好以廷杖施之朝中士大夫，也并不即可视为这些皇帝们患有虐待狂的心理。因为若以唐代州郡长吏动辄以“一语不中治”而鞭笞下僚至于遍体鳞伤的那种粗暴情形相比，明代皇帝们的作风，只可说是专制时代里为人长上者的一贯作风。

宋代的皇帝素以不杀士大夫为其传统家法。朝官有罪，仅予谴谪。宋理宗淳祐二年，有诏，今后州县官有罪，诸帅毋辄加杖责。然则自唐代相传的长吏杖责属官之法，到南宋末年时亦已废除。而北方的辽金两朝源出游牧部族，游牧部族重武力而轻礼仪，所谓“刑不上大夫”的这套理论，在游牧皇帝的心目中是从不存在的。因此，在辽金两朝的历史上，杖责朝官，虽贵族勋戚不免的事实，层见迭出。这一套粗暴专横的统治方法，与南方宋国之尊礼士大夫，恰成鲜明的对比。

《辽史·圣宗本纪》：统和四年十月己亥，北大王帐郎君曷葛只里，告本府王蒲奴宁十七罪，诏横杖太保核国底鞫之，蒲奴宁伏罪十一款，余属诬告。有旨将蒲奴宁笞二十，曷葛只里负有司定罪，知事勤德连坐，杖一百免官。又道宗本纪，太康二年十一月甲戌，帝欲取观起居注，修注郎不癫及忽突堇等不进，各杖二百罢官。这是见于《辽史本纪》中的两条记载，举例以见一斑。至于《金史本纪》中的这类记载，较之《辽史》所记，不啻倍蓰。

《金史·太祖本纪》：天辅三年六月辛卯，散睹出使宋国还，宋遣马政及其子前来报聘，散睹受宋团练使官职。事觉，太祖怒。予杖而夺其官。天辅五年六月丙申，千户胡离答坐擅署部人为蒲里衍，杖一百，罢之。《太宗本纪》：天会五年七月甲午，以石州守将乌虎丧师失城，予杖夺官。《熙宗本纪》：皇统八年七月戊寅，以尚书左丞唐括辩奉职不谨，杖之。《海陵帝本纪》：天德三年十二月戊辰，杖寿宁县主徐辇。天德四年八月癸亥，杖侍御史保鲁，以鞫事不实故。贞元二年八月丙午，杖左丞相昂，以其杖弟妇故。贞元三年三月壬子，以左丞相张浩及平章政事张晖每见僧法宝，必逊坐其下，有失大臣体貌，各杖二十；僧法宝妄自尊大，杖二百。正隆二年正月庚寅，因工部侍郎韩锡升同知宣徽院事不奏谢，杖一百二十，夺所授官。类此事例，仅在《金史》诸帝本纪中即可举出数十条之多。因文字太繁，不暇一一缕述。扼要而言，由《金史本纪》的记事看来，金朝上自宰执，下至百司簿尉，几乎有犯皆杖，无分贵贱。如前举之左丞相张浩及平章政事张晖，即是国家的最高官吏。张浩后来进位至尚书令，在正隆六年八月与左丞相萧玉又因事被杖。正隆六年二月，卫王襄之妃亦因事被杖。同年正月，判大宗正徒单贞等亦因饮酒被杖。王妃尊贵，又系妇女，徒单贞则是最近支的宗亲贵族，皆是位高爵尊之人。以位高爵尊之人尚且被杖，其他可知。元代亦起源于北方游牧民族，又兼因灭金而沿袭其政治制度，因此，元代官吏因事被杖之多，亦略如金朝。

《元史·世祖本纪》：至元二十年六月丙戌令，江南各地地方官有奉调而不到任者，杖之，并追夺所授敕命。七月丙子，淮东宣慰同知宋庭秀坐私役军人，杖责免官。二十六年二月丙寅，江西大都路总管府判官萧仪坐受贿当死，从宽杖责免官。《成宗本纪》：大德元年六月丙辰，监察御史斡罗失剌言事不实，笞之。《英宗本纪》：至治二年三月辛卯，监察御史何守谦坐赃，杖责免官。五月乙酉，云南行省平章政事答失铁木儿、朵儿只亦因坐赃杖免。

七月辛酉，中书省左丞将思明坐罪杖免，并籍其家。十一月辛酉，刑部尚书不答失里坐受贿，杖免。三年正月庚子，刑部尚书乌马儿坐赃杖免。五月壬寅，云南行省平章政事忽辛坐赃杖免。

以上所记，仅是从元史诸帝本纪中所抄辑而得的几条记事。其他官职较低，事故较细，而不见于诸帝本纪中的事例，更不知有多少。与明代廷杖制度不同的是，辽金元三朝之杖责朝官而不论尊卑，都是因为他们本身所犯的罪咎。到了明朝，官吏因过犯罪而须予杖责的，可以罚俸赎罪，但并无过犯又不须罚俸的，却又辄加廷杖。这就不关乎法制的问题，而仅仅出于君主个人的喜怒好恶了。

## 法外刑借事立威

明代的廷杖制度，可以用几个字来简单地加以概括。即“法外施刑，借事立威”是。《明史·刑法志》说：“宣德三年，怒御史严皑、方鼎、何杰等沉湎酒色，久不朝参，命枷以徇。自此言官有荷校者。至正统中，王振擅权，尚书刘中敷，侍郎吴玺、陈瑺，祭酒李时勉，率受此辱，而殿陛行杖，习为故事矣。成化十五年，汪直诬陷侍郎马文升、都御史牟俸等，诏责给事御史李俊、王浚辈五六人容隐，廷杖人二十。正德十四年，以谏止南巡，廷杖舒芬黄巩等百四十六人者，死者十一人。嘉靖三年，群臣争大礼，廷杖丰熙等百三十四人，死者十六人。中年刑法益峻，虽大臣不免笞辱。宣大总督翟鹏、蓟州巡抚朱方以撤防早；宣大总督郭宗皋、大同巡抚陈耀以寇入大同；刑部侍郎彭黯、左都御史屠侨、大理卿沈良才以议丁汝夔狱缓；戎政侍郎蒋应奎、左通政唐国相以子弟冒功；皆逮杖之。方、耀毙于杖下，而黯、侨、良才等杖毕，趣治事，公卿之辱，前此未有。又因正旦朝贺，怒六科给事中张思静等，皆朝服予杖，天下莫不骇然。”

## 刑罚本义相去远

这一段史文中所叙的宣宗、英宗、宪宗、武宗、世宗诸朝的廷杖故事，宣、武、世诸朝是因皇帝迁怒臣下，英、宪二朝是因太监王振及汪直用事。迁怒臣下而不暇问其所罪，辄先予以杖责，又不论其所罪是否应予杖责，是为法外施刑。太监用事而欲群臣听命于己，辄借廷杖为钤束诸臣之手段，是为借事立威。至于武宗之因群臣谏阻南巡，而廷杖舒芬等一百四十六人，世宗之因群臣不肯附和一己之主张——以其父兴献王为“皇考”，而廷杖丰熙等一百三十四人，则又兼具前述二者，其目的无非欲借此胁制言者，使不敢再生异议而已。

明代的廷杖制度发展至此，所谓廷杖，显然已成了专制皇帝贯彻专制主张的工具，与刑罚之本义相去甚远了。《明史·刑法志》谓，廷杖“杀人至惨而不丽于法”，即是指此而言。以这一点来与前代的杖责朝官相比，明代的廷杖，自然可算是专制时代的一项“酷政”。但要说殿廷打人之制始于明代，则又显然并不与史实相符。

《明史·刑法志》论明代的廷杖之制，有所谓“举朝野命，一听之武夫宦竖之手，良可叹也”的话，这一点，则又与明代太监之好借事毒害士大夫有关。《明史·刑法志》就说：“王振、刘瑾、魏忠贤之徒，叠起而得志，率由于此。盖监刑用内官，行杖用卫卒，士大夫既悬命其手，则欲小人之不归诚于彼，而君子之不触其祸，难矣。”王振、刘瑾及魏忠贤，俱是在明代为患甚烈的“权阉”，在他们的指授之下，“廷杖”成了杀人的一种特别方式。在明代文献纪录中的这类记载，看起来大有令人触目惊心之感。

明人抱瓮外史所撰《星变志》，记明神宗万历五年时大学士张居正父丧夺情，翰林院编修吴中行、检讨赵用贤、刑部员外郎艾穆、主事沈思孝等四人上疏切谏，奉旨中行、用贤二人各予廷杖六十，穆、思孝二人各予廷杖八十的情形说：

> 廷杖时，周庐环列羽林军，戈戟森严。廷中杖如麻，执杖者如林。伫甚久，司礼乃出。绾铜符者，服虎章者，趋跄于其间。大喝：“带上犯人来。”自此后，每一喝则千百辈一喊声以应，其震撼若天地崩裂者。二翰林同受杖，而二刑部继之。先喝“跪下”，宣驾帖。宣讫，喝“拿下”，倏忽遂缚定。喝“打棍的”，喝“着实打六十棍”，喝“五棍一换”，喝“着实打”，一校尉乃执棍出班立。喝“阁上棍”，乃阁棍于股上。喝“打”，乃始打，至三棍则止。又喝“着实打”，至五棍则又止。一校尉复执棍出班立，其喝，其喊应，俱如前五棍时。盖六十棍凡十二人。喝“阁上棍”，喝“打”，凡打十二声，而着实打之棍则二十。至此则世所称阴府地狱，恐无此光景。初如泰山压卵，糜溃而不胜也；又如热油灌肌，焚灼而难禁也。既而体肤若非我所有者，至周遭三四，其痛苦更锥心刺骨，愈多则愈不堪忍，以不速毙为憾。惟气定则宁，神不乱故魄不摇，司礼睁目解颐。杖毕，报“棍完”，喝“踩下去”，四校尉以布袱曳之出……（此云杖六十棍，据艾穆撰《熙亭先生文集》卷四《恩谴记》一文所说，则为“宣驾帖杖吾二人，着实打八十棍。五棍一换，八十棍换十人”，与史传所记合，《星变志》似只笼统而言。）

吴中行、赵用贤、艾穆、沈思孝四人，所得罪的是“相君”张居正，与宫中的司礼大珰无关，故虽重杖六十或八十，尚不至于死；若是得罪了太监刘瑾、魏忠贤之流而得廷杖，其所得的结果，就不会一样。因为司杖的校尉用杖有手法，打起来并非人人一样之故。

## 法外杀人施毒手

查嗣瑮《查浦辑闻》云：

午门廷杖，司礼监锦衣卫使分坐左右。列校行杖之轻重，匪独察二人之语言，辨其颜色也，黠者每视其足。足如箕张，则囚可生；靴尖一敛，则囚无生理矣。闻诸恶少年习行杖时，先缚革为二人，一寘砖于中，一纸裹其外，俱以衣覆之。杖寘砖者视之若轻，徐解而观，则砖都裂。杖纸裹者视之极重，而纸无伤。能如是则入选。以朝臣之死生，恣阉竖武夫之喜怒，真可叹息痛恨也。

明熹宗时，大珰魏忠贤擅权窃柄，工部郎中万燝上疏纠劾，魏忠贤大怒，逮至阙下，立予杖死。樊良材所撰《万忠贞公传》记此云：

初，燝劾魏珰疏上，珰恚甚，矫旨廷杖一百，褫革为民。缇骑甫出，群聚蜂拥，摘发捉肘，饱恣拳棒。逆珰瞋目监视，倒杖张威，施辣手而甘心焉。杖已，血肉淋漓，奄奄待尽。

廷杖一百，可以致人之命，此即是查嗣瑮所说校尉行杖手法具体表现之一斑。所不同的是，当时的魏忠贤业已权倾中外，对于他所欲置之于死的人，大可以不必再矫揉造作。所以万燝在被逮之后，司杖者尽可以大施毒手而无所顾忌。而杖毕以后，内伤深重，无药可治，又不仅只是“血肉淋漓，奄奄待尽”而已。廷杖制度发展至此，简直成了皇帝与太监法外杀人的残酷手段，所以无怪乎《明史·刑法志》要慨乎言之了。

明世宗嘉靖四年，世宗因大礼杖言事者，刑部尚书林俊上疏切谏。略云：

> 古者挞人于朝，与众辱之而已，非必欲坏烂其体肤而致之死也，亦非所以待士大夫也。成化时，臣及见廷挞三五臣，率容厚绵底衣，以重毡叠裹，犹卧床褥数月，淤血始消。正德时逆瑾用事，始启去衣之端，重非国体所宜，酿成末年谏止南巡挞死之惨。幸遇新诏收恤，士气始回，不谓又偶有此。

## 清主中原革酷政

这一段话，说明了明朝的廷杖之制，是愈发展到后来愈为酷烈。其始不过是皇帝在法外滥刑，后来则变成皇帝滥用其专制淫威胁迫臣下不敢披鳞逆谏的吓阻工具，至太监刘瑾、魏忠贤擅权乱政，更变成了屠戮异己的杀人手段。廷杖的制度发展至此，真可说是明代的一大酷政了。明亡清兴，明代的许多酷政都得到革除，廷杖亦其中之一。前人论史，每谓清代虽以异族入主中原，又其专制之毒酷烈无比，但就此一端而言，又未尝不是胜于明朝的善政，其言可谓切至。

综括本文的介绍，可知在从前专制皇帝的时代里。皇帝当廷杖责朝臣，其起源可以一直追溯到汉代。所以说，廷杖始于明代之说并不很对。但前代皇帝的殿廷打人，不过是刑罚种类之一。而明代的廷杖并非刑罚之一，只是皇帝和太监要借此立威，所以才有此法外之刑。至末年而流祸甚惨，乃成为后世所诟病的酷政。这一点，应当可说是明代廷杖制度有别于前代的地方。

# 明太祖阉割孟子

台湾各图书馆，收藏善本书最多的，目前当然是台北图书馆。但在抗战以前，则以北平图书馆为此中巨擘。该馆藏有一部明太祖洪武廿七年刊刻的《孟子节文》，不但是海内外仅存的孤本，也是撰写明太祖传记的一项极有用材料。

将这部《孟子节文》与通行本《孟子》相比，便可知道，《孟子》全书七篇二百六十条，节文只存有一百七十五条，计少八十五条。这少去的八十五条，比较重要的有如下这些文字：

梁惠王篇："贼仁者谓之贼，贼义者谓之残。残贼之人，谓之一夫。闻诛一夫纣矣，未闻弑君也。"

同上："古之人与民皆乐，故能乐也。汤誓曰：时日曷丧，予及汝偕亡。民欲与之偕亡，虽有台池鸟兽，岂能独乐哉？"

公孙丑篇："王者之不作，未有疏于此时者也。民之憔悴于虐政，未有甚于此时者也。……今之时，万乘之国，行仁政，民之悦之，犹解倒悬也。故事半古之人，功必倍之，惟此时为然。"

离娄篇："桀纣之失天下也，失其民也。失其民者，失其心也。得天下有道，得其民，斯得天下矣。得其民有道，得其心，斯得其民矣。得其心有道：所欲，与之聚之，所恶，勿施尔也。民之归仁也，犹水之就下，兽之走圹也。”

同上：“君仁莫不仁，君义莫不义，一正君而国定矣。”

同上：“君之视臣如手足，则臣视君如腹心。君之视臣如犬马，则臣视君如国人。君之视臣如草芥，则臣视君如寇仇。”

万章篇：“君有大过则谏。反复之而不听，则易位。”

告子篇：“今之事君者，曰：我能为君辟土地，充府库。今之所谓良臣，古之所谓民贼也。君不乡道，不志于仁，而求富之，是富桀也。我能为君约与国，战必克，今之所谓良臣，古之所谓民贼也。君不乡道，不志于仁，而求为之强战，是辅桀也。由今之道，无变今之俗，虽与之天下，不能一朝居也。”

尽心篇：“民为贵，社稷次之，君为轻。”

孟子，是我国古代最富于民本思想的学者。他之重视人民福祉而非议暴君虐政，在上面这些文字中可以充分窥见其梗概。在《孟子》一书中，他在对当时统治者所作的谈话，大多是随机开导，以启发其本性中的一点善念，从而阐明孔子之学，辟斥功利主义。在章潢《图书编》中所谓“因其观台池鸟兽则启之以与民偕乐，因其移民移粟则启之以养民，因其耻败秦楚则启之以省刑薄敛，因其问天下之定则启之以不嗜杀人，因其欲闻齐桓晋文则启之以是心足王，因其惭好俗乐则启之以与民同乐，因其问囿小大则启之以与百姓同利，因其交邻好勇则启之以一怒安民，因其侈乐雪宫则启之以无流连荒亡，因其好货则启之以乃积乃仓，因其好色则启之以内外无怨，无非引动其不忍人之心，以行乎不忍人之仁政，正以君心为万化之源也。”这种“保民而王”的故事与教训，历代以来，都被统治者奉为施政的圭臬。唯独明太祖对此，却有他不同的看法。

全祖望《鲒埼亭集》引《典故辑遗》云，明太祖读《孟子》，怪其对君不逊，怒曰：“使此老在今日，宁得免耶?”时将丁祭，遂命罢孟子配享。这一条记载中所说的“怪其对君不逊”。我们还无法知道如何不逊。但如参看《明史·钱唐传》中的记载，便可略悉其内容。《钱唐传》云：

> 帝尝览孟子，至草芥寇仇语，辄废卷，谓非孟子所宜言，议罢其配享。诏：有谏者以大不敬论。唐抗疏谏曰：臣为孟轲死，死有余荣。时廷臣无不为唐危，帝卒鉴其诚恳，不之罪。其后配享旋复，然卒命儒臣修孟子节文云。

原来明太祖之所以发怒，正因孟子曾经说过，“君之视臣如草芥，则臣视君如寇仇”。中国的专制政治，在明清两代发展到了极致。照明太祖的想法，尽管皇帝把他的臣民视为草芥或虫豸，做老百姓的也决无反抗余地。孟子鼓吹保民爱民的民本思想，无异教民作乱犯上，是可忍孰不可忍?加上《孟子》七篇中更有所谓“君有大过则谏，反复之而不听，则易位”的论调，何异教导人民自由选择其君主。在明太祖那样唯我独尊的专制帝皇心目中，自是必须去之而后快的了。至于他后来虽因刑部尚书钱唐的进谏而恢复孟子的配享资格，但仍命儒臣修《孟子节文》，将他所认为有“违碍”的地方逐一删除，终要使孟子的民本思想不能存留在《孟子》一书之中。他的这种愚民政策，较之秦始皇的焚书坑儒，亦不过是一间之隔而已。

《孟子节文》一书，照现存洪武二十七年刊本的原书卷前题辞看来，此书为翰林学士刘三吾秉承明太祖之指授而作，其题辞中曾说：“孟子一书，中间词气抑扬太过者八十五条。其余一百七十余条，悉颁之中外校官，俾读是书者知所本旨。自今八十五条之内，课士不以命题，科举不以取士。壹以圣贤中正之学为本，则高不至于抗，卑不至于谄矣。”删去了孟子学说中见解开明的民本思想，犹且自认为“圣贤中正之学”，其目的真是要一手掩尽天下人之耳目，使天下后世之人从此再不能领会到孟子学说之伟大精深所在，其用心之狠毒，即是元、清两代异族所建立的政权，也不至于到此地步。昔人每每夸赞明太祖是中国历史上第二个平民出身的皇帝，观乎此，便可知道这个平民皇帝头脑中所包藏的专制思想，实在要比历史上所有贵族出身的皇帝还要来得死硬而顽固。

刘三吾，《明史》有传。先抄引一段，以见其为人。

> 刘三吾，茶陵人。洪武十八年，经茹瑺荐召至，年七十三矣。奏对称旨，授左赞善，累迁翰林学士。时天下初平，典章阙略。帝锐意制作，而宿儒凋谢，得三吾晚，悦之。一切礼制及三场取士法多所刊定。三吾博学，善属文。帝制大诰，命三吾序。《洪范注》成，亦命序。敕修《省躬录》、《书传会选》、《寰宇通志》、《礼制集要》诸书，皆总其事，赐赉甚厚。帝尝曰：朕观天象，奎壁间尝有黑气，今消矣，文运其兴乎？卿等宜有所述作，以称朕意。于是帝制诗，时令属和尝赐以朝鲜玳瑁笔。朝参命列侍卫前，燕享赐坐殿中，与汪睿、朱善称三老，而礼遇尤隆。……皇太子薨，帝御东阁门，召群臣曰：朕老矣，太子不幸至此。古云，国有长君，社稷之福，燕王英武似朕，立之何如？三吾进曰：皇孙年富，世嫡之子。子殁孙承，嫡统礼也。……皇太孙之立，三吾有力焉。……三十年，偕纪善白信蹈等主考会试。榜发，泰和宋琮第一，北士无预者。于是诸生言三吾等南人，私其乡。帝怒，信蹈等论死，三吾戍边……建文初召还，卒。

由《明史》本传所见的刘三吾出身仕履，可知他实在是明太祖有“兴趣”从事于著书作诗时的一名清客文人。试看他居然能秉承明太祖的意志，将《孟子》一书大加删节，又在书前的题辞中驳斥孟子学说内的勤政爱民、省刑薄敛等仁心仁政为迂远，指其重民轻君之说更非学者扶持名教之本意。因此他说：“在当时列国诸侯可也，若夫天下一君，四海一国，人人同一尊君亲上之心；……于所不当言，不当施者，概以言焉，概以施焉，则学非所学而用非所用矣。”这是说，他之秉承明太祖意旨删节《孟子》，乃是为了“扶持名教”。如此诡言饰辩，完全是在替明太祖作御用的工具，何尝出于他自己的本心。明太祖时代的“制作”如此，从事制作的“学者”如此，真可使人慨叹。

照明太祖的意思，自钦定的《孟子节文》颁降全国各学校之后，全国士子所诵习的《孟子》一书，便须以钦降的节文本为准。一切科举取士及课士命题，亦以节文本内容为主。在节文本以外的《孟子》原书，因为不是科举取士所适用的范本，不出若干年之后，必然不禁自绝。倘使情形果真如此，孟老夫子的未来危机，真正要使人捏一把汗。然而世上事不尽如人所逆料，就像明太祖想不到在他身死之后，他的庶子燕王棣居然会兴兵造反，夺掉他皇太孙允炆的皇帝宝座一样，他的这部钦定《孟子节文》，居然也会被一位不知轻重死活的书呆子出来上书力争，因而被他的后代皇帝废掉。明太祖地下有知，一定要大呼负负的。

这一位不知轻重死活的书呆子，乃是明成祖永乐时的孙芝。《国史唯疑》卷一：“孟子书经刘三吾节略，凡去八十五条。如见梁惠王章，养气章，俱在节中。永乐朝，闽连江孙芝始奏复之，直斥三吾为逆臣，书以是全，功甚巨，后鲜知者。”孙芝在《明史》无传，只福建方志中有其事迹可查。这是我国学术史上一位伟大的卫道学者，值得表扬一番。

光绪《福州府志》卷五十四《孙芝传》："孙芝，字廷秀，连江人，洪武间以贡授庆都令，转茂州守，俱有声。永乐间，选植天寿山树，异他植，上悦，勒其名于石，曰孙芝树。改督温州、宁波粮运，补守沔阳。先是，太祖诏削孟子配享，废其书。尚书钱唐谏，得不废，犹议节其文。学士刘三吾附和，剽剥八十五条。芝奏云：先儒谓孟子与人君言，皆所以扩充其善心，而格其非心，不止就事论事。若使人臣论事每如此，岂不能尧舜其君乎？逆臣刘三吾所驳，如魏惠王问何以利吾国，孟子答以仁义，所答非所问。不知仁义即利也。易曰：义者利之和。程子谓，拔本塞源而救其弊者，是也。三吾又谓，惠王欲雪耻，非兴兵构怨不可，孟子制梃挞秦楚之论益迂。不知魏间秦齐楚三大国之间，力不足而兴兵构怨，是蹙其灭亡矣，孰若对以仁义，使民乐以效死，夫岂迂哉？三吾欲去养气一章，此程子所谓扩前圣所未发，大有功于世教者。又欲课试不以命题，科举不以取士，则谬妄益甚。乞收复全书，使万世知所诵慕。芝疏甚切，《孟子》书得复全。宣德丙午，擢山西参政。谢恩日，特赐致仕。时芝年八十二，人以为荣，绘图颂芝曰：林下一人。"

孙芝的传，文字虽然觉得多了一些，但颇可使我们了解，孙芝所说的话，其实即是当时一般读书人所想说的话，不过那时的人都慑于明太祖与明成祖之果于杀戮，为了明哲保身而不敢轻惹是非，只有孙芝敢于挺身而出，仗义执言。其结果，则是连明成祖也觉得孙芝所说的话有理，而准复《孟子》全书。这固然证明了真理之不容歪曲，也看出了明太祖这个人不但专制残暴，而且顽固异常。为了想要他的后世子孙坐稳龙廷，甚至连先圣先贤的学说思想也得加以阉割，以适合他的范型哩。

明太祖删节《孟子》一书的史事，除了《明史·钱唐传》中略有透露之外，明代官修史书中并无记载。若不是《国史唯疑》和《福州府志》等地方志中稍为保存了一些有关资料，我们甚至不能明了当年的明太祖曾经有过如此荒谬愚妄的行为。全祖望所撰的《鲒埼亭集》，曾经费了许多考证，以证明朱彝尊所致疑的明太祖罢孟子配享一事确有其事。当时他似乎未曾看见《孟子节文》的实物。要是他曾经看见这一洪武二十七年由明太祖钦定的书，一定会将删节孟子与罢配享连在一起，把这一件史事考证得更为清楚些。如此说来，《孟子节文》之能够保存到现在，其任务好像专为使我们了解明太祖的死硬顽固，为明太祖的传记资料添加一项漏网的珍材。明太祖处心积虑要将孟子阉割，其最后的结果乃如此，诚非明太祖的始料所及，由此亦可见其心劳日拙而已。

# 郑和是“三宝太监”还是“三保太监”

关于郑和率领庞大船队七下西洋的伟大故事，读者早已耳熟能详，无须笔者再在此多所饶舌。然而成为问题的是：由郑和所流传在南洋各地的遗迹如三宝垄、三宝城、三宝井、三宝港等等名称看来，郑和应被称为“三宝太监”。然而若干史料中的记载却又偏偏写成“三保太监”。所以究竟是“三宝太监下西洋”还是“三保太监下西洋”？虽然只是一字之差别，却必须将之整理清楚，否则何以称为信史？

## “三保”是郑和“官名”以外的小名

《明史·郑和传》云：“郑和，云南人，世所谓三保太监。”又，明人袁忠彻所撰《古今识鉴》云：“内侍郑和，即三保也。”由于史书上的记载如此明白，“三保太监下西洋”之说，应当不成问题。但因后人对“三宝”或“三保”二字的实际意义并不明了，故尔仍不免有所争议。明人严从简的《殊域周咨录》说：“三保之称，不知是郑和旧名，抑西洋私尊郑和、王景弘、侯显等为三太保故耶？”这是说“三保”之名或许来自三位太保，并非郑和之专名。近人徐玉虎所撰《三保考释》，则又以为郑和曾管内库，“凡金银及诸宝货总隶之。”“所谓三宝者，或指内承运库掌管金银及诸宝货而言。”则称郑和为“三宝太监”，亦似言之成理。这种种错综纷歧的说法足以使“三保太监”还是“三宝太监”的问题莫衷一是，在没有更合理的解释之前，这其间的疑难纠葛，当然只好无限期地搁置下去了。

郑和究竟是“三宝太监”还是“三保太监”？袁忠彻所谓“内侍郑和，即三保也”之言，颇有指标作用。袁忠彻与郑和曾同时在明成祖时供职朝中，他对于郑和的了解，应有很高的可信价值，因此很有必要再将袁忠彻的叙述多加引录，以便利后续的讨论。《古今识鉴》：“内侍郑和，即三保也。云南人，身长九尺，腰大十围，四岳峻而鼻小，法反此者极贵。眉目分明，耳白过面。齿如编贝，行如虎步，声音宏亮。后以靖难功授内官太监。永乐欲通东南夷，上问：‘以三保领兵如何？’忠彻对曰：‘三保姿貌才智，内侍中无与比者。臣察其气色，诚可任。’遂令督兵以往，所至畏服焉。”这一段明成祖与袁忠彻的对话中，二人均称郑和为“三保”，显然“三保”即是郑和“官名”以外的小名。此一推论如无错误，即可将“三个太保”或“三种珍宝”之类夹缠不清的说法加以排除，对于厘清此一问题的本质，立即可以发生澄清作用。问题是，在袁忠彻的此一说法之外，还能有其他的辅助证明没有？

清人褚人获所撰《坚瓠集》引明人郎瑛之《七修类稿》云：“永乐丁亥，命郑和、王景弘、侯显三人往东南诸国赏赐宣谕。郑和旧名三保，故云‘三保太监下西洋’。”这一段话进一步证实了“郑和旧名三保”之说，至于下文所述资料的举证力量，则较这一段话更为具体。

# 王穉登的“三宝奴”之说

明人王穉登所撰《客越志》卷上，记有他在嘉靖四十五年六月旅经宁波东门外甬江桃叶渡时的一段见闻说：“桃叶渡，为永乐中太监三宝奴出西洋处。海舟征倭时，碇入水不可出，益数十人泅出之，复有一碇，大如牛，相挽而上，上铸三宝名。”据此云云，则“三宝”应为郑和本名或小名之说，当无问题。只是袁忠彻与郎瑛均以为郑和之本名或小名是“三保”，王穉登独谓本是“三宝奴”，铸于碇锚上者则省作“三宝”云云。如果王穉登之说更能有其他的证明，他的说法就要比袁忠彻、郎瑛之说更有价值了。骤然看到“三宝奴”这样的名字，一定会使人感到难以置信，以为世界上决不可能有人使用这种不高明的名字。这在我们现代人心目中当然会有这种想法，若在郑和生存的时代，似不尽然。因为由现存的史料可以证明，元朝人名字中取名为“奴”的极多，在“三宝奴”之外，尚有“观音奴”、“僧家奴”等等，不胜枚举。郑和若是生在明朝，他应该不可能取用这样的名字；如果他生在元朝时，显然就会有不一样的情形。元朝人取名为“三宝奴”的，由史籍所见，至少有四人之多，抄录其有关纪录于后，藉供参考比较之用。

一、《元史》卷二十四《仁宗本纪》：“至大四年春正月庚辰，武宗崩。壬午，罢尚书省，以丞相脱虎脱、三宝奴、平章乐实、右丞保八、左丞忙哥帖木儿、参政王熙变乱旧章，流毒百姓，命中书右丞相塔思不花等参鞫。……”在这一条资料中的三宝奴，是元武宗时的尚书左丞相，仁宗即位后因罪伏诛。

二、《元史》卷一三八《脱脱传》：“脱脱长子哈剌章……次子三宝奴。”在这一条资料中的三宝奴，是曾任丞相之职的脱脱次子。

三、《元史》卷一一四《顺帝完者忽都皇后奇氏传》：“完者忽都皇后奇氏，高丽人，生皇太子爱猷识里达腊。……初，奇氏之族在高丽者，怙势骄横，高丽王怒，尽杀之。二十三年，后谓皇太子曰：‘汝何不为我复仇耶？’遂立高丽王族人留京师者为王，以奇族之子三宝奴为元子，遣同知枢密院事崔帖木儿为丞相，用兵一万，并招倭人，共往纳之……”在这一条资料中的三宝奴，乃是元顺帝皇后完者忽都的族子，高丽人。

四、《新元史》卷一〇三《刑法志》下：“至大二年，武昌妇人刘氏诣御史台，诉三宝奴夺其所进亡宋玉玺……。刘氏称：故翟万户妻三宝奴谪武昌时，与刘氏往来。”这一条资料中的三宝奴，是元朝官吏翟万户之妻，妇人。

## “奴”是蒙古统治时期的取名习惯

在以上四个名为“三宝奴”的人中，一人官至丞相，一为丞相之子，一为高丽人，一为官吏之妻。这些人的地位并不低微，为何要在名字中缀一“奴”字？如能进一步查考史籍中的记载，应可知道此正是蒙古统治时期取名字的习惯，其原因大概与佛教信仰有关。清人汪辉祖撰《三史同名录》，曾将辽、金、元三朝同名之人辑成一书，稍加翻检，便可知道，这三朝中的贵族官吏，因佞佛而取佛奴为名之人甚多，其中又以元朝人所占比率最高。可以列举出来的，计有佛家奴、佛奴、僧家奴、寺家奴、三宝奴、宝神奴、观音奴、普贤奴、文殊奴、金刚奴、老君奴、药师奴等十二种之多。这些人的取名由来，是否因曾舍身佛寺为奴之故？因无相关资料可考，不能详。与此性质相似的，尚有官奴、买奴、乞奴、留奴、元奴、王家奴、李家奴、张家奴、石家奴等，林林总总，蔚为大观。取名为他人之奴，这种习惯应与宗教信仰无关。如果再将这三朝史籍中层见迭出的丑名也逐一列举，则还可看见甚多名为和尚、泼皮、乞儿、猪粪、狗儿、黑马、黑驴、黑的、驴儿、丑汉、丑驴、丑奴等，足以令人大开眼界。尽管这些名字的意义十分丑陋卑贱，取用这些名字者，却尽多高官贵爵的统治阶级，当然也有很多是因造反作乱而有机会留名青史的平民百姓。由此所显示的事实则是：元朝人的取名字习惯与我们现代人不同，他们比较不忌讳有欠雅致而且不很高明的名字。这一层，无宁是可以使我们现代人很感意外的吧！

中国旧时的社会，由于卫生条件落后及医药不发达，婴儿的死亡率很高。由于希望孩子能够存活下来，民间的迷信行为很多，其中之一种，是将孩子起个丑名，或寄名寺庙为奴。元朝入主中国，由于统治阶级的文化水平不高，他们的高官贵族们居然就使用这些丑陋卑贱的名字服官临民，因此就在元史中留下了这许多有欠雅驯的名字，名为“三宝奴”者即有四人之多，至于其他没有见于史书记载的平民百姓，取同类名字的人，就不知道更有多少了。举其一隅，可知其余。因此，郑和小时若取名为“三宝奴”，依照当时的社会风俗习惯而言，应该是很有可能的。

## 出身回教家庭取名“三宝奴”

郑和出生于明太祖洪武四年。当时明朝虽已建国，但郑和所出生的云南，则在洪武十四年以前始终在元朝梁王的统治之下，未入明朝版图。郑和出生于元朝统治下的云南，依元朝人的习惯而取了一个“三宝奴”的名字，应该是很合理的事。洪武十五年，梁王为明朝所灭，云南并入明朝中国的版图，郑和也在此时为入侵的明军所俘，在被阉割之后发往燕王藩邸中为小内侍，其时他还只有十二岁而已。初入燕王藩邸之时，他当然是本姓“马”而名为“三宝奴”的小俘虏，直到他立有功绩而被明成祖赐名“郑和”之前，他所使用的姓名，应该还是“马三宝奴”或省作“马三宝”。然则明成祖在后来还一直以此本名相称，应该也是很合理的事。只是，不知道由于什么原因，这“三宝奴”或“三宝”之名在后来竟被讹传成为“三保”，以致平空将本来极其简单的事情变得复杂了。若不是王穉登写在《客越志》中的记载，我们还真不能弄清楚郑和的原名是“三宝奴”哩。

郑和的先世，本为来自西域的色目人，信奉回教。回教有排斥其他宗教的习性，但在郑和的时代似不尽然。伯希和所撰《郑和下西洋考》的译文本书前序文，译者冯承钧曾引述向达的发现，举出郑和虽是回教徒而同时信奉佛教，既曾受佛教的菩萨戒，又取有佛教徒的法名，名曰“福善”。由此事实，则郑和出生回教家庭而取名为三宝奴，似亦并无抵触。附述于此，以为本文之结束。

# 唐伯虎疏狂得祸

## ——剖析唐寅会试被黜的真相

清人唐仲冕编次的《六如居士全集》，有《遗事》一卷，收录伯虎生平的遗闻轶事。笔者取而读之，深病其取材芜杂而一未经甄别去取，以致是非混淆，真相不明。其中最显著的，莫如其会试被黜一事。特拈出论之，一以辟前人之谬说，一以明事实之真相。

《六如全集》记伯虎会试被黜一事，其中最荒诞的一条如下：

> 子畏少英迈不羁，与南濠都穆君游，雅称莫逆。江阴有徐生名经者，豪富而好事，结交吴中诸公，间与六如友善。徐故太学生。弘治戊午，岁大比，徐通考官得关节。徐亦能文，念非唐先生莫可与同事者，遂以关节一事语唐。唐得之，更以语穆。是岁，唐遂举第一人，而徐与穆亦得同榜。徐德唐甚，相与偕计。徐更通考官程敏政家奴，先期得场中试目，复以语唐。唐为人洞见底里，无城府，如前语穆。未揭榜前，穆饮于马侍郎邸寓，与给谏华昶俱会。有要宦谒马。马出接之，与谈会试事。宦云：唐寅又举第一矣。宦去马入，与穆语，喜盈于色。穆辄起嫉妒心，遂语马以故，昶亦与闻之，一日而遍传都下

矣。昶遂论程，并连唐徐。至廷鞫，两人者俱获罪，程亦落职。是岁，凡取前列者皆褫名，都以名在后，反得隽，而唐先生遂终身落魄矣。唐后与穆终恨恨，誓不相见。

这一段记事的不可信处有三：第一、既说徐经“亦能文”，何以必须屡次通关节得中？第二、徐经与都穆皆是弘治八年乙卯科的举人，唐寅中解元在十一年戊午，前后相去三年，如何能有共同作弊中举的事？第三、弘治十二年己未会试，揭榜在三月初二日，华昶于二月廿七日参奏，其时尚未揭晓，何来“唐寅又举第一”之说？且是科黜革者只唐徐二人，亦无“前列者皆褫名，都以名在后，反得隽”之说。倒是唐寅与都穆二人的友谊因此事而正式宣告结束，唐寅自此誓不与都穆相见，迭见于诸家的记述，确为当时事实。这一段记事的谬误虽多，但因事远年湮，读此记事之人，并不皆能鉴别其中是非。谬说流传的结果，足以使唐伯虎千载蒙垢。唐寅地下有知，必将大呼负负也。

要了解唐寅会试被黜一事的真相如何，应当先从唐寅与程敏政、徐经二者之间的关系说起。按，阎秀卿《吴郡二科志》云：

> 唐寅，字伯虎，一字子畏，吴县吴趋里人。有俊才，博学多识。善属文，骈俪尤绝。诗歌婉丽，学刘禹锡。为人放浪不羁，志甚奇，沾沾自喜。衡山文林自太仆出知温州，意殊不得。寅作书劝之，文甚奇伟。林出其书示刺史新蔡曹凤，凤奇之，曰：此龙门燃尾之鱼，不久将化去。寅从御史考下第，凤立荐之，得第名末，果中第一。先是，洗马梁储校寅卷，叹曰：士固有若是奇者耶？解元在是矣。储事毕归，尝从程詹事敏政饮。敏政方奉典会试，储执卮请曰：仆在南都，得可与来者，唐寅为最，且其人高才如此，不足以毕其长，惟君卿奖异之。敏政曰：吾闻

之，寅，江南奇士也。储更诣，请寅三事，曰：必得其文观。储令寅具草上三事，皆敏捷。会储奉使南行，寅感激，持帛一端诣敏政乞文饯。后被逮，竟以此论之。

又，尤侗《明史拟稿·唐寅传》记此略同。由此足以说明，唐寅与程敏政的关系，纯是由于南京乡试主考梁储的推介，为赏识唐寅的文才，而请程敏政收致门下的。至于徐经，亦曾执贽程门，其关系与唐寅略同，只是其人进之始有异而已。徐经何如人？道光《江阴县志》卷十三《选举志》云：

徐经，弘治八年乙卯科举人。字直夫，元献子。

徐经之父元献，同书卷十七《人物志》中有传，云：

徐元献，字尚贤，成化庚子举人。十岁时，父颐宴客赋诗，元献倚韵和，座客皆惊。既长，博览强记，获举甫逾岁而卒。长洲吴宽志其墓曰：予所望于君者不止此，虽君亦不以此自望。年未及壮，所学不得施于时，岂不惜哉！著有《达意稿》。

由以上所记看来，徐经之乃祖及父均长于文事，虽富甲一方，固非纨袴之流。同书卷二十八识余续记徐经云：

徐经，字直夫，同年十五举子之一，与吴县唐寅并以才名相引重。寅领戊午解，经与俱北上。吴门都穆恶之，蜚语流闻京师，经竟与寅同镌名。归益肆力诗文，着《贲感集》。黄傅赠诗曰：夏商人物徐直夫。周汉以来人世无。穷年对座不见客，闭户反观恒丧吾。四壁芸香时落蠹，千仓红朽食无鱼。迂余老眼亦空尔，公是公非敢厚诬。

此文所记的黄傅，乃是当时的江阴县知县。所谓“同年十五举子”，则是因弘治八年乙卯科南京乡试，江阴县中式者共有十五人之多，一时称为盛事。按，明代中叶南京乡试解额共为一百十五人，江阴县以一县而独占十五人，在南直隶全境九十七学之中，比例不能说不高。江阴人士固应以此自为傲，而徐经亦不得谓是因赀得中之人。试看此科中举的十五人中，有六人在弘治九年后陆续成进士，四人以举人而历仕至部郎、知州，只徐经及另四人无仕履记载，当然，徐经已在弘治十二年与唐寅同遭黜革，这是已经知道的事。

徐经与唐寅的关系，《江阴县志》说是由于“并以才名相引重”，祝允明撰唐寅墓志铭，则说徐经之结交唐寅，是由于“师慕子畏，载与俱北。”二者之间并无抵触，可以相信为事实。但是，这两人入京以后的行为，都不无可议之处。何良俊《四友斋丛说》记唐徐入京以后的情形说：

> 六如文誉籍甚，公卿造请者填塞街巷。徐有戏子数人，随从六如，日驰骋于都市中。是时都人属目者已众矣。况徐有润屋之赀，其营求他径以进，不无有之。而六如疎狂，时漏言语，因此罣误。

唐寅之恃才放诞，不仅在黜革举人以后为然，即在赴京会试时亦复如此。他之“日驰骋于都市中”，当然也包括晋谒梁储、程敏政等一班文学先辈在内。但是，徐经亦假此途以执贽程门，称门弟子，以他之富甲江南，便不免招致物议。祝允明撰《唐寅墓志铭》续云：

> 既入二场后，有仇富子者抨于朝，言与主司有私，并连子畏。诏驰敕礼闱，令此主司不得阅卷，亟捕富子及子畏付狱，诏逮主司出，同讯于廷。富子既承，子畏不复辩，与同罚，黜掾于浙藩。

所谓“抨于朝”的“有仇富子者”，即户科给事中华昶，“主司”即程敏政。华昶与徐经是否有仇？不知。但构成其事者实为唐寅之好友都穆。沈德符《敝帚轩剩语》云：

> 弘治中，唐解元伯虎以罣误问革，困厄终身，闻其事发于同里都冏卿元敬。穆素与唐善，以唐意轻之，每怀报复。会有程篁墩预泄场题事，因而中之。

道光《苏州府志·都穆传》亦说：

> 穆少与唐寅交最莫逆，寅锁院得祸，穆实发其事。寅誓不与相见，而吴中诸公皆薄之，穆晚年亦深自悔恨云。

都穆因讦发唐徐通贿主司而致唐寅困厄终身，卒致同乡人“皆薄之”，盖因其事本属莫须有，以此陷人得祸，为人所不直也。此事经都穆构于华昶，华昶缮章入告，立即引起轩然大波。其自始奏以至审结，《明孝宗实录》中有详细的记载，可以覆按。事之有无，亦可以由此而得到剖白。

根据《明孝宗实录》的记载，弘治十二年二月廿七日，户科给事中华昶奏参翰林学士程敏政预泄会试场题，有“江阴县举人徐经，苏州府举人唐寅等，狂童孺子，天夺其魄，或先以此题骄于众，或先以此题问于人，此岂科名所宜有，而盛世所宜容”语。疏经礼部议覆，得旨，命主考官大学士李东阳会同五经同考试官，将场中朱卷凡经程敏政看中者，重加翻阅，从公去取，以息物议。三月初七日，会试已揭晓。大学士李东阳等奏覆，遵旨将场中朱卷重加翻阅去取。其时考校已定，按弥封号籍，唐寅、徐经二卷俱不在取中正榜之数，有同考官批语可验。于是有旨将华昶、徐经及唐寅俱执送锦衣卫镇抚司，鞫问有无通贿主司及预泄场题情事。四月廿二日，工科都给事中林廷玉奏，华昶已下狱鞫问，程敏政身为主考，不得安然事外。继而给事中尚衡及御史王绶等亦以为言，乃并逮敏政对问。六月初一日，狱具。徐经供因慕敏政学问，以币求从学，间讲及三场题可出者，径与唐寅拟作文字，致扬于外。会敏政被点充主考官，所出题有尝所言及者，故人疑其买题，其实未尝贿敏政云。但因徐经在锦衣卫镇抚司初审时不堪刑求，已尝供称通贿敏政家人得题，故其嫌疑卒不能洗刷。孝宗以敏政不避嫌疑，有玷文衡，命致仕。华昶言事不实，降调南京太仆寺主簿。唐寅及徐经夤缘求进，各赎徒，黜充吏役。据上审结，唐徐所坐皆不过是奔走敏政门下之事，并未涉及贿买场题。果真如此，则二人之罪，决不致赎徒黜革了事，程敏政决不致轻处休致，华昶亦不致反因“言事不实”而遭降谪了。俗语有所谓“事出有因，查无实据”，衡之当时情形，殆正如此。

据传说，此案在审理过程中，由于谣诼纷纭，言之凿凿，明孝宗亦颇疑贿买试题确有其事。后经人一语道破，始告释然。明人徐咸所著《西园杂记》，有关于此事的一条记载说：

> 尝闻事未发时，孝皇内宴，优人扮出一人，以盘捧豚蹄七，行且号曰：卖蹄呵！一人就问买价几何？卖者曰：一千两一个。买者曰：何贵若是？卖者曰：此俱熟蹄，非生蹄也。闹堂而罢。孝皇顿悟程世家子以文学名天下，自负甚高，此事不待辨而知其为所诬。第疏于检防，为群小所误耳。

所谓“疏于检防，为群小所误”，殆即指徐经之窥伺揣摹而言。明清制度，科举以五经取士。五经之出题范围原有一定之限制，其不免于摹拟揣测，事亦未可厚非。只因徐经的窥伺对象在后来恰被点充会试的主考官，于是其窥伺揣摹便足以构成通同作弊的嫌疑。而唐寅之得祸，一则由于其行止放诞，疏于点检，一则由于其恃才傲物，开罪都穆，于是便遭受了池鱼之殃。若谓其曾有营求关节之事，立论未免苛刻。《明孝宗实录》云，左都御史闵珪等奏请逮程敏政下法司对问，“奏留中十余日，乃可之。”想来明孝宗当时已知敏政之诬，故犹豫而不下其奏。唐寅会试被黜一事的真相如何，观此亦可以想见其大概了。

# 刘瑾与康海

提起刘瑾，谁都知道他是明武宗时窃柄乱政的“权阉”，在戏剧中甚至被尊称为“九千岁”。刘瑾之恶，是在假借了皇帝的名义，以威力胁制朝中士大夫不敢与抗，然后肆行无忌，公然招权纳贿，浊乱朝政。凡属反对他的正人君子必遭斥逐；凡是逢迎为恶的奸人，则置之津要，视为同党。其后，他被另一个阉党张永揭发他的谋逆行为，磔死。刘瑾既死，刘瑾的党羽亦分别治罪，其中包括大学士焦芳、刘宇、曹元及尚书毕亨、朱恩等大小官吏六十余人，分别革职降谪有差。凡属刘瑾党羽，平时与刘瑾同恶相济，至此得罪，可谓孽由自作，报应不爽。但其中亦有并非刘党而横遭牵累者，其人其情，殊可悯恻。此人即是当时大名鼎鼎的陕西才子，状元康海。

康海，字德涵，号对山，又号浒西，陕西武功县人。他出生于明宪宗成化十一年。二十四岁时中举人，二十七中进士。殿试对策，文章高古而议论雄伟，甚为明孝宗所称赏，说：“我明一百五十年来无此文体，是可以变今追古矣。”擢置第一，遂大魁天下。这一篇策论，在康对山文集中可以看到，不但内容精辟，而且神气充沛，李东阳、张太微等人都极其钦佩。

明孝宗何以要重视康海的文章？原来明代的文风，不过继承唐宋以来韩柳诸人所倡古文运动的余波，重因袭而少创造，平稳有余，而气弱格卑，到了中叶以后，便已深为若干青年学子所不满。于是有人出来呼吁挽救这种文学上萎靡积弱的摹拟风气，主张“文必秦汉，诗必盛唐”，一力以复古为尚。在这派少年文士中，文名最著的莫如李梦阳、王九思、边贡、徐祯卿等人，康海亦为其中之一，后人称为明代文学革命运动中的“前七子”。明孝宗看惯了摹拟因袭的“台阁体”文章，忽然看到康海的文章如此雄奇高古，自然要大为称赏，叹为明代一百五十年来所未有的了。

由于明孝宗称赏康海的文章，四方传诵其文，争相仿效，海内文风，为之丕变。而康海既是陕西人，陕西人士更引为无上的光荣。不久，孝宗驾崩，武宗以童昏继位，信任刘瑾，窃柄乱政，与谷大用、魏彬等人表里为奸，号为八虎，专以声色犬马之戏导帝狎游，引起朝中大臣的普遍不满。大学士刘健、谢迁等屡次进谏，户部尚书韩文更倡率六部九卿翰詹科道等官伏阙上疏，要求将刘瑾等人一并诛殛，以安天下。这是明武宗一朝政治隆污的关键所在，但是在这一政治斗争中得到胜利的却是刘瑾。于是大学士刘健、谢迁二人被放归，韩文以下，则或斥或罪，都倒了霉。更因韩文的奏疏是由部中司官李梦阳具草的，刘瑾恨之入骨，既谪山西布政司经历，又勒令致仕，最后又借了别的一项罪名，将李梦阳械系来京，下狱，必欲置之死地而后已。到了这一地步，李梦阳的处境真是危殆之极。若不能得到有力人士的及时援救，李梦阳的一条命，就算完了。

李梦阳如果要想摆脱刘瑾的陷害，当时只能寄望于两个人的转圜。一个是当朝的首相，少师兼太子太师，吏部尚书，华盖殿大学士李东阳；另一个便是康海，弘治十年的状元公，时官翰林院修撰。

李东阳有资格为李梦阳帮忙，是由于他的政治地位。自从刘健和谢迁相继放归之后，朝中元老，只剩一个李东阳。他不但是当朝的首相，也颇能得到刘瑾的敬重。他如果愿意出来为李梦阳缓颊，刘瑾多少要给他面子。问题是，李梦阳素来自负文才，对于当时最具影响力量的台阁体文学时肆讥评，而李东阳又恰恰正是这一派的领袖人物。这两人中间既然有着这么深的一道鸿沟，李梦阳自然无法向李东阳请援，而李东阳也决不会自动伸出援手。由此看来，两条路中的一条路，已经知道是决计走不通的。

至于康海，因为刘瑾是陕西兴平县人的缘故，与刘瑾算是同乡。刘瑾窃柄，很希望得到朝中士大夫的援助。焦芳刘宇等人因此能够入阁拜相。但刘瑾更希望得到同乡人的帮助，一则乡谊可亲，二则足以为陕西人增光。康海有才学而负气节，虽然他从不曾投靠刘门，但刘瑾却极希望自己门下能有康海这样一个才子。因此他不惜纡尊降贵，多方拉拢。务求收致门下。他曾屡次遣人持名帖向康海致意，然而康海总设法打听他不在家的时候才去回拜，所以刘瑾总是见不到康海的面。

刘瑾与康海间的关系既然如此微妙，如果康海愿意向刘瑾说项，刘瑾一定会卖这个人情。不巧的是，李梦阳与康海之间也存有若干芥蒂。原因是二人都以文才自负，彼此各不相下，更谈不上有若何深厚的友谊。李梦阳要希望康海出来帮忙，实在也不便启齿。所以，这在他也是不能考虑的事。

话虽如此，李梦阳的亲戚朋友们却把这种情势完全揣摸清楚了。因此他们就力劝李梦阳不可执拗，应该赶快请康海设法帮忙。李梦阳起先亦觉碍于颜面，不肯曲从，最后实在被劝说不过，只好在一张纸片上写了十来个字，交一位左姓亲戚带出狱外，纸片上写的是："对山救我，惟对山为能救我。"这纸片送到康海手中时，康海登时义形于色，说："是诚在我，我岂敢吝恶人之一见而为良友一避咎哉?"翌日，即往拜谒刘瑾。刘瑾听说康海来拜，喜出望外，倒屣出迎，延之上座，又置酒相待，尊礼备至。康海略不逊避。杯酒酬应之间，乘机为梦阳缓颊，梦阳果然得释。然而自有此会之后，康海再不能谢绝刘瑾的邀请。加以康海本是一个豁达直性之人，彼此常相往来，遂种下了日后的祸根。

刘瑾之所以倾慕康海，竭力要交成这个朋友，无非因为康海的文名太盛，又是陕西同乡之故。另外更有一项造成康海日后得祸的原因，则与当时的文坛恩怨有关。

康海与刘瑾往来不久，即遭母丧，告归陕西原籍守制。按照向来的习惯，翰林官遭丧，其墓志铭神道碑行状之类，照例请内阁大学士撰制。因为内阁大学士在体制上亦是翰林院官，在资格上则是翰林的前辈，为了尊礼前辈，才有这种不成文的惯例。康海丁忧时，官居翰林院的修撰，而李东阳则是内阁大学士中的首席，兼旧派文学的领袖，康母的墓志铭，无论如何是要恭请李东阳动笔的。但康海、李梦阳等人素来不满意李东阳所领导的旧派文学集团，这时更不愿意为了维持旧例而去向李东阳请教。不仅如此，他更请王九思撰墓志铭，段德光作传，李梦阳书碑。王、李二人，又正是李东阳所最不高兴的。康海的这一举措，大大地违反了常情，也大大地损伤了李东阳的自尊心。李东阳虽是正人君子，但也不免有肚量狭窄的时候。如这一件事，便使李东阳大不惬意。李东阳在后来不肯为康海主张公道，可说完全因此事而起。追源祸始，与他自己之文名太盛，实在有很大的关系。

就在康海回籍守制以后，朝中的政局发生变化了。刘瑾被推倒，刘瑾的党羽都遭到罪谴，在刘党名单中，康海的名字竟然亦在其中。许多人都知道康海并非刘党，但是大家都要避嫌疑，没有人肯挺身出来说话。李东阳深恨康海之无礼，对此亦视若无睹。至于被康海救过命的李梦阳呢，这时也为了要讳言往事，甚至对康海作了很苛刻的评议，说他“交瑾有据，有玷清誉”。于是，康海终于因仗义救友而横被谤名，被削籍为民，除名禁锢，放废终身。同时的文人马中锡看不惯李梦阳之恩将仇报，写了一篇《中山狼传》，以中山狼之忘恩负义相讥刺，然而，此并无补于康海之负屈终生也。

康海被削籍之后，颇有一些主持正义的朝官想给予他适当的援手。如在此后不久被派到陕西来充任三边总督的彭泽，便想把康海罗致幕中，然后设法在军功奏捷时将康海的名字列入，以便他再能得到开复。然而康海并不愿意。他说，他有不可做官的因素五，有不能做官的原因二，在他写给彭泽的复信中曾有逐一说明。不可做官的五种因素，是：

> 性喜嫉恶而不能加详，闻人之恶辄大骂不已。今诸公者，皆喜明逊而阴讥，此一不可。翰林虽皆北面事君，而勤渠阁老门下者，以为贤能，仆懒放畏出，岁不能一造其户，此二不可。人皆好修饰文词，伪恭假直，而仆喜面讦人，未有不怒者，此三不可。士大夫不务修身法事之业，而但呻吟诗文以为高业，见其诗若文不能不怒，故见辄有言。而彼方望我以为美也，我以言加之，此四不可。与相好者接，必因其职事加勉戒之词，多忤其所好，彼或未从，即拒而绝之，以此亲疏多怨。苟复见其所爱者，又不忍不告。或又告之，彼即又不从，而仆又绝之，此五不可。

这一段话，一方面说明他自己的个性耿直，不合时宜，一方面也指陈当时的士风卑下，官不可作。所以他接着又说，他自遭放废之后，常于“中夜窃自叹悔，不当轻易效慕世俗，科举徇外，构此凶慝”，这是说他之所以有此恶果，正是因才名所累，覆辙在前，一误岂可再误？所以这又是他不能做官的原因之一。而刘瑾案内因坐瑾党而遭放废者甚多，多数都在伺机觊复，方苦无机缘。若康海复出，这些人便都可援以为例，“则是以贤者之身而为不肖者之资矣”，这更是他不能再出做官的主要原因。从这些地方可以知道，康海在一遭挂累之后，便更自珍惜羽毛，不肯再因文名而招身累。而他之不愿因自己出山而为瑾党借名起复，更是他深明大义，嫉恶如仇的具体表现。如此人才，却要使他蒙瑾党之名而禁锢终身，当然是心有不甘的。这种情形，在他放废以后的生活中也可看得出来。

康海在放废以后，家居三十余年方卒，死时享年六十四岁。明人焦竑所撰的《献征录》中收有康海的传记，说他以文名受累，既遭放废，遂纵情声色，不再为文章之事，自言，“文章小技耳，壮夫不为”。何良俊的《四友斋丛说》中亦有如下三条记载，说：

康对山常与妓女同跨一蹇驴，令从人赍琵琶自随，游行道中，傲然不屑。

陆俨山（深）尝至关中，以对山旧同在馆中，特往诣之。相见共谈旧事，即取琵琶鼓二三曲，欷歔者久之。

吕沃洲言，吾巡按陕西，到武功日，公事毕，命县中携酒造康对山。对山以吾持宪，不设乐，相与论文，因及时事。始甲夜，至二鼓，殊慷慨可听。乃知此公志业不遂，其抑郁之抱，寓之词曲，将无以掩之也。

据康海传记及墓志铭等记载，知康海在放废之后，致力于声律及历算等方面的研究，成就卓著。研究律历之外，则纵情声色，无复顾忌。参以上面所记的几条资料，可知康海之所以以声色自娱，无非是因志业不遂而自伤身世，以致有此极端的行为，其志可悲，而其情可悯。《康海诗集》中有《览镜》五言律诗一首，云：

愁里窥明镜，惊看白发多。行年自驱迫，服食谩如何。有相终岩穴，无机任薜萝。平生忧国志，何惜酒中过。

其自伤自嗟之情，皆流露于笔端矣。今所流传的《康海文集》，只策论一卷，书一卷，文八卷，诗二卷，共计十卷，其中殊少佳作，不足以与他生前歆动海内的卓越文名相称。据康海友人王维祯所说："对山之文，甚有奇者。编次之人将好者尽皆删去，不知何故。即余所见而集中不载者，亦无下数十篇。余归华州，当为寻访续刻以传。"但王维祯回陕西华州后不久，即有地震之祸，王维祯本人即在这次地震中被压死，康海的漏刻遗文，也就无人为之寻访续刻了。一代名家，生前既因文名而累及一身，死后又复被人刊落其佳作，康海地下有知，亦必不肯瞑目了。

# 严嵩父子

常看平剧的人必定知道，平剧中的严嵩是一个大白脸的奸臣。若以为此即是严嵩的本来面目，则错误就大了。我国的旧小说，常常把忠奸区分为截然不同的两种极端人物，如严嵩，则被描写成一个十恶不赦的大奸巨憝。这显然与真实的事迹有了极大的距离。通过小说与戏剧之介绍去了解历史，以这种方式向国民大众灌输历史知识，其结果往往类此。

由史书的记载看，严嵩之能够致身相位，居于一人之下，万人之上，至少具备两个条件。第一，是他的仪容定有可观；第二，是他的才具，学能，器识等都能为人推重。这当然不是“奸臣”的样子，而且奸臣亦何尝能从外表看得出来？果真如此，也没有这样昏庸的皇帝敢去用他，以致误国误己的了。

《明史·严嵩传》说，严嵩“长身戌削，疏眉目，大音声”。严嵩所著《钤山堂集》，书前刻有他的小像，秀眉朗目，富于仪容。这说明严嵩具备第一项条件：仪表堂堂，配做大官，并不是平剧中大白脸的奸臣相。

《钤山堂集》所收诗文，何良俊所撰的《四友斋丛说》曾有批评，谓其诗“秀丽清警，近代名家，鲜有能出其右者。作文亦典丽雅重”。朱国桢《涌幢小品》说："分宜大宗伯以前极有声，不但诗文之佳，其品格亦自铮铮"。由此看来，严嵩在作宰相以前，不但文才卓越，而且官声极佳。宜乎他能由一名普通的翰林官历跻清要，一直由国子监祭酒、礼部侍郎、尚书等官，升到内阁大学士，做了实际的宰相。关于他未做宰相以前的居官情形，何良俊屡称其能礼贤下士，至拜相以后，亦尚能保持过去的作风。关于这一点，可以举出两条记事来参看。

《四友斋丛说》卷二："许仲贻（谷）言，顾东桥（璘）在承天督工时，尝以事至京，介老设燕待之。是日，许适至介老家，介老语许曰：今日请东桥，无人可陪席，子是其门生，可在此一坐。俄而东桥至，介老南面设一席在堂之中，北面设一席在堂之左，偏侧设一席。东桥略不请主人迁席相对。既入座。东桥嫌酒冷不堪饮，主人命取热酒。酒至，东桥又嫌太热。指顾挥霍，不知有主人。而主人执礼甚恭。一则能笃于下贤，一则能不怵于贵势，当时两贤之。"

《南吴旧话录》卷六："周莱峰为平度令，庚戌入觐，时分宜用事，莱峰仅持银一镮，诗而贽之。分宜子见而佯笑不已。分宜曰：此公亦知模摹古人者。乃归其一镮，而亦报以诗。"原书注云："先君子尝谓某曰：分宜尽有好处，可惜为骄子所败。吾存此者，非惟使人识莱峰先生，亦欲见分宜面目。"

前文所说的"介老"，即严嵩，因严嵩号介溪也。由上所说，严嵩的真面目，看来甚不似奸佞之人。何良俊说："但其子黩货无厌，而此老为其所蔽，遂及于祸。"朱国祯亦说："分宜之恶，谭者以为古今罕俪，乃江右人尚有余思，袁人尤甚。余过袁，问而亲得之。可见舆论乡评，亦自有不同处。"观此，则严嵩"尽有好处"之说，殆为事实。平剧及旧小说中所描写的严嵩，对他太缺乏认识了。

严嵩在作翰林官时，曾经告病归里，筑室于钤山之下，读书九年，遂以所居名钤山堂。堂与分宜县儒学相邻，面山历历，景色秀丽。王鏊为之作铭，有“作求惟德，世蕃以昌”之句。严嵩后来生了儿子，取名严世蕃，即由此而来。不料这个儿子不但不能使严家“世蕃以昌”，反而累及乃父，灭门抄家，真是始料所不及者。

严嵩在后来再度出山，历升至礼部尚书，入阁拜相。世蕃亦因父荫得官，由尚宝司丞历升至工部侍郎。史称严嵩窃政二十年，“溺信恶子，流毒天下，人咸指目为奸臣”，可知严嵩之恶名，大都是由严世蕃所一手作成。严世蕃之为人，“短项肥体，眇一目”。“剽悍阴贼，席父宠，招权利无厌。然颇通国典，晓畅时务。遇事难了，或帝问嵩不能对，世蕃为援故事，参所见以对，辄当帝意。”由此之故，嵩对其子倚信有加，“诸司白事，辄曰以质东楼。于是朝事一委世蕃。”这一些史文，说明了严嵩虽以才学致身贵显，其子世蕃则纯以智黠见宠于乃父，以至父子济恶，黩乱朝政。严格说来，严嵩如果没有这样一个骄纵恣睢、胆大妄为的聪明儿子，其为恶或不至此。

《明史·严嵩传》说：“嵩虽警敏，能先意揣帝指，然帝所下手诏，语多不可晓。惟世蕃一览了然，答语无不中。及嵩妻欧阳氏死，世蕃当护丧归，嵩请留侍京邸，帝许之。然自是不得入直所代嵩票拟，而且纵淫乐于家。嵩受诏多不能答，遣使持问世蕃。值其方耽女乐，不以时答。中使相继问嵩，嵩不得已自为之，往往失旨。”明世宗所下手诏，如何“语多不可晓”，顷由《徐阶文集》中见到实例数则，为转录一二于后，以略见一斑。

一、答防春等谕：“伏奉圣言，防春我曾虑三四次，顾彼犹如此。况贼之图报复，岂无又多华逆。昨为引者逆贼之妻，洪氏之父也，不闻擒戮，今督臣果何如？我说兵事付镇，乃出令行军调遣，相持之件且容他，行督者少制，若戎权岂彼克为？其郑晓杨顺如何？又缙初系我点用未久，后西门守卫退之缘何件者？今朝内有可用否？如内出一人或外面重些，今须早理。至于京兵也，又不宜只讲文，能似成祖时十分之一就为上。”

二、答南幸谕：“伏蒙答谕南幸一件，自我取龙飞等殿图看已旬余为谣，远近皆闻，科害小民，宁免顺天下佑。一行我必万康，先理途居为要。”

三、再议孝烈皇后忌祭：“臣阶臣思忠伏读御批，你每怀二之心牢至于今，臣等不胜恐惧，又伏读御批，兹未专论后也，非比引子为亲，又大非夫为妇正义，止以朕躬论。臣等自惟浅昧，不能仰知圣意之所存。”

上面所引三条上谕，原文当未断句，今所断悉从文集中原有，或不免有误。但不论如何断句，其中文字，含义多不可晓，真不免有如徐阶所说的，“臣等自惟浅昧，不能仰知圣意之所存。”然而严世蕃却能一见了然，完全明了世宗的意向所在，其才智固非常人所及。严世蕃尝自夸天下人才惟陆炳、杨博与己而三。所可惜者，挟如此之聪明才智而不用之以为善，以至身败名裂，为天下后世所笑，则反倒不如鲁钝质朴之能够克保家声了。

# 徐文长才高命蹇

生存在明朝嘉靖、隆庆、万历年间的江南才子徐文长，是我国民间故事中的“箭垛式人物”之一。

所谓“箭垛式人物”，意思是这样的人物因为盛名太著之故，许许多多与他无干的故事，也被堆积到他的身上，终于使他像箭垛似的集中了无数枝的箭，在真伪不辨的情况之下，使得有关他的许多故事传说愈来愈失真。包公故事中的包龙图，大红袍故事中的海瑞，唐祝文周故事中的唐伯虎，以及这里要谈到的徐文长，都是这样的人物。

不过，徐文长的故事只在浙江境内流传较广，他不像包拯与海瑞，还未能达到全国性的程度。所以然之故，当因包拯与海瑞都是铁面无私的伟大清官，受苦受难的庶民百姓需要得到这种伟大人物的传奇故事作为精神上的慰藉，一洗胸中的不平之气，他们的故事当然能流传日广，浸假而日益升高其地位。徐文长只是一个穷秀才，他没有做官的伟大业绩可资传述，所以，虽然他的一生中也充满了曲折离奇的变化，人们所记得他的，却只是他滑稽多智而言谈谐趣的一面，无法与广大群众的现实生活相结合，其不能成为全国皆知的伟大人物，正是事所必至。但因徐文长毕竟也是一个箭垛式的人物，堆积在他身上的故事极多，有关他的种种故事传说，仍需要经过一番澄清过滤。如果不能将不确实的传说廓清，徐文长之为徐文长，也就终不能使人看清其真正的面目了。

1929 年，上海北新书局曾将流传在绍兴一带的徐文长故事编成一书，书名就叫《徐文长故事集》，所收录的故事多至一百零二则，真可说是洋洋大观。曾经有人为这些故事作过一番分析研究，结果发现其中有许多源自民间传说中的宋十孬、陈二郎、郑堂、杨状元等人物，并非徐文长所自有。至于故事中所说，徐文长曾作讼师，而有“咬耳胜讼”及“父有董卓之行”的转输为赢之法，则《清稗类钞》中明明载有同样的故事，又何尝是徐文长所为之事？《清稗类钞》卷二十五狱讼类，“讼师伎俩”中说：

> 光绪乙亥，江右有所谓破鞋党者，讼师咸师事之，坏法乱纪，此其极也。有父送其子忤逆者，子大恐，持重金投讼师。师曰：“汝有妻乎?”曰：“甚少艾。”师曰：“能书乎?”子曰：“予曾应童子试，亦能书。”师受其金，曰：“得之矣，汝试作数字。”子书以示之。师熟视之，曰：“汝转背反手向予，试书符，汝手握之见官，则无患矣。第不得私视，否则符泄不灵，且致大患。慎之，慎之!”子诺，听其书毕，亟握而去，自投公堂。官果诘问，子痛哭不对。官怒，呼杖。子如师教，膝行而前，舒掌向官。官视其左手曰：“妻有貂蝉之貌”，其右手曰：“父生董卓之心。”官掷笔与之，曰：“书来。”子书以献。官对其掌，字迹同，遂叱其父曰：“老而无耻，何讼子为？其速退，勿干责也。”

其另一则“咬耳胜讼”的故事，亦见于同书同卷“讼师伎俩”之中，不赘引。按，徐文长生平未曾做过讼师，以他的操守及性格而言，他也不至于做这种攫财无耻的败检丧行之事。由此可知，徐文长虽然成了一个箭垛式的人物，所堆积在他身上的故事，多数只把他刻画成了一个有才无行的轻薄文士，千百年以后，徒然留给后人以并不高明的印象，对他本人来说，无宁是十分不幸之事。

以实际情形而言，徐文长的才情极高，而其一生的遭遇则十分坎坷困顿。对于这样一个才高而不遇的薄命文人，不给予应有的同情，反而将他刻画成为如此这般一个有才无行的轻薄文士，当然太不公平。基于这一观点，我们就有责任为他湔洗不应有的污蔑传闻，而还其清白，方是表彰先德，爱护前贤的道理。

虽然就浙江以外的其他省籍人士而言，徐文长之名未免陌生，但他既是明代中叶文学造诣极高，而艺术创作又极有成就的名士，则站在学术研究的立场，有关他的生平事迹，也仍然是值得研究的。

徐文长，是浙江绍兴府的山阴县人，本名徐渭，文长是其字。明清时代，绍兴府也同浙西的杭、嘉、湖三府一样，人口繁衍而文风极盛。绍兴府的府治所在，就是现在的绍兴县治，当时分为山阴、会稽二县，同城而治。由于人口太多，而耕地不足，所以绍兴人很多都以工商为生，绍兴帮的势力遍及全国各省，在工商界很有力量。工商业发达的结果，很多的知识分子也跟着到外面去打天下，所以绍兴师爷的名气也更为响亮。

但绍兴师爷这一行是从明末清初以后方才走红起来的，明代中叶以前，地方官还不通行延请幕宾帮同治理，所以，在绍兴师爷的前面担任开疆拓土的先驱者，应该是绍兴知识分子中比较下一层的人物——书吏。以徐文长的一生而言，他与绍兴籍书吏的关系就极其密切。

在明清时代，各级政府机构中的组成人员可分为三大类。上一层的人员是官，下一层的人员是差役，包括在衙门中值堂站班的皂隶，捉拿罪犯的马快步快，为县大老爷担任护卫的民壮，以及衙门中的其他各种执事人役，如门丁、库子、斗级、禁卒等。在官与差役之间，另有一种人员，名为“吏员”，其地位略同于近代政府机构中的公务员，却并不具备“官”的身份。

“吏员”亦有等级区分，在中央机关五府六部中供职的吏员，等级最高，有“都吏”、“令史”、“经承”等名目，五年役满，照例可以考授八品的县丞，九品的主簿，那就是县衙门中的“官”了。县衙门的书吏等级较低，其名曰“典吏”，五年役满，只能考授从九品的巡检，未入流的典史与驿丞之类，虽然亦是朝廷命官，品秩上就比县丞主簿小了很多。绍兴人作吏员之多，在清世宗时曾经引起皇帝的特别注意。清萧奭撰《永宪录》卷二，世宗雍正元年记云：

> 禁六部经承专用绍兴人。勒天下衙门胥吏之限。

其下另则注云：

> 以各省吏员考取六部经承。天下衙门胥吏多者，汰之。
>
> 山阴会稽萧山之人，专习钱谷刑名之学，盘踞天下大小衙门，相沿已久，积弊渐多，故加以廓清。

山阴，会稽和萧山，都是绍兴府的属县，清世宗禁止六部经承专用绍兴人，就是禁用山阴、会稽、萧山之人。

这三县之人为何会“盘踞”在“天下大小衙门”，以致引起雍正皇帝的特别注意？就是因为他们“专习钱谷刑名之学”，有资格成为专精于此业的书吏，为各衙门的长官所特别倚重之故。但是绍兴人为何又对书吏这一行特感兴趣呢？说穿了，其内幕实在也很简单，其原因无非是看重一个“利”字。前面已曾说过，明清时代的制度，作吏五年，可以考选为官。明代以进士，举贡，监生，及吏员诸途并用，读书人如果不能在科举考试得到出身之路，不得已而求其次，亦尽不妨屈就为吏，俟五年役满，一样可以考选得官，而且作吏的实际利益有时候尚远胜于官。陈恒庆《谏书稀庵笔记》，“书吏”一条说：

> 六部书吏之富，莫如户部银库之经承。有史松泉者，家赀数十万。其取利之法，每月外省解饷，必有费。兼有解汇票庄银券者，则仍暗存票庄生利。经承一任六年，则富甚。史松泉未满六年，以过被革，禁羁一年，释出后，豪富自如。房屋连亘，院落数层，皆四面回廊，雨雪不须张盖。日日有美伶为之烧烟，其酒食之美，尤异寻常。又有国子监经承李秋宾者，自捐例开，捐官者必先捐贡监，每年照费计数万金，官得其半，经承得其半，家故大富。

陈恒庆书中所说的情形，虽然是清代同治光绪年间的事，而在明朝时又何独不然？由于作书吏的眼前入息与将来前途都极其美好之故，所以绍兴人最欣赏这一行业，从事这一行的人极多。除了前述《永宪录》中所引的证据外，乾隆《永清县志》中也有极明白的一项证据。此书的卷前，列有经手刻版、誊录、绘图等项工作人员的姓名，均是永清县衙门中的书吏。在十四个书吏之中，有几个是绍兴人，看下表便可知道：

> 吏房书吏刘扬，本县人。
>
> 户田科书吏马隆吉，浙江山阴人。
>
> 户租科书吏傅琳，浙江山阴人。
>
> 户仓科书吏余炳，浙江山阴人。
>
> 库房书吏章存义，本县人。

礼房书吏张楷，本县人。

兵房书吏宋伟业，浙江山阴人。

刑房书吏张克家，本县人。

工房书吏朱灿，浙江山阴人。

刑房书吏章玉麟，浙江会稽人。

兵房书吏魏太平，浙江山阴人。

仓房书吏章应凤，浙江会稽人。

仓房书吏段希圣，本县人。

工房书吏周文焕，浙江山阴人。

永清县地在河北省，十四名书吏之中只有五名是本县人，其余九名清一色的是绍兴人，其比率之高，着实可惊！书吏微员，而绍兴人居然肯离乡背井地远来就此行业，更可知道绍兴人从事此行之多，与其兴趣之高！说到这里，就要进入本题，因为在徐文长青年时代，对他后来一生影响最大之人，就是一个绍兴籍书吏出身的潘镭其人。

徐文长的父亲名徐锪，举人出身，官至四川夔州府同知，秩五品。由于徐文长并非徐锪的嫡出之子，他的母亲只是徐锪嫡妻苗夫人的一名使女，所以徐锪生他的时候年纪已经很大。当徐文长出生只有一白大时，徐锪便得病身死。

徐锪一死，徐家的家道顿时中落。徐文长的长兄徐淮，好神仙长生之术，不事生产，而专门将家财消耗于黄白烧炼，次兄徐潞又不幸早死，终于使徐家的生计日见贫乏。在这种情况之下，潘镭把女儿许配给他，又让他赘居己家而教导他的学业，徐文长自然而然地深受其妇翁潘镭的影响。而这种影响，其实对他所从事的举子之业及后来的发展，都是很不利的。

《徐文长三集》卷十九，有徐文长所撰的一篇《赠妇翁潘公序》，对他的这位丈人翁极致感佩之忱。文云：

吾乡近世嫁娶之俗浸薄，嫁女者以富厚相高，归之日，担负舟载，络绎于水陆之途，绣袱冒箱笋如鳞，往往倾竭其家，而有女者益始自矜高，闭门拱手，以要重聘，取一第。若被一命有女，虽在襁褓，则受富家子聘，多至五七百金，中家半之；下此者人轻之，谈多不相及也。相率以为常。吾妇翁当庚子时，以名法给事锦衣，叙官主阳江县簿。时与外兄童君尚俱在京师，外兄偶为翁道某曰："吾姑母夫徐庆州者，有少子，九岁能为举子文，十二三赋雪词，十六拟扬雄解嘲，作释毁。"翁曰："其人婚否?"外兄曰："未也。"是岁，翁来家，乃遂以长女见许而赘某，某钗珥之礼略具而已。

其后乙巳，某以卜居豪无赖所诖误，家殆尽。居一年，复有帏幕之变。某遂辞翁居东城。然翁以前二事为某营治，发几为白，而所费金反满中家聘女之数。时某益无聊甚，而未闻理道，素矫抗为不情之廉。当辞而就东城之居也，固辞翁，不持一物以行；又避干求，多简其形迹。

至是人始有言于翁者曰："凡人择子婿，不为利则为名，不为名则亦多其寒温虚礼。今君之以女与人也，上之既无利与名，乃并其虚礼而亦不得耶?"翁曰："君所谓利，吾所不道也。所谓名，将谓其屡荐而辄弃也！诚其向学解弛，当以为忧，至于校计显晦，未可令达人闻也。今人有热而疏其亲，亦有凉而附之者。吾婿方凉，其偃伏寡与，固不当施于我；然壮士之志也，处困者所难，岂可诋訾之哉?"于是言者语塞而退。

以某所计，翁乃所谓受一命者也，使于世俗，宜深求于某，而乃反益出其所有以周旋其患难。某居其家六七载，今自居又六七载矣，更新旧浮沉存否之变，而翁之敬爱某者如一日，某固已难翁之施我矣；及闻塞言者之辞，乃不谓翁知我顾如是。

这一篇文章叙述潘翁对徐文长的爱护与照拂，极其清楚明白，可知他的这位老丈人对他的感情一直非常深厚，并不因为他的爱女已死，徐文长又已迁出潘家之故而今昔异途。而由上文所述，我们更可知道下述两种情形：

一、徐文长的老丈人潘镏，乃是由吏员出身而得任为“一命”之官者。他在作吏员时期的服务机关是锦衣卫，役满叙官，得任命为广东阳江县的主簿，秩正九品。

二、潘镏是因为赏识徐文长的才华而自愿将女儿许嫁的。其时徐家的家计已很困难，潘镏不但不像绍兴一般习俗那样向徐家要索厚聘，反而自贴银钱，赘文长于家。及后潘女既死，徐文长迁出潘家，潘镏体谅徐文长的生活困难，更多方为之设处，所费几至三四百金。

徐文长赘婚潘家，是嘉靖二十年的事，那一年徐渭刚刚中了一名秀才。秋间，赴省城乡试不第，归后即随同潘镏到阳江县去上任，第二年夏天，就在阳江县署中与潘镏之长女成婚。五年之后，亦即嘉靖二十六年岁次丙午，妻潘氏死。其时潘镏全家已经迁回绍兴城中，潘镏亦已罢官家居，上文所说的“帏幕之变”，就是指徐文长丧妻之事。丧毕，徐文长迁居东城，遂与潘家脱离关系。然而徐文长的潘氏妻子虽死，他的妇翁潘镏，对他仍是一样看待，这在上文中也可明白看出。而据历史家的研究，徐文长与他的妇翁感情极为深厚，其原因并不纯粹由于翁婿之间的亲属关系，而是尚有师弟一般的感情在。

美国普林斯顿大学文学博士梁一成君，对徐文长的历史极有研究。他在

《徐渭的文学与艺术》一书中，叙述潘镭与徐文长二人间的关系说：

> 文长与岳父潘克敬，关系始终良好。赘居其家六七年，教以读章表四六，所以文长很工于作骈体书柬。

其后又说：

> 文长的文章，当时为权贵名人胡宗宪、李春芳、董份等人所看重的，实在是用其章表柬启的骈文。明代是骈文的衰落时期，以骈文名家的几乎没有。文长从他的岳父潘典史学丁禄义字，苏东坡的四六柬启，可能对他大有启发。

这两段话中都说，徐文长入赘潘家之后，他的丈人曾教他作骈文，所以他后来的骈文才能作得那么好，那么受权贵名人胡宗宪等人的欣赏。徐文长的丈人名潘镭，字克敬，曾官阳江县主簿，梁君说他是阳江县的典史，当然不对。而且梁君所说，潘镭在徐文长赘居其家时，曾教导他习做骈文，以致他后来在这一方面甚有成就云云，这些事实在徐文长的文集中都没有纪录可查，想是梁君在文长的文集之外，更曾见其他可信的资料，如其不然，梁君何能言之凿凿如此。但是，潘镭教徐文长作骈文，固然使他后来在骈文的写作上卓然成为名家，然而对于徐文长此后的命运而言，其影响实在很不好。这一层，在徐文长自撰的年谱中就有证据。

徐文长在他晚年时，写过一本年谱式的回忆录，名曰《徐文长畸谱》，除了按年记述重要事迹外，在后面更附有“纪师”，“纪恩”、“纪知”的各种传记资料。“纪师”一节中，列举了他所曾师事的各老师姓名，末尾处有一总结之语，云：

> 朱、张、二马、金，皆短侍，而尤短者朱也，居上虞后不及一面矣。

张不过数日罢去，住远村，后亦不及一面。汪先生命题作文，持往数次，阅而已。廿七八岁始师事季先生，稍觉有进，前此过空二十年，悔无及矣。

上文所说的朱、张、二马、金、汪、季，都是徐文长老师的姓氏；季先生名本，字明德，号彭山，进士出身，历官至湖广长沙知府，归里后曾经教导徐文长作八股文，徐文长自己以为得到季先生的益处最多，所谓“稍觉有进”者，即是指此而言。一般都以为徐文长疏狂放诞，完全是名士风流派的人物；由上文可知其不然。不仅如此，由“前此过空二十年，悔无及矣”的话中，更可看出其中的辛酸与悔尤，深刻到何种程度？这无穷的辛酸与悔尤，必定是徐文长老年以后追维平生所得的了悟，青年时代的他，处境顺遂而意气风发，必尚思不及此。由于他老年生活十分颓唐落寞，检讨其平生种种，想起这一切后果都种因于当初还不曾在八股文上打好基础，就把全副精神与时间耗费在骈文的学习与写作上，终致科场失意，功名无望，一生落拓无归，于是乃痛切感到悔恨无及。然则他的老丈人在他青年时代教他读骈文作骈文，其用心虽好，无意间所种下的后果却很不好，说来诚然可憾之至！

明清时代，科举考试专用八股文，其名谓之“制艺”，亦称为“时文”或“时艺”，乃是读书人藉以猎取功名富贵的敲门砖，不可不学，更不可不精。八股文中当然没有大学问，所谓“代圣贤立言”，不过是抄袭前人的陈腔烂调，以巧妙的方法加以接装变换而已。但是八股文的学问也就在这里——在短短的数百字中，不但起，承，转，合各有一定的规矩，而且股股相对，彼此之间的正反虚实，全都有讲究。一篇写作得成功的八股文，虽是满纸陈腔烂调，但其全文精炼简洁，结构紧密而气势完整，绝无散漫松懈的浮泛之病。所以尽管明朝的杨慎说，“士子专读时艺，一题之文，必有坊刻，稍换首尾，强半雷同，使天下尽出于空疏不学，不知经史为何物。”顾炎武也说，“举天下惟十八房之读，读之三年五年而一幸登第，则无知之童子，俨然与公卿相揖让，而文武之道弃如弁髦。故八股盛而六经微，十八房兴而廿一史废。此法不变，则人才日至于消耗，学术日至于荒陋，而五帝三王以来之天下，将不知其所终”云云，举天下的读书人，还是群趋于此。即使贤如徐渭，又何独能免？

在科举考试的时代里，三年大比，每一科取中新进士约三百名，新科举人则依各省文风之盛衰而定其取中名额；浙江乡试，通常取中七八十名之谱。浙江全省的秀才，总数不下二三万人。即使说能够通过学台的科考，有资格到贡院来下场的秀才只有六七千人，而要在六七千人之中考取这总额七八十名的举人，真是谈何容易。

事实上，少年中举的人也真还不少，因为他们能以过人的天资与精熟的揣摩能力，摸熟了八股文的巧妙，在千军万马之中如探囊取物，全无困难。但如揣摩不熟，即使才如班、马，文如西汉，也仍无取中之望；因为在主持考试的考试官眼中，这样的文章不中绳墨，虽好何用？就是这“不中绳墨”的四字考语，不知道有多少才高学富的读书人被摈落场外，而“无知之童子”反得幸中。你能说这样的考试制度不公平么？现在的大专联考制度，还不是被人指为不足以反映考生的真正能力，与科举时代之考试八股文同样地“屈抑真才”，然而，想进入大学之门的学生能不向这一道考试的窄门中低头屈身吗？挤不进这道窄门就进不了大学，如同徐文长作不好八股文就中不了举人进士一样。然而，这却是与学问文章无关的事。

在科举考试时代，学问好而中不了举人进士的人太多了。不必多举其他的例子，只以清朝的汪辉祖来说吧。

汪辉祖是浙江萧山人，清乾隆嘉庆时人，曾著《学治臆说》、《佐治药言》、《病榻梦痕录》等书，在刑名学方面极有研究，乃是乾、嘉年间驰名江浙的“名幕”。他在乾隆十一年时初次应童子试，一试及格，补为县学生员，亦即是俗语所说的“秀才”。那一年，汪辉祖十七岁。

其后，他屡应乡试不第，不得已以习幕为生，开始了他的刑名师爷生涯。直到乾隆二十四年，他三十岁了，那一年，他在江苏督粮道胡文伯幕中，遇到胡的同年进士孙尔周。孙尔周长于八股文字，胡嘱汪将自己所作的八股文录呈孙尔周指正，共录三十篇，历时一月而孙不置一词。久之，汪以告胡，胡又告孙，于是孙尔周对汪辉祖说了这样一番话：

“子文久阅矣，颇不惬于心。子才可以入彀，而文不合格。妄为誉则不安，直言之又恐见皋，当俟别时奉缴，故不动笔。昨胡公谓我懒，且言子两节母苦教，志在料名。月来见子执礼甚恭，虚心可敬，当以吾意为子评之，毋讶也。”

接着，孙尔周就将汪辉祖的窗课大事批改，其情形如此：

> 是日，即将文一一评改。有从破题抹起者，有逐句抹者，有隔句抹者。三十篇中，得连圈者三句耳。余读之，汗流浃背，多不能解，则执卷求教。师一一申言其故，真闻所未闻。遂执弟子礼，每日官事毕，即赴师请题，次早呈卷。如此者两月余，渐为师许可。

孙尔周将汪辉祖的八股文窗课大肆批抹，与他的文章内容大概不致有太大的关系，因为这一类的文章大都只是抄袭陈言，并不需要自己的意见，所最着重的不过是写作方法，也就是技巧问题。孙尔周以八股文写作的斲轮老手来教导汪辉祖的写作技巧，自然得益无穷。只因他一直在各处衙门中作幕，无法下场应试。直到乾隆三十三年他三十八岁那一年，方才到杭州参加乡试。

其时孙尔周亦适在杭州，见了汪辉祖的闱稿，“许为必魁”。及揭晓，果然高中第三名举人，亦即是俗语所说的“经魁”。乾隆四十年参加会试，又中式第二甲二十八名进士。由孙尔周此前所说，“子才可以入彀，而文不合格”的情形看来，汪辉祖以前之所以屡试不中，无非是因为八股文写作的技术欠佳之故，论其才学，固然是早应考中举人进士的。

徐文长拜季本为老师，自此以后，自觉在八股文写作方面稍有进步，据其自撰畸谱考之，那是嘉靖二十七年的事。那一年，徐文长二十八岁，他妻子潘氏已于前年病死，他自己也已迁出潘家，在城东府学附近租了几间房子开学馆，定名“一枝堂”，取庄子逍遥游“鷦鷯巢于深林，不过一枝”的意思。自此以后，他又曾三应乡试，都不曾考中举人。由年谱中考之，其时间分别是二十九岁时的己酉科，三十二岁时的壬子科，与三十五岁时的乙卯科。不过，壬子科考以前的岁考，学使薛应旗极赏其文，拔置第一，因此徐文长得以由附生补为廪生，月支仓米六斗。三十五岁那年的科考，亦曾由学使阮鹗考列第二名。这就好像是蒲松龄在《聊斋志异》中所写的贾奉雉其人，“足下之文，应小试则可取第一，若赴乡试，取榜尾亦尚不足也!”这之后，徐文长便入了胡宗宪的幕府，以其惊人的文学天才显示其才华了。

徐文长入胡宗宪幕府，是嘉靖三十六年的事，那一年，徐文长三十七岁。他以一个绍兴府秀才的身份进入浙直总督胡宗宪幕中担任幕宾，又极得胡宗宪的礼遇，在当时是很为世人所惊诧的。袁中郎撰《徐文长传》，陶望龄撰《山人徐渭传》，都极强调这种不寻常的知遇关系。袁传说：

> 文长为山阴秀才，大试辄不利，豪荡不羁。总督胡梅林公知之，聘为幕客。文长与胡公约：若欲客某者，当具宾礼，非时辄得出入。胡公皆许之。文长乃葛衣乌巾，长揖就坐，谈天下事，旁若无人。胡公大喜。

> 是时公督数边兵，威震东南，介胄之士，膝语蛇行，不敢举头，而文长以部下一诸生傲之，信心而行，恣臆谈谑，了无忌惮。会得白鹿，属文长代作表。表上，永陵喜甚，公以是益重之，一切疏记，皆出其手。文长自负才略，好奇计，谈兵多中。凡公所以饵汪、徐诸虏者，皆密相议然后行。

陶传记述徐文长在胡宗宪幕中的情形，看来似更富于传奇性，传云：

> 渭性通脱，多与群少年昵饮市肆。幕中有急需，召渭不得，夜深开戟门以待之。侦者得状报曰："徐秀才方大醉嚎嚣，不可致也。"公闻，反称善。时督府势严重，文武将吏庭见，惧诛责，无敢仰者。而渭戴敝乌巾，衣白布浣衣，直闯门入，示无忌讳，公常优容之。

胡宗宪对徐文长的优礼，张汝霖说，这是杜甫所不能得之于严武的，可见这在当时人看来实在很不容易。胡宗宪为什么要如此优礼他？一方面固然是欣赏他的绝世文才，另一方面，则是喜欢他那种豪放不羁而脱略玩世的态度。后一层关系，此时暂且不谈，现在先来谈谈使胡宗宪极度欣赏的，徐文长所写的文章。

胡宗宪，字汝贞，号梅林。南直隶徽州府的绩溪县人，与胡适之先生同乡而又同姓。他是嘉靖十七年的进士，由知县擢升御史，出任宣大巡按。嘉靖三十三年，由宣大巡按差满之后，再派为浙江巡按，由此开始参与嘉靖年间的东南平倭之事。当时在浙直一带负责剿倭军事的，是总督张经与巡抚李天宠，由于屡战无功，损军折将，皇帝听信了大学士严嵩的建议，另派工部侍郎赵文华去督察军务。这赵文华，本是严嵩的党羽，如今又以督察军务的名义来作皇帝的耳目，这样的人物如何可以轻易得罪？然而张经居然不识厉

害,《明史·赵文华传》云:

> 当是时,总督尚书张经方征四方及狼士兵,议大举,自以位文华上,心轻之。文华不悦。狼兵稍有斩获功,文华厚犒之,使进剿,至漕经,战败,亡头目十四人。文华恚,数趣经进兵。经虑文华轻浅,泄师期,不以告。文华益怒,劾经养寇失机。疏方上,经大捷王江泾。文华攘其功,谓己与巡按胡宗宪督师所致,经竟论死。又劾浙江巡抚李天宠罪,荐宗宪代,天宠亦论死。帝益以文华为贤,命铸督察军务关防,即军中赐之。文华自此出总督上,益恣行无忌。

由这一段话中可以知道,胡宗宪之所以能由七品的巡按御史遽升巡抚,与他的比附赵文华倾陷张经李天宠大有关系。赵文华既将胡宗宪引为心腹知己,在扳倒李天宠之后,自然会把胡宗宪拉上去。张经被逮后,代为总督的是周珫与杨宜。周珫只做了三十四天的总督,即为赵文华所劾罢。杨宜代周珫,“而文华督察军务,威出宜上,易置文武大吏,惟其爱憎。宜惩经、天宠祸,曲意奉之,文华视之,蔑如也,”即使如此,赵文华还是要在皇帝面前一再奏劾杨宜而荐引胡宗宪。

嘉靖三十五年二月,胡宗宪遂以兵部右侍郎兼都察院右佥都御史的名义,出任浙直总督,兼浙江巡抚。侍郎秩三品,较巡按御史之七品秩高出八级(正从合计)。论其时间,则胡宗宪在嘉靖三十三年时还只是一个小小的巡按御史,两年之后就超擢至总督兼巡抚,升迁的速度更是惊人。

胡宗宪能够在两年之中,由七品的巡按遽升至三品的总督,很明显地是与奸臣赵文华相比附结纳的缘故。而赵文华既是严嵩的党羽,透过了这一层关系,胡宗宪也脱不了严党人物的臭名。胡宗宪之为人,实际上乃是功名豪杰之士,与严嵩赵文华之但知专权误国大不相同。《明史》本传说他:

> 宗宪多权术，喜功名，因文华结严嵩父子，岁遗金帛子女珍奇淫巧无数。文华死，宗宪结嵩益厚，威权震东南。性善宾客，招致东南士大夫预谋议，名用是起。至技术杂流，豢养皆有恩，能得其力。然编创提均徭之法，加赋额外，民为所困，而所侵官帑，敛富人财物亦不赀。给事中罗嘉宾，御史庞尚鹏上宗宪侵帑状，计三万三千，他册籍沉灭。宗宪自辩言：臣为国除贼，用间用饵，非小惠不成大谋。帝以为然，更慰谕之。

平心而论：明世宗嘉靖年间的东南倭祸，非胡宗宪任浙直总督，不能收彻底戡定之功。一般人都知道，倭寇之所以终于在浙江、福建等地被殄灭无遗，主要原因全在戚继光所训练的义乌兵与他所发明的鸳鸯阵战法，专能克制倭人的长技，所以才能百战百胜，所向克捷。其实这里面还漏掉了一项重要的因素——假若不是胡宗宪能识拔戚继光的将才，又在戚继光因兵败而遭革职之后，命他以事官身份到义乌去专心练兵的话，即使戚继光所发明的鸳鸯阵战法果有克敌之效，又何来实现的机会？所以，就事实而言，还是胡宗宪的赞助支持，具有极大的影响。说到这里，便又得追叙徐文长在胡幕中参预谋议之事了。因为我们在徐文长的文集中可以看到一项明显的事实，证明戚继光之训练义乌兵及发明鸳鸯阵战法，颇与徐文长的献议有关。

《徐文长三集》卷十六《拟上督府书》云：

> 生伏计岑港之役，诸将吏已竭其心力而不可为矣，明公不于此时以一身独当其任而亟收其成功，将何待耶？欲亟收其成功，则其他制作器械、易将益兵、清野坐困、占候祈禳、与凡一切纷纷之说，皆枝叶也，而其根本莫先于治兵。世之言治兵者，莫不曰明赏罚。夫赏易为者也，生请言罚之难。

割耳斩首，能施于结营列阵之先，而不能禁于锋交众溃之际。何者？势重而不可回也。势重而不可回，以纪乱而未尝辨也。故凡善用兵者，必务明其部伍，五人为伍，五伍为队，四队为百，莫不有长，而长皆得相罚斩，以至于伍。则是凡诸长之所督者不过四人与五人也。故百人趋战，法当用二十五人横刀分督之，至于锋交乘胜，则此二十五人者又皆为战士矣。以一人而制四人，则寡而易辨；以四人而听一人之制，则知其易辨而不敢于□。推而至于十万亿兆，莫不皆然。正如身之使臂，臂之使指，孙子所谓“治众如治寡”，韩信所谓“多多益善”，皆此道也。古之善将者，莫不遵之，其在于今，尤为用罚者对病之要药。

生愚以为今日治兵，宜一以此法为主，然后募选勇敢之士可二千人，练习其法，三日，乃召至精熟岑港地形及贼中情状者数人，令其聚沙成象，令其指示夷险远近，营栅门户。凡虚而可攻，间而可伏，弛而可袭，与贼之每先伏以待，踞高以望，及败而必走之路，劳逸寝兴、饥饱警惰、昏晓可乘之期，彼短我长，无不曲尽，乃始制为趋避进止，分合奇正之规，与是二千人。复假三日之期，互为讲明教练，如出一人。大约仿习战昆明之意，然后下令诸将之在岑港者，刻期复举，而明公身督二千人，分行万金之赏。计诸将未举之先可半日，驰至其地，亲执桴鼓，坐于悬山之颠，而分布攻击，一如前所讲练之法。则一食之顷，必十获其三，再食之顷，必十获其七，所余者仅三耳，而明公遂已凯旋；明越之间，不逾两日，而有司者已报班师矣。

按，岑港在浙东之舟山群岛，岑港之战，发生在嘉靖三十六年至三十七年。在这一次战役中，各路明军围攻据守于岑港的倭寇，历时年余不能克。三十七年十一月，新倭大至，屡寇浙东三郡，岑港之倭，亦移据柯梅，造新船出海，遁去，明军追击无功，在事的许多将领因此革职，宁绍台参将戚继光亦为其中之一。在徐文长的这一篇《拟上督府书》中可以看出，当时的戚继光，亦没有什么特殊的平倭本领。但是戚继光在革职之后被胡宗宪派到义乌去练兵，何以在一年之后就能练成极厉害的三千义乌兵，并且马上就能充分发挥其平倭的功效呢？细看徐文长在这一篇《拟上督府书》中所提的建议，便可知道，戚继光的成功，与徐文长的此一建议，关系实在太大。

按，戚继光所赖以荡平倭寇的鸳鸯阵战法，基本上是以十二人编为一小队，立小队长一人，伙夫一人，另十人编为二伍，列成二路纵队对敌。每一伍中，最前面的一人是伍长，手持圆牌及短刀：圆牌所以护身，短刀所以杀敌。伍长后面的第二人，是狼筅手，所持狼筅，乃是在极长毛竹之上加装利刃，可以在敌人未曾接近之前就先发挥杀敌效果的新兵器。狼筅后面，是镋钯手。这种兵器形如马叉而上有利刃，用意在补救狼筅攻远不利攻近的缺点。镋钯手后面是长枪手。最后面才是队长与伙夫。

戚继光所设计的这种鸳鸯阵战法，立有连坐之法。伍长战殁，而全伍之人不能救，杀全伍之人。队长战殁，而全队之人不能救，杀全队之人。反过来的情形亦一样，全伍战殁而伍长独存，全队战殁而队长独存，都应受连坐之处分。由于有这种部勒严密的连坐之法，而鸳鸯阵战法所设计的“长短兵迭用”之法又恰好能克制厉害的倭刀，于是才能在将士用命、万众一心的情形下百战百胜，彻底消灭了来犯的倭寇。以戚继光所制订的鸳鸯阵战法与徐文长的《拟上督府书》互相比较，我们不难发现，戚继光的战术指导原则，得益于徐文长的启发极多。这不但有上面的具体证据可以复按，以徐文长当时在胡宗宪幕中所处的地位看，戚继光既然在事实上必须秉承胡宗宪的指挥，练义乌兵之事又悉出胡宗宪的指授安排，则他在这方面曾经接受胡宗宪徐文长的指导，亦正是势所必然之事。

由上面的证据，我们不难想象得到，徐文长在军事参谋方面曾得胡宗宪的充分倚信，正是基于客观的事实而来。加上他在文学方面的卓越才华，自然更使胡宗宪对他礼遇有加。

徐文长表现在文学方面的才华，以他替胡宗宪所撰的那一篇《进白鹿表》最为有名。

明世宗是一个信道教而希望长生不死的皇帝。为了祈求长寿，他曾经长时期在宫内奉道修玄，很多的翰林官都因为替他撰写青词有功而得宠，而升官；如严嵩，即是其中之一。所谓青词，乃是斋醮时奏天的表文，因为要用朱色写在青藤纸上，所以称为青词。在斋醮吃素，奉道修玄之外，世宗皇帝所最愿意看到的，就是能够象征祥瑞的长寿之物，如白兔、白龟、白鹿等等。岑港之战，在岛上作战的明军偶然捕得一头白色的牝鹿，胡宗宪知道皇帝的爱好，赶紧做了表文，奏进皇帝。这道表文，就是徐文长的大手笔。《徐文长文集》卷十三，有《代初进白牝鹿表》云：

> 臣谨按图牒，再纪道诠，乃知麋鹿之群，别有神仙之品，历一千岁始化而苍，又五百年乃更为白，自兹以往，其寿无疆。至于炼神伏气之征，应德协期之兆，莫能罄述，诚亦希逢。必有明圣之君，躬修玄默之道，保和性命，契合始初，然后斯祥可得而致。恭维皇上凝神汾穆，抱性情真，不言而时以行，无为而民自化，德迈羲皇之上，龄齐天地之长，乃致仙麋遥呈海峤，奇毛洒雪岛中，银浪增辉，妙体抟冰，天上瑶星应瑞。是盖神灵之所召，夫岂虞罗之可羁。且地当宁波定海之间，况时值阳长阴消之候，允著晏清之效，兼昭晋盛之占。顾臣叨握兵符，式遵成算，蠢兹夷狄，尚尔跳梁，日与偏裨，相为犄角。偶因捷音之会，嗣登

和气之祥，为宜付之史官，以光简册，内诸文囿，俾乐沼台。觅草通灵，益感百神之集，衔芝候辇，长迎万岁之游。

这篇表文虽是十足的谀辞，但因所用的典故十分贴切，很多文字又都语涉双关之故，虽是谀辞，却极富巧思，看了能使人感到十分舒服。据说，胡宗宪当时并不能十分看出这篇表文的妙处，在此表之外，还另外使人别制一表，同时送达京中，请他的至好翰林学士董份先加鉴定一番，以便择尤进呈。董份认为徐文长的表文做得好，以此进呈，果然大得世宗之欢心，赏赉稠叠。前引袁中郎所撰《徐文长传》云："表上，永陵喜甚，公以是益重之。"所谓"永陵"，即是明世宗。

关于胡宗宪进白鹿的故事，另外还有一种传说，以为明世宗之所以大为喜悦，别有道理存在。《花当阁丛谈》卷八，"胡宗宪"一条云：

胡公开府浙江，自乙卯至壬戌，盖前后八载，论其功绩，止诱降王直一节为可纪，乃其得君之久，别自有故。时上方奉玄修以求长生，戊午岁，倭夷以定海县舟山为巢穴，罗卒侦探至，偶遇一白鹿，以告公。公遣猎人生得之，贡于朝。先是，胡公得鹿，命一人衣黄衣日夜饲饮之，久而益驯。既进上，鹿辄以舌舐上黄衣，上大悦，有'御史忠爱'之褒。寻又获白鹿于齐云山，复献之。既又献玉龟仙芝，屡蒙嘉赏，其结主之知盖如此。

假如《花当阁丛谈》所记的这一段故事确实不错，那就证明了胡宗宪确是一个富权术而多智谋之人——弄权术之目的在上邀主知，巩固地位，而巩固地位之目的则是希望能借此建功立业，长保富贵。不过，他利用赵文华来打击张经与李天宠，由此取代了他们的位置，又通过了赵文华的关系来建立他与严嵩父子间的关系，这种做法未免不择手段，因此而引起反严人物的责难，也为自己的政治前途预种恶果，则其影响殊为恶劣。嘉靖四十一年五月，严嵩罢相，其子严世蕃下狱，这年的十一月，胡宗宪被南京给事中陆凤仪以严党名义奏劾，被逮，旋得释。又过了三年，严世蕃交通外国，谋为不轨的事情泄露，伏诛，严嵩的家产被抄没，落职闲住的胡宗宪亦被牵连下狱，《花当阁丛谈》记其事云：

> ……乃落职居家。未几，宗宪以书抵罗龙文贿求严世蕃为援，书中自拟旨以嘱世蕃。会世蕃被罪，未达，书匿龙文所。及龙文伏诛，巡按御史王汝正奉诏籍其家，得宗宪所与龙文世蕃书，上疏献之。因言："宗宪昔与王直交通，每藉龙文为内援，谄事世蕃，故事久不发。今蒙恩放归，不思补过，愈肆猖狂，招集无赖，暴横乡里，其罪不减于世蕃龙文。乃二犯已正明刑，宗宪独以幸免，恐无以服天下心。"疏下都察院参覆，令抚按逮执宗宪来京。既而宗宪疏辞历叙平贼功，并节年献瑞蒙恩，以致言官忌妒，且讦汝正私受所属赃。上心怜之，亦下法司并讯。刑部因请将汝正宗宪互讦事情行操江都御史勘报，从之。宗宪寻死于狱，诏免勘。

胡宗宪因罪被逮下狱，案情之将来发展不可测，因此而发生的连带影响，则是徐文长闻讯惊怖，至于发狂，以钉刺耳，口流血数合，又以铁锥自击肾囊，几死。这些事情，在袁中郎和陶望龄所撰的《徐文长传》中都有记述，可以不赘。值得记述的，乃是后人对于徐文长这种种不幸遭遇的批评和观感。

清人沈德潜所撰的《沈归愚全集》，其中有《书徐文长集后》一文。对徐文长的批评很不客气。他说：

徐文长渭，才人也，受知于胡宗宪，有国士之目，人艳称之。予谓宗宪之知文长，文长之不幸也。宗宪与赵文华并官总督，并受灭倭之任，文华不知兵，倚宗宪为重。宗宪欲藉文华以通相嵩，承奉文华者无不至。当是时，杀张经，杀李天宠，陷曹邦辅，陷杨宜，虽赵主其事，胡亦助之，而文长晏然为入幕宾。至为宗宪上相嵩启，中云“知我比于生我，益征古语之非虚，感恩思于报恩，其奈昊天之罔极。”又启云：“人有疾痛痒疴，必祈免于天地父母。然天地能覆载之，而不能起于颠挤，父母欲保全之，而未必如此委曲”云云，才人末路，至于斯极，岂文长亦有不能自主者耶？后宗宪被收，文长畏祸，发狂恸哭，至于引锥刺耳，伤体残形，君子既咎其遇，又悲其穷也。向使当日困守蒿藜，不游幕府，以浩然之气寄之于文，诛奸谀，发潜德，何施不可，而至自秽其笔墨乃尔哉？书之为抱才而不择所主者戒。

又，纪昀所撰的《四库全书提要》，对徐文长亦有相似的批评，云：

……其代宗宪谢严嵩启云：“凡人有疾痛痒疴，必求免于天地父母。然天地能覆载之，而不能起于颠挤，父母欲保全之，而未必能如斯委曲。伏惟兼德，无可并名，名且不能，报何为计”云云，虽身居幕府，指踪惟人，然使申谢朝廷，更作何语，录之于集，岂止白圭之玷乎？盖渭本俊才，又受业于季本，传姚江纵恣之派，不幸而学问未充，声名太早，一为权贵所知，遂侈然不复检束。及乎时移势易，侘傺穷愁，自知决不见用于时，益愤激无聊，放言高论，不复问古人法度为何物。故其诗遂为公安一派之先鞭，而其文亦为金人瑞等滥觞之始。苏轼曰：“非才之难，处才之难”，谅矣。

沈德潜与纪昀都曾在清乾隆时官至礼部尚书。他们以朝中大老的身份出来批评文长的生平与文章，当然可以站在求全的立场上责备他不应该如何如何。假如他们的身份并非朝中大老，其说法可能就并不一样。不过，存在于徐文长集中的这篇上严嵩启，因献谀谄媚而作如此之语，亦诚然是白璧之玷，十分可惜。

追本溯源，假如徐文长当年科场得意，早就中进士点翰林，又何致入胡宗宪之幕而专门为胡宗宪作这种献谀权门的污秽文字呢？然则徐文长之不幸，正由于他文才虽好而八股文未能入彀，以致有此错误不幸的遭遇，命运弄人，诚属无可奈何。《曾国藩家书》卷二，载有他在道光二十四年五月十二日所作的《致弟书》云：

> 吾谓六弟今年入泮固佳，万一不入，则当尽弃前功，一志从事于先辈大家之文。年过二十，不为少矣，若再扶墙摩壁，役役于考卷截搭卜题之中，将来时过而业仍不精，必有悔恨于失计者，不可不早图也。余当日实见不到此，幸而早得科名，未受其害。向使至今未尝入泮，则数十年从事于吊渡映带之间，岂不腼颜也哉？此中误人终身多矣！

古时称中秀才为游泮宫，所以“入泮”就是中秀才，乃是应科举考试的第一步。至于上文中所说的“截搭卜题”与“吊渡映带”云云，则都是八股时文中的术语，作过八股文的自然能懂。照曾国藩的意思，一个人在过了二十岁之后如果不能中秀才，就应该趁早改弦易辙，专门从学作文章方面入手，以奠定将来的事业基础，不可再为八股文所误，终致一事无成而悔恨终身。

他的这番话，自然是深知其中甘苦的经验之谈，用来替徐文长设谋划策，亦很适当。以徐文长在文学与艺术两方面的卓越成就而言，他并未因念念不忘于科举考试之故，而成了八股文字的受害者。只是，一个科名不遂之人，即使他在文学与艺术两方面都有了卓越的成就，却仍然不免因本身没有功名事业之故而被卷入了政治场中的是非涡，终致因城门失火而殃及池鱼，则徐文长之所以念念不忘于科举，事实证明正有其必要。

在科举考试的时代里，“功名”对读书人的关系如此重要，实在不可思议！说到这里，顺便可以一谈胡宗宪当年曾经为徐文长帮忙，以求为徐文长中个举人的故事。

陶望龄撰《徐渭传》：

> 渭为诸生时，提学副使薛公应旂阅所试论，异之，置第一，判牍尾曰：“句句鬼语，李长吉之流也。”及被遇胡公，值比岁，公思为渭地。诸帘官入谒，属之曰：“徐渭，异才也，诸君校士而得渭者，吾为报之。”时胡公权震天下，所出口无不欲争得以媚者。而偶一令晚谒，其人贡士也，公心轻之，忘不与语。及试，渭牍适属令。事将竣，诸人乃大索获之，则弹擿遍纸矣。人以是叹渭无命，而服薛公知人焉。

照陶望龄的说法，徐文长此科之不能中，是因为胡宗宪在向诸试官说项时，独独忘了其中的一个，而徐文长的文章又恰好落在此考试官的房中。等到寻着，业已弹擿满纸，虽有胡宗宪的天大人情，亦属无用。这是一种说法。另据沈德符《野获编》所记，则是徐文长在入场以后，其考卷已为监临的巡按御史寻得，特别交给某一考试官请他批荐。而这一考试官平素为文长所轻视，恨之入骨，乘巡按暂时离开之际“辄泚笔涂抹之”，等到巡按回来取视，业已“鸿乞满纸，几不可辨”，于是胡宗宪所拜托的人情亦仍旧无用。

比较两种说法，后一种说法似乎并不可靠。因为明朝的巡按御史权力极大，非区区县令所敢轻易得罪，更何况其中还有着胡宗宪所拜托的人情在？即使这一个阅卷的县令真的对徐文长恨之入骨，亦不能在此时对他实行报复，以免胡宗宪之迁怒于己。所以，比较两种说法，陶说似较可信。而由“弹摘满纸”四字看来，徐文长作八股文不中绳墨的情形，亦分明可见矣。

徐文长能作得一手好文章，却偏偏见厄于八股文之写作，终于因此而失意科场，落拓终生，可知科举考试对当时读书人的影响程度如何。这与现在的联考制度影响无数考生命运的情形，大概如出一辙。引古证今，亦可发一长叹！

# 戚继光斩子

## 惧内之说

这是一则传闻颇广的历史掌故，但因史无可考，颇使人有无所措手之苦。笔者近来在这方面得到较多的材料，汇而记之，颇可了解其中的大致梗概。爰撰此文，以作介绍。

在没有开始作论证之前，先抄一段有关此事的齐东野语。《寄园寄所寄》引某明人所撰的《耳谈》云：

> 大将军戚公继光，其夫人威猛，特畅军机，常分麾佐公成功。止生长嗣一人，亦善战，置在前队。军法：反顾者斩。偶与敌战败反顾，公即斩之。于是将士胆落，殊死战，复大胜。夫人以是不无少恚，而妒亦天生。公每入幕，目无旁瞩。或教以置妾别业者，果匿数姬，生三子。夫人每握刀突至其地，绝无影响。盖于曲房通别室，其扉墙砖巧于合缝，见墙不见扉，惟公独入之耳。久之，以一子托言某孝廉子，丐以继嗣，即令孝廉处以西席，夫人大安之。一日，念无子，涕出。有小妮子发前事，夫人大怒，纳兵往攻之，而一卒不令出，恐有泄者。孝廉急属一力

> 踰重墙报公。公诏诸将问计。或曰：愿以死迎敌；或曰：早避之便。公曰：皆非也。乃自袒趺跪逆夫人，诸姬披发席藁，各抱其子请死，而请以子尝刃。夫人令抱儿起，皆送还，曰："首祸是老奴"，令杖之。公即伏，受杖数十，门外将卒喊声大举，乃已。箠挞诸姬最毒，罢归。由是公不得轻出，阴与诸姬绝，令篋其所有，各从所适。诸姬计曰："弃妾非主人意，何忍为之?"乃轻装适他郡，披剃为尼，匿女僧家，梵诵至十余年。夫人殁，始归各拥其子。然诸子始夫人皆子之，亡恙。

《寄园寄所寄》所引的这段文字，传刻恐有讹错，因未得见《耳谈》的原本，无从校正其讹误。但《耳谈》所述，显然亦多荒诞不经。如戚继光匿诸姬于别业，"其扉墙砖巧于合缝，见墙不见扉"，故其夫人屡次前往搜查，卒无所见；如最后其夫人终悉其事，戚继光肉袒跪迎，蒲伏受杖；以及其诸姬皆被逐出，至夫人殁后始归；等，皆是。惟戚继光惧内之说，则亦颇有事实可凭。如沈德符《野获编》所描写的"妒妇有后"，所谓妒妇，即指戚大将军夫人而言。又，戚继光的好友汪道昆，在戚继光死后曾为之撰墓志铭，其中有几段地方提到戚继光的夫人，说：

> 一品鸷而张，先后有子皆不禄。少保阴纳陈姬，举祚国、安国、报国，沈姬举昌国，杨姬举辅国。御人露诸姬多子状，日操白刃，愿得少保而甘心。少保束甲入寝门，号咷而愬祖祢，乃大恸。一品亦弃刃抱头痛哭，乃携安国子之。

## 乏嗣纳妾

汪文中所说的"少保"，即戚继光；"一品"则戚大将军的王氏夫人也。

按，戚继光以军功历升至左都督，明神宗万历七年，复以蓟门守御之功加少保，位至一品。汪文称戚夫人为“一品”，盖是“一品夫人”的省称。戚继光后因乏嗣而先后娶妾三，生子五，亦见于戚继光自撰的《孝思祠祝文》，中云：“不肖渺孙先乏子，乃出奇计，苦心万状。今有五子一侄，率承烝尝。”娶妾生子而至于必须“出奇计，苦心万状”，其间已不难看出王夫人之悍妒及几至因此而绝嗣之状。与汪文所说的王夫人“鸷而悍”，可谓若合符节。但如细读汪道昆所撰的《戚继光墓志铭》，又可发现一点矛盾，即是戚继光早年与王夫人结缡时，其夫人甚以淑慧著称。原文如下：

> 少保既孤，家故不造，内子出王万户，累封一品夫人。少保袭归，日服事分部，内子主中馈，相与食贫。常市一鱼，三斩待饪。朝进首，午进尾。少保虚口而行，问有余，曰：“亡矣。”则以臑在腹而阴自奉，心嗛之。暮以鱼腹羞，少保色沮：“子枵腹以望吾腹，甘苦可无同乎?”内子谢曰：“妾佚君劳，君良妾苦，礼也。”乃心德内子，方诸孟光。

昔为举案齐眉的孟光，及后乃变为“日操白刃，愿得少保而甘心”的母大虫，其间的转变原因何在？这便是值得研究的问题关键了。

戚继光的夫人王氏，出身将门，英武有男子之风。明世宗嘉靖四十年倭寇犯浙江之台州，戚继光时任台金严参将，其老营及眷属均驻台州太平县（今温岭县）境之新河千户所所城。这年四月，倭寇将窥台州，先以一部分在台州以北的奉化及宁海等地登陆窜扰，主力逗留于台州海外观衅。迨戚继光率兵北趋宁海，台州防务空虚，大股倭寇突然在桃浦及新河港的周洋登陆，新河城中无兵，形势岌岌可危。幸赖王夫人的处置得当，寇不敢犯，始得转危为安。这一段往事，具见于戚祚国所纂的《戚少保年谱》，足以见王夫人之富于勇敢机变。其经过情形，略如下述：

嘉靖四十年夏四月二十三日壬子，日未中，贼果大来……次日，径犯新河北潭，四境骚动。时家慈居新河，精壮悉从征，人心汹汹，手足无措。家慈乃命开兵甲火药之藏。守者难之，曰："无将军令，谁敢擅动封钥？"家慈曰："事急矣，吾自任之。"于是令城守士卒及妇女悉假兵装，布列城上，旌旗丛密，铳喊齐哄。贼悬望之，疑有备，不敢逼城。时（巡道）唐公将留海门者，宣言曰："贼薄新河，剽甚，不亟击，将为戚将军妻子忧。"……乃督所遣部兵自黄岩乘舟，由海门登岸。时贼方肆掠，未及作食，猝遇之新河城下，即鼓噪大战。我兵锐甚，贼莫能当，乃败。

王夫人以疑兵之计保全了新河千户所城，足见她的机智、英武及果断，俱有不可及之处。据一般的传说，王夫人的英武可畏，大有类于三国演义中刘备所娶的孙权之妹孙夫人，即闺房之内，亦有带刀的侍婢扈卫。这种传说是否可靠，固然有待证明，然而王夫人之娴练兵事，由新河守城之役中亦已具见一斑。所以，戚继光虽然位至大将，似乎未必能以军威慑服他的元配夫人。相反地，由于他在感情上对他的夫人感到有所亏负，则由忍让而积至畏惮，倒也很有此可能。戚继光对王夫人为何有感情上的亏负呢？推测其原因，大概便是与"斩子"的传说有关的。

## 斩子五说

传说中的"戚继光斩子"故事，其内容颇不一致，即是故事发生的时间及地点，亦不能统一。在没有加以考证明白以前，先将它们逐一引述于后：

（一）台湾正中书局印行的少年故事集第四集之九《戚继光》说，

浙东方面有一种传说，戚将军在嘉靖四十年四月下旬，从临海领兵征剿在新河港上岸的一批倭寇时，中途曾经把他的独子斩首。原因是在行军的途中，戚将军命他的儿子带领三十名士兵去袭击正在某镇抢掠的倭寇。小戚将军进至半途，探悉镇中倭寇有三四百人，以众寡不敌，便回头来向他父亲报命。接着，这批倭寇自然是被戚家军聚歼了，但小戚将军也因为违背军令，遭了斩决。

（二）在抗战期间由浙江省抗日自卫委员会编印的薪胆丛书之八《浙江抗倭故事》，第二十九节《临海的太尉殿》中说："白水洋离临海城五十里，离镇五里地名黄沙，有太尉殿，内塑戚太尉神像。太尉就是戚继光的儿子。相传当倭寇蹂躏黄岩海门一带时，戚继光命他的儿子带兵应战，并嘱咐他说：'只许败不许胜，非到仙居不准反攻。'他的儿子奉命去后，把倭寇诱到黄沙时，已忍无可忍，乃下令反攻，把倭寇杀了大半。回营缴令时，诸将向他贺功，戚夫人也大为欣慰。不料戚将军听禀之后，勃然大怒，说他违背军令，纵走了余寇，立命绑出正法。夫人只有这个儿子，虽然哭得死去活来，但戚将军执法如山，终于不顾骨肉的感情，把他斩首示众，以申军法。"

（三）1940年2月间刊于重庆大公报署名高赫夫的一篇大文说："戚将军在临海和倭寇血战，下令任何人临阵不许后顾或退回，违令者斩。不料战到激烈的时候，戚将军的乘马中了流矢，把戚将军跌下马来。戚小将军正在前阵作战，听得父亲落马，不但回头后顾，而且驰回来探视，扰乱了行列，军心惶惶，一时几乎失利。幸亏将军落马后，重行上马督战，方才转败为胜。收兵以后，戚将军就按照军法，将小将军斩首。虽经兵士和夫人哭求，也终为执法起见而斩首了。平倭以后，临海人民都痛念戚小将军虽然违反了军令，却不失为孝子。同时因戚将军的执法如山，更激起了部下将士的忠勇，得以迅速歼平倭寇。为报功崇德起见，就造太尉殿来供奉小戚将军。”

（四）乾隆《仙游县志》卷十三《祠宇志》中一条云：“崇勋祠，在南街下郑前，前明嘉靖间建，祀都督戚继光。一在枫亭寨北门街。”其下注云：“考之传记，继光至莆田，将出师，烟雾四塞。其子印为前锋，勒马回求且驻师。继光怒其犯令，杀之。……少保之国尔忘家，其有造于兴属者，岂浅鲜哉！”

（五）民国《连江县志》卷三十四《杂录》：“戚少保继光神于用兵，号令严肃，信赏必罚，士卒惴惴用命，故所至成功。即平连江倭寇。移兵宁德，以其子为前锋，传令：退缩者斩。其子登白鹤岭，见敌势甚盛，回头欲有关白，立斩以徇。三军股栗，临战，无不以一当百，遂平福宁路。光与游参政涟之子东洲善，每出师，常携以偕。东洲见其微，托疾辞归。或问之，答曰：‘公用意不测，吾不速归，安知其不以我试乎？’及白鹤岭杀子事闻，人服东洲之先见云。”

## 传说异同

将以上五种传说加以归纳，便可知道，传说中的戚继光斩子故事，其发生的地点共有不同的三处，即是浙江的临海，与福建的莆田、连江。同一故事，当然不可能发生在三处不同的地方。因此，不论这些故事是否有一处可靠，其必有两处为不可靠，当无疑问。试加研究分析，则所谓发生在浙江临海之一说，当是最不可靠的。

戚继光生于明世宗嘉靖七年，至嘉靖四十年台州剿倭之役，时年止三十三岁。即以中国习俗之虚岁计，亦止三十四岁。嘉靖二十四年娶万户南溪王将军栋之女为妻，见于戚祚国所编之《戚少保年谱》卷一，时戚继光年十八岁。此王万户之女，即戚继光之王夫人，亦即汪道昆所称之“一品”也。年谱不载王夫人曾否有子，如照前面所引述的各资料，则戚继光固尝有一子名戚印，系王夫人所出。戚继光娶王夫人时既然止有十八岁，即使在结婚之第二年即生长子戚印，则算至嘉靖四十年时，戚印的年纪最多止有虚岁十五岁，尚不能胜领兵作战之任。此其一。

据前面所引（二）（三）两条资料，戚印之死于临海，有当地的“太尉殿”为证。但如考之光绪《台州府志》卷五十四至五十五《祠祀志》，则府境各县之以“太尉庙”为名者凡三。一在黄岩县之东二里，宋绍兴中建，祀张姓神。一在宁海县南五十里的海游，唐时建庙，祀神姓蒋，梁时人。一在仙居县西七十里，祀宋封左昌将军祚顺侯朱三郎。其专祀戚继光者，名戚武毅公祠，在太平县境之新河，亦即明之新河千户所所城，未闻以戚印为配。此其二。

由以上两点，可知戚继光斩子的故事，似不可能发生在嘉靖四十年台州剿倭之役。此不但因戚印的年纪太小，亦因各项传说所举的“太尉殿”证据，在当地无实证可寻也。

乾隆《莆田县志》虽以“考之传记”为言，谓戚继光因军法斩其子戚印的故事发生在莆田，但同书引郡人方万有所作的《莆田解围记》，叙嘉靖癸亥之冬戚继光以大兵破闽南倭寇的战绩极为详悉，其中独无斩子之事。稽之史籍，戚继光之入闽战功，一在嘉靖四十一年，一在嘉靖四十二年，不但在时间上有先后，所到达的地点亦先后不同。嘉靖四十一年岁次壬戌，戚继光尚在浙江充任台金严参将。其年福建被倭寇侵扰，受祸甚惨。福建省的防兵无力抵御，巡抚游震得力请于朝，始由浙直总督胡宗宪调派戚继光率浙兵入援，连破横屿、牛田、林墩等处之倭，福建境内之倭寇大致肃清，戚继光亦于此年之十一月振旅还浙。戚继光之大军甫离福建，新倭又复大至，连陷兴化寿宁政和等府县。巡抚游震得再次向朝廷呼吁，朝议升戚继光为浙福副总兵往援，会同福建总兵俞大猷及广东总兵刘显之兵合救兴化。嘉靖四十二年岁次癸亥，戚继光再度率兵入闽，四月克兴化，五月以后，复连有政和寿宁等地之捷，新任福建巡抚谭纶题荐戚继光代俞大猷为福建总兵。其年六月，复获水陆大捷，倭寇南窜闽粤之间，始有莆田仙游之警。嘉靖四十二年十一月，戚继光以新任福建总兵的身份率兵南向，既解莆田仙游之围，又大败倭寇于漳平，残寇逃入广东，福建境内的倭寇肃清。由以上的出师日期及到达地点考之，戚继光在莆田剿倭，当在嘉靖四十二年十一月以后。但据《戚继光年谱》所说，戚继光在嘉靖四十二年的八月间已娶妾沈氏。戚继光过去未尝娶妾，是因为他已有子嗣。他之所以初娶沈氏，再娶陈氏杨氏，据《耳谈》及汪道昆撰《戚继光墓志铭》暨戚继光自撰《孝思祠祝文》，都说明了是为延续继嗣起见。既然戚继光在嘉靖四十二年的八月间就因为急于希望再生儿子而娶妾沈氏，那么，戚印之被杀，怎么有可能会在这年十一月之莆田剿倭之役呢？由此一事实，又可证明戚印之被杀，并非发生在莆田剿倭之役。剩下来的一项可能，就只有《连江县志》所说的白鹤岭地方了。但若以浙闽二省的关系位置而言，宁德在北，连江在南。由浙南的平阳至福州，必先至宁德，然后经罗源而至连江，再由连江南下而至福州。戚继光两次入闽，所采取的行军路线都是由浙南的平阳沿宁德罗源连江一线南下。考之志乘，宁德县城之西南有白鹤岭，为通往罗源之大路所必经。戚继光于嘉靖四十一年初次入闽，曾有横屿之役，其作战地点即在宁德。自横屿之倭肃清，宁德再无战事。所以，《连江县志》所说，戚继光于“既平连江倭寇”之后“移兵宁德”，不但与史实不合，就连江与宁德之地理位置而言，亦无此可能。所以，戚印被杀于白鹤岭之说，也并不一定可靠。

## 记载缺略

志书及地方传闻的戚继光斩子故事虽有五则之多，但在仔细探究之下，其内容竟没有一项确实可靠，说来未免太使人意外。何以各项传闻的故事没有一项确实可靠呢？这自然应归咎于史书记载的缺略了。

关于戚继光斩子的传说，尽管流传在浙江福建二省境内的故事形式就最少有五种之多，但在与戚继光有关的传记资料中，却一概从阙。例如，《明史》中的《戚继光传》，便不载此事。其次如戚祚国所纂的《戚继光年谱》，不但不记戚继光斩子之事，即王夫人是否曾生一子名叫戚印，以及此戚印生于何年，卒于何时等凡可供后人考求探索的有关资料，亦一概删削不录，几使人怀疑王夫人未尝有子，而戚继光亦并无斩子之事。若不是流传在民间的故事传说还能保存此一故事的大致轮廓，以及汪道昆所撰的《戚继光墓志铭》中也曾说到王夫人“先后有子，皆不禄”的话，我们亦无从怀疑年谱内容之不可靠。由于年谱内容有不可靠之处，我们要探索此一故事的真实内容，自只有从其他方面去设法。譬如，曾为戚继光撰墓志铭的汪道昆，他所留下的文集，就是一个很好的探索对象。

汪集中的《戚继光墓志铭》说：

少保文武俱足，顾折节而右吾文。越在行间，得片言如右券。居常纂乃考服，孳孳以孝为忠，有开必先，余则有《孝廉将军传》。会倭掠吴入浙，辛酉寇台州，少保将所部兵，九捷而平，余则有《台州平夷传》。壬戌，余自闽监少保军，歼横屿，遂截马鼻，捣牛田，兵不留行，一月三捷。既饮至，余则有《平远台勒功铭》。……癸亥，新寇累万，厚集仙游，则出奇夜袭之，寇无噍类。乃若焚山寇百垒，覆海寇千艘，功什冠军，域中底定，余则有《京观碑》。余去闽，少保应召至阙下，期余吴会，决策而行，余祖之三山，则有言赠。壬申蓟门大阅，少保从谭襄敏任事，余则有《燕山铭》。报命程功，余则有特疏。丙子，少保始艾祝以申吕，余则有《荐履篇》。骠骑罢鬼方归而首丘，余则有志有铭。少保罢南粤，从间道入新都，胥命弁山，余则有《沧州三会记》。同事二十五载，先后累数万言。

由这一段文字可知，汪戚相交二十五年中，汪道昆所写与戚继光言行事功有关的文字，除墓志铭不计外，其有篇名可稽的，即有十一篇之多。但今存本汪道昆《太函集》中所能看到的，则仅有如下各篇：

卷一　　《大将军戚长公应诏京带序》

卷四　　《荐履篇》

卷十　　《沧州三会记》

卷十一　　《台州平夷传，孝廉将军传》

卷二十六　　《燕山勒功铭》

卷二十八　　《蓟镇善后事宜疏》

以上各篇，合而计之，其数凡七。据墓志铭，所缺少的各篇名称如下：

一、《平远台勒功铭》　　纪嘉靖四十一年初次入闽战功

二、《京观碑》　　纪嘉靖四十二年以后在闽肃清倭寇战功

三、《罢蓟镇时所作志及铭》　　万历十一年由蓟镇调广东时作

以上不见于汪道昆《太函集》中的汪文四篇，前二篇综述两次入闽的平倭战功，后两篇概述守蓟十六年中“边备修饬，蓟门宴然”的功绩。戚继光卒于明神宗万历十五年，享年六十岁。汪道昆之刻行其《太函集》，据明人沈德符《敝帚轩剩语》所说，乃在汪道昆“垂没”之前，其时间约在万历二十年。汪道昆为纪述戚继光之闽蓟战功而撰有《平远台勒功铭》、《京观碑》等文四篇，何以在编定《太函集》付之刻印时要将它们一概删去不录呢？其中原因，显然值得研究。

## 行法立威

沈德符《野获编》卷二十八：“士人不幸，处人伦之变，割爱亦须熟筹。如乐羊、金石碑以功名身家起见，不足言矣。若乃唐淮南节度使马举之斩其子，则以退还；南唐大将刘仁瞻之斩其子，则以叛降；本朝大将戚继光之斩其子，则以败绩；此军法所不贷，不得已也。嘉靖末年，新郑故都御史高捷，有子不才，屡戒不悛，因手刃之。中丞殁后，其地公举乡贤，物论佥谓无忝此典，独河南提学副使杨本庵（俊民）力持之，则专指其杀子一事，极诋其忍薄，乡祀事遂终不行，时隆庆己巳庚午间也。中丞嫡弟，即高相公（拱），方起首揆，兼长铨部。时以杨此举为难。相公亦不介怀，即擢为本省参政，驯至通显。”沈德符所述的这一条故实，非常值得注意。因为高捷之手刃其子，亦在嘉靖末年，与传说中戚继光斩子故事的发生时间非常接近；而高捷因此事被杨俊民斥为忍薄，以致不能入祀本籍的乡贤祠，亦不过是此后几年

的事。(嘉靖凡四十五年，翌年即穆宗隆庆元年。己巳三年，庚午四年，上距嘉靖之末不过数年。)记忆既新，所予人的观感自新。沈德符虽然以为戚继光之斩子为“军法所不贷”，不得已而出此，但若照民国《连江县志》所引明人游东洲对戚继光的观感看来，则戚印之被杀，分明尚有特意以其亲生之子为行法对象，藉收借事立威的意味在内。果属如此，则戚继光之用心，简直是不堪闻问的了。高捷因其子怙恶不悛而手刃之，已不免被诋为“忍薄”；若戚继光果有存心斩子立威之事，则其心之忍薄，岂不较高捷尤过之？戚继光是否有此存心，我们现在当然已无法判定。但当时既有人持此怀疑的眼光，则事实或正有此可能。

## 掩饰真相

戚祚国为父干蛊，为了要使戚继光的声誉完美无瑕起见，自然只好尽力设法掩饰事实真相，不但要在年谱中将有关此事的史实泯灭殆尽，即《汪道昆文集》中凡有涉及此事的记载，亦必须要多方恳求其删去。《汪道昆文集》中记载戚继光言行事功的文字共有十一篇，惟独缺少记述福建及蓟门事功的碑铭及志文四篇，显然便是因为其中曾有叙述戚继光斩子的文字，为了避免使戚继光死后蒙垢，而在戚继光诸子的要求之下删去不录的。如其不然，实在很使人想不通其他还有什么更合适的理由。

沈德符的《野获编》，是明代私人著述中记载最称博洽翔实的一部史学著作，其可信价值甚高。由于此书中也曾说到戚继光斩子之事，与前面所引的五种传说资料在本质上没有冲突，因此可以使我们相信，戚继光因行军法而至于斩其亲子，当是确有其事的。戚继光在嘉靖四十二年始置妾沈氏，嘉靖四十三年以后再置陈氏及杨氏，然则他在嘉靖四十二年以前的剿倭战役中所斩之子，应当即是王氏夫人所生的了。戚继光在与王氏夫人结缡之初，心德其贤淑，甚至比之为举案齐眉的孟光，何以在后来会变成既悍且妒的恶妇呢？既然我们已经确定，戚继光果有将王夫人所生之子处斩之事，那么，王夫人之由贤淑变为妒悍，以及戚大将军之因一世名将而得惧内之名，当然也就与此事直接有关了。

王夫人一共曾经生过几个儿子？由于《戚继光年谱》中毫无这方面的资料，无可查考。汪道昆撰《戚继光墓志铭》说："一品鸷而张，先后有子皆不禄。"由此看来，王夫人所生之子，最少当在两个以上。《四库全书总目提要》子部兵家类《纪效新书》下云："……第四篇中一条云，若犯军令，便是我的亲子侄，也要依法施行。厥后竟因临阵回顾，斩其长子，可谓不愧所言矣。"《纪效新书》是戚继光所撰的兵学名著，《四库全书提要》既说，戚继光曾因执行军法而斩其长子，则乾隆《莆田县志》所说的戚印，当是王夫人所生的长子，长子既被戚继光所处斩，余子又复不禄，王夫人以此竟无子，其心情之悲痛可想。戚印被斩于嘉靖四十一年，至四十二年，戚继光就因急于延续子嗣而娶妾沈氏。准此以观，则在戚印被斩时，很可能王夫人所生的其他诸子并已死亡，仅存戚印一子。当此之时，戚继光若是顾及王夫人的感情，就不能藉斩子立威之法来加强他的指挥效果。然而他竟然如此做了，在旁人已不免要责其"忍薄"，在王夫人自更要恨其戕贼天性了。戚继光为此而自感行事过刻，自不免要对王夫人发生一种抱愧之心。因抱愧而多方对之忍让，积久之下，竟养成了王夫人的悍妒之性，就事实而论，倒也是极有此可能的。

戚继光一生叱咤风云，南平倭寇，北御强虏，所建战功，在明代中叶可称第一，其练兵之法，尤为后世所则效。然而，这一位战功赫赫的大将军，在闺房之内，却不免受制于其夫人，至于使他的惧内之名在历史上成为笑谈，说来似有不伦。若是其原因果由于他之违心斩子，藉事立威，那么，我们对于这位戚大将军之忍心，也就不免要稍有失望之感了。

# 张居正的是非与恩怨

张居正，字叔大，号太岳，明湖广荆州府江陵县人。生于明世宗嘉靖四年，中嘉靖二十六年进士，选翰林院庶吉士，旋授翰林院编修。屡升右春坊右中允兼国子监司业，右春坊右谕德，翰林院侍读学士。穆宗隆庆元年，进礼部右侍郎兼翰林学士。未几，即以徐阶的荐举，以吏部右侍郎兼东阁大学士的名义，入阁拜相。隆庆六年，神宗嗣立，进位首辅。自此独柄国政，辅立幼主，居首辅之位者凡十年。神宗万历十年六月，卒于官，享年五十八岁，赐谥文忠。张居正在《明史》有传，史称其在柄政期间，肩劳任怨，饬法起敝，弼成万历初年之治。神宗万历十年以前，号称富强，悉为张居正个人的治绩。梁启超主编《中国六大政治家》，以张居正与管仲、商鞅、诸葛亮、李德裕、王安石并列为中国历史上最杰出的六大政治家，可知他对于张居正推崇程度之一斑。

《明史》虽尝为张居正立传，然考之明时人对张居正的评骘，固多褒贬杂出之辞。如王世贞作《张居正传》，便以“居正申商之余习也，以法胁持天下，器满而骄，群小激之，虎负不可下，鱼烂不复顾。寒暑移易，日月亏蔽，没身之后，名秽家灭。善乎夫子之言，虽有公之才之美，使骄且吝，其余不足观也已。”为言，论张居正是功成而器满，卒以骄吝取祸败的法家者流人物。崇祯时，吏部尚书周日宣请复居正子敬修故官，亦说张居正“专尚刻核，昧宠利居官之戒，殃及身后，覆宗陨嗣，有足念者。”至清代初年，谷应泰作《明史纪事本末》，对张居正的批评便更严厉了。《明史纪事本末》卷六十一《江陵柄政》一章论云：

世称张居正相业，誉者或许其干略，毁者仅恶其专恣，然予以皆非事实真知居正者也。考居正大节，特倾危峭刻，忘生背死之徒耳。而其他缘饰以儒术，炫耀以智数，譬之黄子艾墙高基下，阳处父华而不实，求其论思密勿之地，表帅百僚之间，此实难矣。方夫穆宗凭几，显帝冲龄，居正、拱、仪，同受顾命，而内监冯保窃从于侧。斯时逐刁之议末行，弔让之谋渐固。卖交附珰，漏言市重，彼商鞅之因景监，相如之藉缪贤，揆之结主，固如是乎？卒之会极传宣，新郑被斥，而冯保以快己之怨者，即以酬次辅之恩，居正因去保之疾者还以固纶扉之宠，鬻权夸毗，若互市然。及乎九龄远引，颐浩外徙，始乃官府交通，更唱迭和。冯倚执政，则言路无忧；张恃中涓，即主恩罔替。以故扇殿清暑，铺毡御寒，居正所蒙，一皆媚珰之力也。至于犯跸具狱，词连拱奴，谋发宰臣，风生内侍，苟非天变见于上，公议格于下，则上官黠诈，立碎奉车，易之飞文，赤诛魏氏，居正之包藏祸心，倾危同列，真狗彘不食其余矣。

这一段话，大致指责居正以结纳太监冯保的手段驱逐高拱（即上文所指的“新郑”，因高拱为河南新郑人），从而攘夺其首辅之位，即与冯保互相勾结，以巩固相位。迨冯保欲借王大臣之狱以倾陷高拱，居正复从旁助焰，故指为“包藏祸心”，及“狗彘不食其余”，其下续以居正之恋位夺情为题、大肆诋諆，云：

若夫父丧夺情，太阿不释，李幼孜倡之于外，冯保应之于内。而居正貌乞持服，心冀慰留，无鲁伯禽之东郊不启，蹈翟方进之脱衰视事。语云："求忠于孝"，又云："移孝作忠"，居正其无人心者乎，何相倍之戾也？矧乃三月归葬，六月还朝，宰我之意，惟在短丧，曹瞒之心，恐失兵柄。而且吴中行、赵用贤俱以星变陈言，艾穆、沈思孝、邹元标各以忘亲入告。乃复横被锁镣，咸加杖戍。又且论死刘台，瘐毙士期，锡爵以刎颈惊奔，张瀚以拊膺被斥，虽王巨君之芟除忤恨，梁将军之收拷太史，淫刑以逞，不是过也。

这一段话，又即是《明史稿·张居正传》所谓，"始居正自矫饰，英敏善断，捭阖挥霍，有魏相姚元之风。而其客面谀，谓汉唐所未睹，居正亦雅自负。迨为刘台等所摘，志气渐恍惚。至是，知天下皆不与己，益思以威权劫之"云云之铺张发挥了。张居正遭父丧而不肯去位，必欲借皇帝坚留不放为口实，以夺情之说威胁朝中士大夫，使不敢再有人指此为非，此一举措，无疑将使张居正成为名教之罪人。张居正在死后遭追夺赠谥，又惨罹抄家籍没，在"举朝皆索其罪而不敢举其功"的风潮中，仅此一事，已足以使攻击他的人振振有辞了。在张居正被籍没之后，一般人对他所作的定论，大多目之为"权臣"，指他的最大罪状是"专擅"，这当然是太过分的指责。清朝的顺治皇帝就曾说过："明相张居正当主少国疑之日，乾纲若不独擅，天下事便成道旁筑舍。"站在客观的地位论张居正的作为，这一批评应该是很中肯的。自清代以至民国，以政治家的施为来观察张居正在明代历史上的贡献，人们对张居正的批评自更不同。于是，在民国以后所出版的张居正传记，大抵极赞其事功而不复言其过失。以与明时人所作的张居正传记相比，其爱憎之间的差别，非常明显。

由于梁启超推许张居正为中国历史上有数的几个大政治家之一，后来的人受此影响，先后写了不少张居正的“新传”。不必说那些散见于报章杂志的论文与通俗性的小册子，即以成本的学术性专著而言，目前所能见到的，即不下四种之多。（一）陈翊林所著的《张居正评传》，1936年中华书局出版。（二）朱东润所著的《张居正大传》，1946年开明书店出版。（三）余守德所著的《张江陵传》，1946年正中书局出版。（四）唐新所著的《张江陵新传》，1968年台湾中华书局出版。这些书的内容虽然不同，但却有一个共同的特点，即是极赞张居正的事功，而又对历史所加予张居正的恶劣批评多方为之辩释。就事论事，张居正诚然是一个有识见有抱负的大政治家。然而要说他“在志行上是个特操者，有恳辞爵禄，严拒贿赂，不计毁荣，尽瘁以死的精神”（陈翊林语），则似又誉过其实了。张居正结纳冯保，倾高拱而代为首辅，这本是铁一般的事实，且亦是嘉靖以来内阁大学士间惯以阴谋斗争来夺取权力的传统方式。张居正与高拱之间，一则因地位相逼而互相猜忌，一则因高拱竭力摭拾前任首辅徐阶之过失以为报复，而张居正恰为徐阶的门生，必须为徐阶设法解救，因这双重原因，当情势发展到高潮时，张居正必须排去高拱，以为自保及保徐阶之计，其事又何必为居正讳？但朱东润所撰的《张居正大传》及唐新所撰的《张江陵新传》，却一再为张居正辩饰并无与冯保结纳以排去高拱之事，事实上又何必多此一辩？类此情形，亦可推之于当时人对张居正“恋位夺情”及“徇私灭公”等方面的批评。因为这些批评亦都有相当可靠的事实为根据，固未便以猜忖之辞，完全指为明人对张居正所加的诬罔。

将彼此间迥不相同的这些传记资料互相比较，像谷应泰那样地诋张居正为“倾危峭刻，忘生背死之徒”，以及“狗彘不食其余”之类的说法，固然失之刻核；而若要像今人所作的张居正传记那样地完全推翻前人所说，除竭力推崇其功业以外，更力称他不是贪恋名位之人。不但能砥砺廉隅，归洁其身，且有敝屣功名的清操，甘于身为怨府而大公无私，凡此云云，显然亦誉之过情。要而言之，张居正虽是一个有识见有抱负的大政治家，但我们亦不要忘记，他一样也是肉质凡胎，具有七情六欲的普通人。人非圣贤，孰能无过?为了达到目的，他也曾做过不择手段之事；当美女、名马、精金宝器罗列并陈的时候，他也可能由衷地发生喜爱之情。凡此种种，如果发而有节，不为过甚，则我们亦尽可以视为人之常情，不必过分为贤者讳。过分刻薄吹求的论评固足以埋没张居正的伟大，过分赞誉过情的推崇同样也无法使人认清张居正的本来面目。由此不免误以为张居正是一个高不可及的完人，因不可企攀而不敢生则效取法之心，这就不免有违我们为张居正作传记的本意了。

为历史上的伟大人物作传记，除了胪举传主的具体功绩之外，更须着眼传主所身处的时代背景，了解他如何能在芸芸众生之中脱颖而出，终于能建立其不朽事业的成功原因。传记人物并不一定是完美无缺的完人或超人。此不但因为他们本身既非完人或超人，而且世界上亦决没有完人或超人。凡是人，就都不免具有人性中的各种弱点与缺点。唯有那些能依凭着自己的坚强意志努力与他本性中所存在的弱点与缺点终生战斗不懈的人，方能逐渐以理智克服情欲，将本性中的情欲与弱点减少至最低限度。由这种人性中的理智与情欲之战，方可显示出人之不同于禽兽。大而化之，即是伟大人物不同于凡人之处，亦即是作传记所需要强调之处。作张居正传记而仅仅强调他一生的功业成就，不知兼顾他性格中的优点与弱点，就不免对许多客观因素了解得不够真切。以此来解释他一生中许多事迹何以如此而不如彼的道理，就不免昧而不明了。张居正居相位十五年，建树不凡，而在身后不久就遭到追夺赠谥与抄家籍没之变，当时人且直诋之为“权臣”而不称之为“名臣”，凡此结果,俱有原因可寻。俗语有所谓“种瓜得瓜，种豆得豆”之说，种瓜既不能得豆，那么，我们对于张居正死后得祸的原因，亦就不能单单以明神宗的心理变态与明朝士大夫的贪利畏威而无廉耻无是非的说法来解释了。笔者读近人所作各种张居正传记，总以为张居正的功业固然彰彰在人耳目，而张居正在相位时亦尽多徇私灭公之事。由于他后来之过分徇私而又不恤人言，才会予反对者以攻击的藉口。这种是非恩怨的纠葛，一直是张居正毕生事迹中最使人感到困惑的地方。如果能把这种错综复杂的关系理出一个头绪来，未尝不可以使我们对于张居正这个人得到一些更明确的印象。不揣鄙陋，辄思冒昧从事，幸望贤达君子，有以教之。

明代的内阁大学士即是事实上的宰相。内阁权力的集中，在明世宗嘉靖时已逐渐显著，其中尤以“首辅”的地位更超绝同侪，非居于“次辅”以下的其余各位大学士所可比拟。权力所在，富贵由之，各种政治阴谋及相互倾轧的情形，亦即由此而生。首辅与次辅之间势同水火的实例，莫甚于夏言与严嵩。夏言于嘉靖十八年代李时为首辅，至二十一年，因严嵩之构逐去位，翟銮代为首辅。二十三年，翟銮得罪削籍，严嵩代为首辅。二十四年九月，夏言再召，复为首辅，严嵩以名位较低居次。《明史・夏言传》说，“言至，直陵嵩出其上。凡所批答，略不顾嵩，嵩噤不敢吐一语。所引用私人，言斥逐之，亦不敢救，衔次骨。”赵翼《二十二史札记》亦说：“夏言为首揆，严嵩至不敢与分席。欲置酒邀欢，多不许。既许，至前一日又辞，则所征红羊栈鹿之类，已付之乌有。一日，许赴其宴，薄暮始至，三勺一汤，宾主不交一言而退。故嵩衔之次骨。及嵩为首揆，徐阶所以事之者，亦如嵩之事言。吴中有倭寇，即佯为避倭之计，买宅豫章，与嵩子世蕃结姻，并与江右士大夫讲乡曲之谊，凡可以结欢求免者，无不为也。其后亦倾嵩而代之。”严嵩倾夏言，徐阶又倾严嵩，夏言与严嵩因此都受到极惨酷的处分——夏言弃市长安，严嵩抄家籍没，其子世蕃处死。徐阶之后，继任为首辅的是李春芳。但因徐阶与高拱有隙，至高拱代李春芳为首辅后，凡所以谋报复于徐阶者，即无所不用其极。这种恩怨相寻，相互报复的情形，由明代内阁演变的历史看来，真可以说是一脉相承，其来有自。

王世贞《嘉靖以来首辅传》卷六《高拱传》说，拱为首辅后，"使给事中张博等论（徐）阶三子，行巡按御史逮，而起其门人前苏州知府蔡国熙于家，复其官，旋擢为苏松兵备副使，委以阶父子。而阶之雠复上书诬阶父子，事并下抚按，悉以委国熙。国熙乃穷治其事，且募能言阶三子及家人事者有赏。于是三子皆就系，仅阶留而不堪咻堵其室矣。"

此云高拱因谋报复徐阶而罗织其三子罪名，下之狱中，其事亦见于《南吴旧话录》及于慎行《笔麈》等书中。另据沈德符《野获编》，则高拱之报复行为，尤有甚于此者。明世宗之死，有谓系因饵方士王金所进丹药，以致燥热得病，遂尔不治。及穆宗继立，徐阶即以王金"致死先帝"为言，置之大辟。及高拱再入，以内阁首辅而兼掌吏部，遂自请谳狱，意欲平反王金一案，以为陷害徐阶之计。其奏辞云："议事者假先帝为辞，谓金等进燥药丹药，致大行误服，又用麝香附子热药及百花酒吃饮，丹田发热，遂损圣体。如此诬罔先帝，为古今天地大变，亟宜昭雪。"奏入，穆宗果以高拱之言为是，而王金亦得免罪。然高拱之意，本欲借徐阶"诬罔先帝"，文致其罪，其本意固不在为王金谋昭雪也。幸而穆宗并不了解高拱所暗藏的机心，未再追究其事，故徐阶幸得无事，然而其形势固已岌岌可危了。

处在这种情势之下，为徐阶计，只有三个办法可行。一是设法除去高拱，使不能为徐氏之患；一是设法以旧恩打动高拱之心，使其不忍再寻仇报复；

一是运用各种关系向高拱请托关说，以求高抬贵手，放过徐家。由现存的各种资料看，这三种办法，徐阶当时似乎都曾用到的。

《张居正文集》中有《答松江兵宪蔡春台书》，蔡春台即蔡国熙，中云："存斋相公家居，三子皆被重逮，且闻吴中上司揣知中玄相公有憾于徐，故为之甘心焉，此非义所宜出也。且存翁以故相终老，未有显过闻于天下，而使其子皆骈首就逮，脱不幸有伤雾露之疾，至于颠陨，其无乃亏朝廷所以优礼旧臣之意乎？亦非中玄公所乐闻也。"书中所说的"存斋相公"，即徐阶；"中玄相公"，即高拱。此可知张居正当时曾为徐家事向吴中有司说情，冀有所缓。张集中复有《答徐仰斋书》云："仆受太翁老师厚恩，未有以报，凡力所能为者，自不待嘱矣。"又《答奉常徐云岩书》云："仆在此，君家之事，万无虑者"。"仰斋"与"云岩"，皆徐阶子，由此更可知张居正固尝为徐家之事竭力为之周旋也。然而高拱之门客却因此而构居正于拱，谓居正曾受徐氏三万金，故为徐氏地道，拱以此疑居正，而二人之间遂生嫌隙，其说具见于《嘉靖以来首辅传》及《明史·张居正传》。张居正既因救徐阶而见疑于高拱，势必须有以自处。其自处之道，由后来的演变见之，殆即是与徐阶谋去高拱的办法一致，结冯保以去拱。此二人的动机相同，虽所用方法各殊，然而高拱卒因此而见逐。然则高拱之去，固属咎由自取，并不一定可说是张居正之有意逐拱自代也。

沈德符《野获编》："高中玄主乙丑会试，孟题有二'夷'字犯上讳，赖首揆徐存斋力解而止，人皆能言之。然实以首题'为绥之斯来'二句，则下文有'其死也哀'，为上深怒，谓有意咀咒，忽问徐此题全文，令具以对。徐云：臣老耄健忘，止记上文有臣名与字，'犹天之不可阶而升'，差能记忆耳。上意顿释，不复治。使其具述讳语，高无死所矣。"乙丑。即嘉靖四十四年，其时高拱尚未入阁，而徐阶为首辅。高拱后来说，“华亭与我有旧恩，后少相失，不足为怨”，即指此事而言。当徐家狱事正急，各方的援救俱无可为力时，即曾有人想到由徐阶直接致书高拱恳之，若高拱能念及旧恩，则事情亦不无解救之望。据《南吴旧话录》及《野获编》等书所记，此人乃是徐阶的一位吕姓门客，名吕需，一名吕光。二书所记，对于高拱之被逐一事颇有关系，不可不为之转述。

《南吴旧话录》：“吕需，徐华亭客也，工于哭。每广筵喧笑，觞政所不能约者，吕从壁后发声，听之音调悽怆，闻者无不欷歔。及华亭为新郑所窘，意绪不堪，家人戒吕莫入。吕一日乘间见公，曰：‘公肯作书与高，剖明心事，某愿为使。高，伉直人也，祸可立解。’华亭姑从之。吕持书至，三日不得献，乃巡墙而哭。毕出其伎，道路无不挥泪。新郑夫人闻之，立召之入。知为华亭也，取其书告新郑曰：‘宰相其能常做？今吾门下诸人快心处，虽欲以相悦，实自为进身地。后日彼此报复，两家祸福则各自当之，彼固不暇计也。’高悟，即为书报华亭，事得渐解。”

此云“事得渐解”，据《野获编》，则此吕姓门客尚有进一步谋去高拱，以为釜底抽薪之计的重大阴谋在焉。《野获编》：“穆宗初崩，新郑当国。时有大侠吕光者，为故华亭所遣，行间于京师。因别遣客，以奇计干新郑，谓主少国疑，宜如高皇帝初制，命亲王为宗人令领宗人府，以镇安社稷。新郑大喜，纳其谋。吕又宣言于内廷云：‘高阁老已遣牌迎立所厚周王入绍，身取世袭国公，新帝位不安矣。’两宫大骇，侦知果有宗人之说，遂从中出旨，立逐新郑。时先帝升遐甫二旬，距今上即位甫六日耳。”高拱被逐。张居正继为首辅，人多以为这便是张居正勾结冯保密谋政变的结果。殊不知在张冯互通声气的情形之外，尚有这一重阴谋机陷的关系在。亦因为这种阴谋机陷的设计极为巧妙，不但高拱在不知不觉间堕其阱中，即皇帝及两宫亦无不深信其说，于是冯保的谗间得行，而高拱不得不仓皇去国了。这固然是冯保对高拱修怨报复的结果，但若以为冯保一人的修怨报复之力便足以逐去高拱，则未免昧于事实真相。

《嘉靖以来首辅传》卷六《高拱传》云："穆宗不豫，寻大渐，召拱、居正见，而凭几执拱手，顾皇后言，'以天下累先生'。且复为谕，属拱等后事，事与冯保等商榷而行。俄而上晏驾。时今上在东宫，拱乃条列即位数事上之，颇周悉，然大指使政归内阁而不旁落。寻要其门下给事御史为诸疏以劾冯保。时居正当遣视陵地不出，拱使所厚语居正曰：'当与公共立此不世功。'因语云云。居正阳笑曰：'小事耳，何足言不世功。'而密遣人报保。保得为备，乃言于皇后贵妃曰：'拱欺太子幼冲，欲迎立其乡周王以为功，而己得国公爵矣。'又多布金于两宫之近侍，俾言之。皇后与贵妃皆错愕。保乃抑给事御史疏不遽达，而拟旨逐拱，责其专擅无君，令即日归田里，以次日召群臣入听宣诏。拱犹谓此必逐冯保也，使使约居正入朝。居正前已知之，而称腹疾，故徐徐进。至奉天门，中官出三宫诏，皆启而授鸿胪使宣，则逐拱。拱面色如死灰，汗陡下如雨，伏不能起。居正旁掖之起，使两吏扶携出，以明晨僦骡车出宣武门，道旁人皆揶揄之，有詈者。"

这一段文字，叙隆庆六年穆宗崩驾以后朝局变革的前后情形，比之《明史·高拱传》及《张居正传》所叙远为详尽。由此亦可使我们知道，冯保之所以能够一举击中高拱的要害而逐之使去，完全是因为有"迎立周王"之一说，使两宫及皇帝俱惊惶失措，于是冯保乃可不经内阁，径行拟旨逐拱，而身为内阁首辅负拟旨之责的高拱反而毫不知道此中的变局，于是乃至一败涂地。

张居正与冯保互通声气，诚然不错。但若不是高拱走此一着败棋，则张居正冯保与高拱之间的政治斗争，也许不会即刻就立分胜负。《野获编》论此云："处人骨肉间，尚不可深言，况君臣哉？高之粗浅，落人度内，不自觉掇祸至此"，可知高拱是因粗浅无谋，中了人的暗算而致落败的。为此计谋之人，虽说是华亭大侠吕光其人，中间是否有张居正的指麾调度，亦颇难断定。不过，高拱之被逐，乃是由于他结怨于徐阶、张居正及冯保三家，以致被他们合力报复而见逐，应当是当时的事实真相。张居正一方面为求保护徐阶，一方面复为图谋自保，以致与皇帝跟前的司礼太监冯保互相结纳，以求合力逐去高拱，这也是当时的事实，无须深为张居正讳。

至于高拱与冯保结怨的原因，《嘉靖以来首辅传》中亦有很明白的叙述："初，司礼之首珰阙，时冯保以次当进，而偶有所忤，不得意于上，拱亦素畏之，乃缘上意荐陈洪。洪，故长御用者也，例不当司礼而得之。保恨洪，因并恨拱，洪因而力为拱主。然其人不甚识书，久之，以忤旨罢出外。而孟冲长尚膳者也，与司礼远，而以割烹当上意，拱复荐之，而保居次如故。其恨拱刺骨，拱亦觉之。"

明朝的制度，内廷的司礼监相当于外廷的内阁，人称为内相。司礼监以掌印太监位最尊，地位相当于外廷的内阁首辅，而掌印太监以下的诸秉笔太监，就相当于内阁的次辅、三辅，以至四辅五辅。穆宗未崩驾前，司礼掌印太监出缺，冯保以秉笔太监而资最深当升。穆宗偶不悦冯保，而高拱亦素畏冯保，乃因穆宗之垂询而越次荐御用监的首领太监陈洪为代。这就好比是内阁首辅出了缺，位居次辅的大学士轮次当升，忽然有旨，将户部尚书升作内阁首辅，直出原来的次辅之上。这种做法，不但有违成例，而且亦足以结怨当事之人。然而高拱不顾，未免失算。

明朝的司礼太监权力甚大，内阁大学士虽有代替皇帝拟旨之权，而内阁大学士所代拟的圣旨，只能用墨笔写在小纸上随同奏章呈进，皇帝是否同意照批，司礼太监就有很大的影响力量。如果皇帝不同意，一种方式是发出再拟，另一种方式就是直接由司礼太监代拟，在请示过皇帝之后，以朱笔批在章奏的面页上发出来交由有关衙门奉行。内阁首辅如果不能得到司礼太监的合作，彼此互相倾轧，必然会事事感到掣肘。高拱因畏冯保升任掌印而越次荐用陈洪，虽然陈洪因感恩而“力为拱之内主”，但若陈洪一旦去位之后，高拱又将如何呢？这就显然造成了高拱的骑虎难下之势，势必需要一荐再荐，力抑冯保不可了。果然，陈洪之后，高拱再荐孟冲代陈掌司礼印，冯保仍然秉笔。

陈洪以御用监首领太监代掌司礼，已是不合常情；至孟冲以尚膳监的首领太监一旦成为司礼首珰，更无异是将光禄寺正卿陡升为内阁首辅，看来愈加不伦。高拱的措置乖谬至此，自无怪冯保要恨之刺骨。宫廷之事，本来不是外廷所能过问。至穆宗卧病时，孟冲复因忤旨谪外，高拱没有机会荐人以代，冯保代理掌印，到了这时，高拱对于冯保之必将真除，已有无法阻抑之势，两人间的仇恨，于是也到了图穷匕现的地步。而穆宗适在此时晏驾，神宗以十岁稚龄继立，高拱复希图收司礼之权归内阁，更欲加冯保以“致死先帝”的罪名置之死地。为了自保兼为报复，迫得冯保必须立即采取行动，于是爆发了隆庆六年的朝局变革。

沈德符《野获编》：“穆宗升遐，江陵为次揆，用冯保掌司礼印，新郑形势已危。乃具疏草，令所厚门人都给事程文宋之韩等公劾冯保，其第一款即云，保私进邪燥之药以损圣体，先帝遂至弥留。又引弘治十八年太监张瑜误进药饵致损孝皇，张瑜问斩为据。疏上留中，而高逐矣。”高拱指冯保私进邪燥之药以致穆宗不治身死，其说明属诬罔。使其说得行，冯保死无葬身之地矣。高拱对冯保的手法如此毒辣，又何怪冯保要以“迎立周王”之说制造两宫及十岁皇帝的恐惧来对付高拱呢？在情势如此急迫之下，为求自保起见而与张居正互相结纳，共为逐拱之计，亦是很自然的发展。徐阶、冯保、张居正在这时由于共同的利害关系而合力倾拱，自高拱被逐，不但徐阶之事立解，冯保的地位也安如磐石，张居正更顺理成章地由次揆进位首揆，就事论事，这一场政治斗争，并不一定就是由于他因觊觎首辅之位而结交中人，以图不利于高拱。明白了这种关系之后，我们当然可以知道，高拱并非君子，冯保亦不一定就是小人，而张居正因结交冯保而成功地排除了高拱，亦不能指为卑鄙恶劣的阴谋陷害。所以，此正无须为居正深讳。

张居正做了首辅之后。对于驾驭冯保，确实有他的一套手法。《嘉靖以来首辅传》卷七《张居正传》：“留都之小阉醉辱一给事中，其长已执而搒笞数十，且请旨系治矣，而他给事中争上疏请究阉，其语激。居正取其尤激者赵参鲁谪之外，而谓其欺幼主，不道，意以悦冯保也。保故以德居正。居正稍稍说其裁抑中贵人，毋与六曹事，毋轻衔命出使，即使而缇骑尾而阴诇其短，惴惴毕事，幸不见谪罚。以是怨居正而不归心保。”张居正处置阉宦，乃是以预先替冯保留颜面的办法为之道地，使冯保心德居正，然后乃听张居正的调度摆布。

同书张传：“时上当尊崇两宫。故事：天子非嫡生，而尊皇后称皇太后，若生母亦称皇太后，则加徽号于皇后以别之。冯保欲媚上生母李贵妃，乃风居正以并尊。居正不敢违，于是上议尊皇后曰仁圣皇太后，皇贵妃曰慈圣皇太后，而两宫不复别矣。慈圣徙居乾清（宫），抚视上，主持国柄，而倚冯保为重。又与保俱德居正，中外大柄，悉以委之。”据此云云，则张居正之所以要接受冯保的意见，使“两宫并尊”，其目的原来是要藉此培植冯保在慈圣皇太后心目中的地位，由此并可使太后及冯保“并德居正”而便利他自己的柄政。

沈德符《野获编》：“冯邦宁者，冯保之侄，因恩泽历官左都督，恃保势横于长安，莫敢与抗。偶与江陵之长班名姚旷者遇，诃辱之。旷不逊，因相争斗，为邦宁之徒御箠击稍过，归诉于主人。即遣人述其事于冯珰。珰呼邦宁至，杖之四十，褫其冠服，不许朝参。当时江陵曲媚冯以固权宠，而能折辱其侄乃尔。珰因江陵片言，不难笞犹子以谢过，似非他内官所及。”观乎此，则可知所谓张江陵之“媚冯以固权宠”，彼此间似有一种约定或默契，即冯主宫内，张主外廷，宫闱中人不得干犯外廷法纪，有犯即由冯保如法处治；若外廷之事，即非冯保所能干预。冯保何以能接受这种安排？其先决条件，当是由于张居正在能巩固冯保的权位以外，更能进一步地满足其金钱方面的需要。《野获编》卷七“两张文忠”一条论张孚敬与张居正的相业说：“永嘉（即张孚敬）因李福达一案以结欢翼国公郭勋，此事最得罪名教。若江陵之厚成国公朱希忠兄弟，直以门客畜之，以其苞苴以交通中贵耳，非如永嘉之谄附翼国以媚上也。”太监何以亦需营苞苴？以明世宗明神宗各朝的情形而言，当与太监之承办御膳一事有关。

《野获编》：“人主御膳用素，惟孝宗朝为甚，每月必有十余日斋。然皆光禄寺节省旧例以进，而内庖自行供给，又，因给事中徐昂言，仍发膳银与光禄，以补上供之缺乏。至世宗久居西内，事玄设醮，不茹荤之日居多。光禄大烹之门既远，且所具不精，故以烹饪悉委之大珰辈。闻茹素之中，皆以荤血清汁和剂以进，上始甘之，所费不赀。行之凡三十年而至先帝，以逮今上，俱仍为故事。且奉斋日少，玉食加丰，自司礼掌印大珰以下，轮日派直。尝见一中贵，卖一大第，止供上饔餐一日之需，往往攒眉陨泣而不敢言。盖先朝横赐无纪，奉赐所得又多，以余力办此不难。而今上驭下最严，凡岁时例赏，亦行裁减，贽御辈平居无策，惟以吏兵二部为外府，居间所入，半充牙盘奉献。乃大臣执法，不能尽从，大珰恚怒，往往借中旨诘责，或至龃龉，不安其位，真可慨也夫!”

《野获编》所说，明神宗朝中官大珰视吏兵二部为苞苴来源，因二部大臣执法不能尽从而致互相抵牾的情形，或者是神宗中年以后的事。若在张居正柄政时期，冯保并不曾以此干预吏兵二部之事，显然与张居正之能满足其金钱需要有关。张居正既能满足冯保之金钱需要，又能借他的地位巩固冯保在宫中的信任，自然可以做到指麾如意的地步。后人论张居正之交通冯保，每谓是“媚珰以固权宠”，其实应是彼此交相利用，而张居正借此以钤束宦官，使不致恣意横行的成分又较多。果尔，则张居正之以权势和金钱笼络冯保，其目的正在借此减少他在施政上的阻力，不能视之为媚珰，更不能视为非此不足以巩固他的政治地位。

明代的司礼太监权柄甚大，更因其代替皇帝以朱笔批旨之故，对于内阁大学士的拟旨权又常常可以发生掣肘的作用，足以在实际政治上发生很大的影响。最显著的例子，莫过于刘瑾及魏忠贤。刘瑾在武宗时为司礼太监，时大学士刘健、谢迁等受孝宗遗诏辅政，所拟圣旨，每被刘瑾及其党羽怂恿皇帝从中改易。《明史·刘健传》中就曾引述刘健为此事所上的奏疏说：“臣等受知先帝，叨任腹心。迩者旨从中下，略不与闻，有所拟议，竟从改易。”《明史·韩爌传》叙魏忠贤窃柄的情形亦说：“天启二年冬，忠贤假会推事逐赵南星高攀龙，爌急率朱国桢等上言：陛下一日去两大臣，臣民失望。且中旨径宣，不复到阁。而攀龙一疏，经臣拟上者，又复改易，大骇听闻。”司礼太监因接近皇帝之故，有机会可以在皇帝跟前进言，并可对内阁大学士所拟上的圣旨提出改批的建议，何异以太监而越职代行宰相的职权？《明史·职官志》说："然内阁之拟票，不得不决于内监之批红，而相权转归之寺人。于是朝廷之纪纲，贤士大夫之进退，悉颠倒于其手。伴食者承意指之不暇，间有贤辅，卒蒿目而不能救"，即指此而言。

武宗朝的刘健与谢迁，熹宗朝的韩爌，与张居正一样，同是受"先帝"遗诏辅政的宰相。但因武宗与熹宗时的司礼太监乃是刘瑾与魏忠贤，刘健谢迁及韩爌等不但不能展布其政治抱负，反被刘瑾魏忠贤多方媒孽，卒不得不辞位以去，由此当可知司礼太监在皇帝跟前的重要性为如何了。在张居正以前为内阁首辅的高拱，亦尝借司礼掌印太监陈洪为之内主，然则张居正之必须结纳冯保以便其施政，亦可说是事实上有此需要了。古语有所谓"仕无中官，不如归耕"的话，此在明朝的内阁大学士尤为适切。明乎此，我们当可知张居正之所以要多方笼络冯保，及在一定的范围之内许其营私自肥，更是现实的政治环境使然之故。试看高拱因与冯保结怨，终为冯保所构逐的情形，更可以明了冯保之为人。事实上，冯保虽非正人，但亦非十恶下流的小人，他不过是与高拱一样怙势揽权而又恩怨分明的一个普通人而已。对付这样的人，手段的笼络，与财贿的进奉都不能免，然则我们怎可说张居正之结纳冯保是太不正当的举动呢？

冯保后来因得罪神宗而被抄家，据说所抄得的家赀在白银百万两以上。冯保既不像刘瑾魏忠贤那样地专权弄柄，卖官鬻爵，他何来如许家赀呢？这可以参看下面所引的一段记载。

明人张萱所撰的《西园闻见录》卷九，收有张居正抄家时翰林院侍讲于慎行写给主持抄家的刑部侍郎邱橓的一封信，中云：

夫冯珰之所取者，皆中贵之积也。内中大小监局二十四衙门，以及门厂库藏、执扫除之役者，何止千万？每有一缺，即纳金于保，大者以万计，其次数千，小乃数百。予者不以为贿，以为例也；受者不以为贪，以为例也，如输粟鬻爵而已，江陵安得有是？自世庙西苑，近臣积赀巨万者不知其数，迩年以来，其人率多老死。每一人病甚，其家辄走告保。保即遣其名下内臣为之护丧侍药。至则扃其堂室，逐其弟侄，禁其饮啖，坐而待其毙，一举而献之保矣。如此者又何止数十家，其所得何可赀量？江陵安得有是……

明朝时的司礼掌印太监，在太监中的地位最高。由于慎行书中所见，可知当了司礼掌印太监的好处太多，例如收受大小监局新派职务各太监的规例，即是其一。“大者以万计，其次数千”，无怪明朝的太监最称刁恶，举凡属于内官衙门的漕白粮以至进贡土物等，太监们无不多方需索；如是采买物件，则其价格又不知比外面贵了多少倍。如此征敛掊克，一方面固是为了自充囊橐，一方面原来亦是需要按例规进奉给宫中的太监大头领——司礼掌印太监。这又无怪乎大太监们对于司礼掌印太监一职的热中向往了。

冯保在穆宗临终以前排除了高拱的阻挠，由司礼秉笔太监进位掌印，成了皇帝在宫中的宰辅，自此一直到张居正身死，冯保始终都在做着司礼掌印太监，不但地位稳固，而且因有神宗生母慈圣皇太后的信任之故，连明神宗亦得对他畏惮三分。当时冯保所藉以巩固权位的手法，一是竭力博取神宗母子的信赖，其中尤以慈圣皇太后的倚信尤为重要；一是结纳首辅张居正，与之相为表里，使神宗母子深信这两个人都是翊戴皇室、忠心不二的柱石之臣。就事论事，张居正冯保间之内外呼应，确实有交通把持之嫌。但当主幼国疑之时，内阁大学士既然必须仰赖司礼掌印太监的护持始能维持皇帝对他的信赖，则张居正的此一举措便不能说无此必要。倒是冯保，由于神宗母子对张居正倚信极深之故，饮水思源，自亦对冯保之翊赞匡扶，感念有加。于是冯保的司礼掌印之位始终安如磐石，而他在宫中的聚敛与例入所得，亦就使他的个人财富日增月积。从前曾有人说过，越是没有后代的人，对金钱越有兴趣。通都大邑中的著名梵刹，身为方丈者大多积金巨万；宫廷中有名位的大太监，亦大都坐拥厚赀。即使如此，这些和尚及太监们还是在千方百计地从事聚敛，足证此说不虚。冯保对金钱有兴趣，相对地说明了此人对政治事务不一定有兴趣干预。张居正使他的司礼掌印之位有磐石之安，除了掌印名下例得的巨额进献，又复有大量的苞苴馈遗，充分满足了他的金钱欲望，岂有不弭耳帖首，一听张居正指麾之理？因此我们可以说，张居正对冯保的笼络与操纵，确有其不可及的成功之处；其动机与目的，亦不可轻易以“媚珰”二字相加。试看在张居正柄政期间，冯保对实际政治绝少干预，其弟侄亦不敢横肆不法，即其明证。

张居正笼络冯保，若其目的仅在藉冯保以调和宫府关系，以减少他在施政方面的阻力，藉以实现他福国利民的伟大抱负，则其心迹自然可以博得后人的谅解。但如他亦曾利用这种关系去打击政敌，排斥异己，以便利其逞臆行私、徇情灭公的恶劣行为，自然亦难逃公论之指摘。张居正自隆庆六年六月为首辅，至万历十年三月病卒，独柄国政者十年。稽之前人所撰的张居正传记，颇多这方面的记载。事实真相如何，很值得加以探究。

《明史·张居正传》：“当是时，帝以冲年，尊礼居正甚。居正权在掌握，自尊大，百僚惴惴谨趋事。其异己者必排之，尤不喜言路。”张居正借内阁首辅以排除异己及钤束言官的事例，《明史》列传中数见不鲜。《明史·王用汲传》论张居正借考察京官以驱除异己的情形说：

> 昨岁星变考察，将以弭灾也。而所挫抑者，半不附宰臣之人。如翰林习孔教则以邹元标之故，礼部张程则以刘台之故。刑部浮躁独多于他部，则以艾穆、沈思孝而推戈；考后劣转赵志皋，又以吴中行赵用贤而迁怒。臣不意陛下省灾塞咎之举，仅为宰臣酬恩报怨之私，且凡附宰臣者亦各以酬其私，可不为太息矣哉！

此疏中所说的刘台，因论劾张居正专擅而廷杖遣戍，邹元标、沈思孝、吴中行、赵用贤则因论张居正夺情恋位而被杖责为民。刘台与邹元标等人既先后被斥逐，复因友谊关系而迁怒及于习孔教、张程、赵志皋暨刑部的司属官员，诚不能辞怙宠立威之嫌。明代的习惯，臣僚如因论劾辅臣不当而得旨谪罚，被论劾的辅臣例必具疏申救，请皇帝勿以建言罪人，以表示自己虽被此人论劾，仍有不与计较的“休休之容”。至于皇帝是否听从辅臣申救之疏，便将谪罚的旨意收回，这就与论救之人是否确有诚意有关了。

《野获编》卷七《内阁密揭》条云：“中外大小臣工上封事，外有通政司，内则会极门，俱有号簿，惟内阁独得进密揭。盖心膂近臣，非百司得比。近日言路遂指以为奸薮，欲尽行停格。不知转移圣意，全恃此一线。外廷千言，不如禁密片语，且司礼诸大珰亦得藉相公为重，以挽回于内，又非廷臣交结近侍者可同日语。以故向来重谴言官，往往内阁密揭得此从轻处，此其验也。”这一条记事，说明了内阁首辅对于皇帝的“圣意”是有极大的影响力量的。如果皇帝要重处言官，而首辅认为不可，只须进一密揭说明其中利害关系，即可以一语而解。如果皇帝的怒意仍然不解，则内阁首辅还可通过司礼太监的关系内外力争，万无不可挽回之理。

《野获编》卷六记东厂太监张鲸之败一条说：“至戊子冬，东厂张鲸之败，阁部大臣以至南北科道，或公疏，或单疏，无一人不劾鲸者。科道臣李沂受杖至惨毒，几死。……先是劾张鲸时御史冯象乾语最峻，且切责三辅臣不能主持匡正。上大怒，下镇抚司打问。三辅力救，至云“愿与象乾同受刑拷”，上始收回成命。而给事李沂疏继之，上怒加甚，亦命下诏狱，且有‘好生着实打着问’之旨，盖用强盗例也。拷竟，又命廷杖六十，为民。从来言官得谴，未有拷打与廷杖并于一人一时者。盖沂本内有‘密献珠宝’之语，触上所深讳，故辅臣苦诤不能得。”

由这一条记事更可知道，如果内阁辅臣必欲申救被处的言官，除了“触上所深讳”的特殊情形，大概是没有不能邀准的。但若仅是在表面上具一疏救，并无进一步的积极行动，甚至是在表面上具疏申救之外，又通过司礼监转奏或面奏应予重处，则所谓申救也者，分明只是为了对舆论有所交代的表面文章，表示我自己确曾上本救过，其所以不能邀准，咎不在我，如此虚文，显然便是钤束言官及怙宠弄权的行径了。张居正处置言官，是否曾有类此的行径？可以参看下文所引的两点例证。

王世贞《嘉靖以来首辅传》记张居正初入内阁以后，李春芳为首辅的情形说：“居正故所独厚者，司礼中贵李芳。一日，言官有忤旨而当惩者，春芳顾而曰：‘当何处？’居正遽曰：‘不过示责而贷之耳。’春芳具如居正语。而俄顷居正以片纸使小吏投芳曰：‘此人狂妄，即上贷之，恐有继言者，须谪罚而后可。’芳请于上，改停三月俸。而春芳后诇得之，心恨居正而不敢发。”这一条记事中所说的司礼掌印太监李芳因得张居正的通知而建议皇帝加重对得罪言官的谪罚，殆即是前引《野获编》所说的，“司礼诸大珰亦得借相公为重，以挽回于内”的一项实例，虽然此一实例并不能与内阁辅臣申救言官的情形相吻合，然而，司礼大珰与内阁大学士互相表里的具体情形，则不难由此觇知其微。在明神宗初年张居正独柄国政期间，司礼掌印太监冯保向来唯张居正之指授是从。张居正如果要重处某一言官，尽管他表面上曾有申救之疏，实际上他仍可透过冯保的关系，对皇帝说明此人必须重罚。在如此这般的情形下，张居正的申救本章，不过是点缀之作，实不足以代表其本意也。《明史·刘台传》说，刘台具疏劾居正专恣不法诸款，居正怒甚，于廷辩之外，“因辞政，伏地泣，不肯起。帝为降御座手掖之，慰留再三。”及捕刘台下诏狱，命廷杖一百，远戍广西，“居正阳具疏救”。所谓“阳具疏救”，当即是此一类情形的写照。所不能断定的，只是我们目前无法知道，究竟是他曾授意冯保重处刘台，还是只具一疏以后即不再积极申救，这两种情形之中究以何者为是？推测其实情，当以后者较有可能；不过，前一种方法也仍是很有可能使用的。

《明史·傅应祯传》云，应祯于万历三年由知县征授御史，因感愤时政，奏陈重君德，苏民困、开言路三事，中以王安石误宋为比，语侵执政。居正大怒，调旨切责，复执下诏狱，穷治党羽，应祯濒死无所承，卒谪戍定海。《明史·张居正传》叙此，谓：“居正于经筵讲毕，诉于帝，言此曹欲市国恩，收召朋党，以便奸纵私。遂下应祯诏狱，杖戍。给事中徐贞明等坐就狱视具橐饘，亦逮谪外。”据此云云，则傅应祯之因建言被斥及徐贞明等人之坐朋党谴谪，皆是张居正利用皇帝对他的充分信任以逞臆行私的了。是即王用汲疏中所说的，“孟子曰：长君之恶其罪小，逢君之恶其罪大。臣则谓逢君之恶其罪犹小，逢相之恶其罪更大也。陛下天纵圣明，从谏勿咈，诸臣熟知其然，争欲碎首批鳞以自见。陛下欲织锦绮，则抚臣按臣言之；欲采珍异，则部臣科臣言之；欲取太仓光禄，则台臣科臣又言之；陛下悉见嘉纳，或遂停止，或不为例。至若辅臣意之所向，不论是否，无敢一言以正其非，且有先意结其欢，望风张其焰者，是臣所谓逢也。”钤束言路，驱除异己的结果，至于凡百有司悉皆先意承旨，望风谄谀，这就难辞专恣之咎了。其最具体的表现，莫过于他的“夺情”一事。

张居正之子敬修所撰《先太师文忠公行实》，叙张居正父死夺情的经过情形说：“大父善饭，不谓一日晨出登王粲楼，蒙犯霜露，寝疾十有一日，遂卒。大父讣既闻，中使奉圣母上所赐内馔出问劳太师者归，言元辅毁甚，几绝。上大震悼，即手谕太师曰：‘天降先生，非寻常者比，亲承先帝付托，辅朕冲幼，社稷奠安，天下太平，莫大之忠，自古罕有，先生父灵，必是欢妥。今宜以朕为念，勉抑哀情，以成大孝，朕幸甚，天下幸甚。’……是时，朝野相念者皆言，太师亲承皇考顾托，义不得复顾其私，恐上遂纳太师请，皆欷歔叹息。而会讣闻之夕，即彗出牛斗间，其尾指婺女，长数十丈。台官微言：‘按天官书，斗，丞相之位。彗出斗女牛，主大臣移徙，天子愁兵起，天下受怨。’于是上益慑悸，有诏诏吏部谕上意，勉留太师。太师闻命，计未知所出，即哀号上疏言：‘臣幸未死，报国之日长。且国家非有金革之事，而令臣墨绖在阙廷，非盛世所当有。’上泫然流涕曰：‘卿笃孝至情，朕非不感动。但念朕当十龄，皇考见背，丁宁以朕属卿。卿尽心辅导，今海内乂安，蛮貊率服，朕垂拱仰成，顷刻离卿不得，安能远待三年？且卿身系社稷安危，又岂金革之事可比？其勉遵前旨，以仰副我皇考委托之重。’太师闻诏，水浆不入口者三日，又叩心雪涕上疏曰：‘先帝不知臣不肖，临终属臣以大事，臣何敢中道弃去。但念臣生离臣父十有九年，即死不及殡，攀号莫及，愿赐臣归葬，使得身自负土，加一篑邱陇之上。过此以往，死生惟陛下所用之，臣死且不朽矣。臣诚穷苦心，郁结而难舒，惟陛下哀怜。’上览奏焦然不宁，复手谕太师：‘卿言终是常理，今朕冲年，国家事重，岂常时可同？连日不面，朕心如有所失，七七之期，犹以为远。卿平日所言，朕无一不从，今日此事，却望卿从。’又谕执政曰：‘元辅必不可离朕，即百疏不允。’于是吕公（调阳）张公（四维）以上意闻太师，太师遂擗踊痛苦号天曰：‘臣闻鹿死不择音，臣诚不胜乌鸟私情，臣不知死所矣。’遂上章极言曰……上曰：‘朕为天下留卿，岂不轸卿迫切至情，忍相违拒？’乃再遣中使赐太师手谕：‘朕以冲幼，赖先生为师。况朕学尚未成，志尚未定，万机尚未谙理，若先生一旦远去，则数年启沃之功尽弃之矣，先生何忍？已特差司礼监官同先生子前去造葬，事完便接先生老母来京侍养，以慰先生孝思。务要勉遵前旨，仰体圣母惓惓至意，毋又有所陈。’于时，太子太保新昌潘公等，与吏科都给事中陈君三谟等，山东道监察御史曾君士楚等，南京户科给事中王君蔚等交章恳留，诸侯卿相大小百执事皆诣太师所，备极宽譬，责以君臣大义……于是太师迸涕交挥，谢言者曰：‘……夫上所以隆施臣父之谓何？度臣父地下，且以己所不能报塞责望臣，臣何可既负吾君，重负臣父？矧上大婚期且近，而臣殊死求去，非先帝意。臣不若以此时墨缞赞上机务，侍讲读，有如上察臣所为哀痛状，上终当幸听臣去耳。’于是上疏言状，且请后归葬事。上大慰悦，许太师得谢常禄，令大官日给酒馔，在廷诸臣日致刍米。既逾月，上遣中使召见平台……遂出视事。”

“行实”记张居正父丧夺情，初则言朝野之人皆不欲皇帝准其丁忧守制，继引神宗之诏谕为言，说：“朕垂拱仰成，顷刻离卿不得，安能远待三年？”及“连日不面，朕心如有所失，七七之期，犹以为远”，“元辅必不可离朕，即百疏不允”云云，一若居正之夺情不去，完全是出于皇帝之竭力挽留不放之故。今人撰张居正传，遂有以此为证，说：“事情非常明显，强迫他不奔丧避位的是神宗。他是主人，主人的命令，是不可抗的。”但这毕竟只是张居正的儿子敬修为其父撰行实时所说的话，其言是否可信，尚有待其他方面的记载参证。而参之同时人的记载，则与张敬修的说法大相径庭的，正大有人在。如署名“抱甓外史”所撰的《星变志》，即是其例。

《星变志》：“万历丁丑十月朔，异星见西南，历箕尾而进，光芒长亘天，状若练气成白虹，辇毂下莫不汹汹，天官星家言占验者不一其词云。先四日，江陵张师相居正闻父讣，翰林当有治丧者。吴编修中行，赵检讨用贤，皆其所校士，往治丧。……其闻讣之夜，漏已下二鼓，而昧爽特旨即从中出留之，香币油蜡金钞布粲之赐，悉以千百计。内竖将司礼之命络绎至，附耳蹑踵，而江陵时作擎曲状，至以仆隶扶掖内竖，乃叩头谢，强之立而受云：此头寄上冯公公也。受意指于二辅臣（指吕调阳及张四维），引夺情例以闻。天语慰勉，损贬殆至。盖旷古异典，只在闻讣一二刻之顷，谓非密画夙构者耶？闻诸与帷幄之议者言，师相之父病困久，故其自为计也非朝夕矣。乃初辞疏中云：‘守制是常理小节’，且云：‘有非常之人，然后有非常之事，何恤訾议？’嗟嗟，是固不可解于心者，岂以訾议为邪？举朝始疑之。又一二日，即平章机务于苫块中。二辅臣日造请，而内阁官送本票旨，中贵就丧次问‘某事某人张先生云何’？张先生弗遑辞也。然犹谓辅理忧勤，不得已而应，而不去当不已。辞疏仅至再，忽自请留京守制，以次（子）驰驿回籍营丧事。编修遂称疾杜门，而检讨则与沈修撰学懋时时过学士王公锡爵所，慷慨欷歔曰：‘波流澜狂，砥之障之，岂无其人乎？’台省诸谏官望顺承指，联名乞留。疏既上，而位九列者欲四出嘱其长为倡以效之，士大夫咸缄口结舌，噤不敢出一语。翰林二公触目击衷，各有伏阙上书之思，而各不相闻问也。草数具数焚，谓史臣无言责，恐见坐以出位，姑俟有先发者，足以明大伦伸正气足矣。至十六日，检讨过编修所，抵掌谈时事，辞意激昂，殊勃勃，因微泄王学士痛愤语。学士者，端人介士也。次述沈修撰懋学贻书李司徒幼滋（孜）云：‘师相之归宜决，台省之留宜寝。’李盖为江陵周亲所雅善者。李答书，以‘若所言，宋头巾语，此宋之所以终不竞也。今师相不奔丧，是圣贤之道，直接揖逊征诛而得其传者，若竖儒腐生安能知？本朝惟王新建（指王守仁）可与语，罗生正不达此耳。’此言出，而人之疑愈不可解矣。”

据《星变志》所说，则所谓夺情，本是张居正之父文明尚未正命之前，张居正早就与他的左右亲近人物商议妥当了的计划。所以讣到之时漏已二鼓，至翌晨昧爽，即有中旨唁慰挽留。张辞疏再三，其后即“自请留京守制”，可知此事并非神宗强迫坚留不放之故。至于台省及九卿之挽留，则不过是承望风旨者之阿附迎合而已。翰林院编修吴中行，检讨赵用贤，修撰沈懋学等人愤纲纪沦斁，遂尔不顾一切，越职言事，于是乃有此后之杖谪相继。这一段纪事的说法，与张敬修所撰的其父“行实”，相去不啻十万八千里。张敬修撰“行实”，本于“子为父讳”的理由，其中当然有很多地方不可信；但《星变志》以为此事本是张居正久有打算的“密谋”，以见张居正之不顾其亲，行同狗彘，则亦未免近于诬罔。盖张居正虽有恋位之心，总不至于置物情议论一切不顾，早作夺情不奔丧之打算，以招来万人之讥骂的。此中实情，究竟如何，尚需要从比较公正客观的记述中去探明真相。“行实”固不可轻信，《星变志》亦多妄说，俱非事理之平。

考之明代历史，内阁辅臣以亲丧夺情，在张居正之前尽多先例。如明景帝时之江渊，以母丧请归，景帝令渊于丧事完毕后即回京供职。故江渊于景泰三年九月归里奔丧，至翌年四月回京，仍任原职，其居丧时间并程途中时间合并计算，只八个月，距二十七月终制之期相去甚远。又如同时之大学士王文，于景泰四年五月丁母忧回籍，至同年九月起复回京，其归里时间较江渊尤短，只五个月。宪宗成化二年三月，华盖殿大学士李贤丁忧奔丧，至同年五月回京复任，其居丧时间只三月，较王文尤短，遂为修撰罗伦所纠。罗伦的这篇奏疏，后来成为人人传诵的大文章，于宰相丁忧时是否宜予夺情，曾有援经据礼的论析，甚有参考价值，试予转引一段如下。

> 臣闻朝廷援杨溥故事起复李贤，窃谓贤大臣，起复大事，纲常风化系焉，不可不慎。……子夏问："三年之丧，金革无避，礼与？"孔子曰："鲁公伯禽有为为之也。今以三年之丧从其利者，吾弗知也。"陛下于贤，以金革之事起复之与？则未之有也！以大臣起复之与？则礼所未见也。夫为人君当以先王之礼教其臣，为人臣当守先王之礼事其君。昔宋仁宗尝起复富弼矣，弼辞曰："不敢遵故事以遂前代之非，但当据礼经以行今日之事。"仁宗卒从其请。孝宗尝起复刘珙矣，珙辞曰："身在草土之中，国无门庭之寇，难冒金革之名，私窃利禄之实。"孝宗不抑其情。此二君者，未尝以故事强其臣，二臣者，未尝以故事徇其君，故史册书之为美事，士大夫传之为美谈。无他，君能教臣以孝，臣有孝可移于君也。自是而后，无复礼义。王黼史嵩之陈宜中贾似道之徒，皆援故事起复。然天下坏乱，社稷倾危，流祸当时，遗臭后代。无他，君不教臣以孝，臣无孝可移于君也。……且陛下无谓庙堂无贤臣，庶官无贤士。君、盂也，臣、水也。水之方圆，盂实主之，臣之直佞，君实召之。陛下诚于退朝之暇，亲直谅博洽之臣，讲圣学君德之要，询政事得失，察民生利病，访人才贤否，考古今盛衰，舍独信之偏见，纳逆耳之苦言，则众贤群策，毕萃于朝，又何待违先王之礼经，损大臣之名节，然后天下可治也。夫贤之起复，犹可诿曰"负天下之重也"。比年以来，朝廷以夺情为常典，缙绅以起复为美名，食稻衣锦之徒，迹踵庙堂，不知此人于天下之重何关耶？且妇于舅姑，其丧三年，孙于祖父母，服则齐衰。夺情于夫，初

> 无预其妻；夺情于父，初无干其子。今或舍馆如故．妻孥不还，乃号于天下曰：“本欲终丧，朝命不许”，虽三尺童子，臣知其不信也。为人父者，所以望其子之报，岂拟至于此哉？为人子者，所以报其亲之心，岂忍至于此哉？枉己者不能直人，忘亲者不能忠君，陛下何取于若人而起复之也？今大臣起复，群臣不以为非，且从而赞之，群臣起复，大臣不以为非，且从而成之，上下成俗，混然同流，率天下之人为无父之归，臣不忍圣明之朝，致纲常之坏，风俗之弊，一至此极也。愿陛下断自圣衷，许贤归家持服，其他已起复者仍令奔丧，未起复者悉许终制，脱有金革之变，亦从墨缞之权，使任军事于外，尽心丧于内。将朝廷端则天下一，大臣法则群臣效，人伦由是明，风俗由是厚矣。

罗伦此疏，以“君能教臣以孝，人臣始有可移孝于君之忠”为立论点，直指“忘亲者不能忠君，枉己者不能直人”，若此风不能自上而改，将使“上下成俗，混然同流，率天下之人为无父之归”，关系于纲常名教者至深且巨，其论述极为精辟有力。李贤在明宪宗朝为内阁首辅，极受皇帝的宠信，其居丧夺情，确出自皇帝的意旨。所以罗伦此疏奏入之后，大大地触忤了皇帝，以状元公而谪充福建市舶司副提举的杂官。虽然罗伦此疏在当时未能阻止李贤之夺情，而在后来却仍然能在社会舆论上发生深远的影响。明武宗正德十年三月，首辅杨廷和丁父忧，武宗亦固留不放，廷和坚决求去，至三疏而后得请。正德十二年十一月服满，再入为首辅。当时杨廷和之所以要坚决求去，可说即是由于罗伦此疏所造成的舆论影响，深恐他自己以内阁首辅的地位成为朝臣的援例口实，以致败坏纲常，颓靡风俗，以一身而为天下人之讥责对象也。以杨廷和与张居正相比，二人的名位相同，影响力相同，而杨廷和必欲终丧二十七个月，张居正则于父丧之后即陷入情理与权势的矛盾之中，难于委决，居心之不同如此，宜乎要招来社会舆论之指责了。

《明神宗实录》卷六十七，万历五年九月己卯条记事云：“大学士张居正初闻父丧，次辅吕调阳张四维疏引杨溥金幼孜李贤夺情起复故事，乞谕留居正。得旨：‘元辅张居正亲受先帝付托，佐朕冲幼，定安社稷，关系至重，况有往例，卿等亟当为朕劝勉，毋事过恸。’上复手札谕居正：‘朕览二辅所奏，知先生父已弃世，痛悼良久。先生亲承先帝付托，辅朕冲幼，社稷奠安，天下太平，莫大之忠，自古罕有。今宜以朕为念，勉抑哀情，朕幸甚，天下幸甚。’已复谕吏部：‘元辅朕切倚赖，岂可一日离朕。父制当守，君父尤重。准过七七，照旧入阁办事，侍讲读，待制满日随朝，该部即往谕朕意。’又同书卷六十八，万历五年十月丙戌条记事云：“张居正疏乞回籍守制，得旨勉留。疏首言：‘臣受非常之恩，宜有非常之报，何暇顾旁人之非议，徇匹夫之小节，拘拘常理之内。’观此，而夺情之本谋尽露矣。”按，九月己卯即九月二十六日，十月丙戌则十月初三日。据《星变志》，张居正闻讣在十月初一之“前四日”。以时日推算，当即九月廿六日，实录与此相合。又《星变志》所引张居正所上辞官守制之第一疏中有语云：“有非常之人，然后有非常之事，何恤訾议”，及“守制是常理小节”等语，亦与实录所述疏旨相合。据此可知，《星变志》所说，张居正夺情一事，在闻讣之后一二刻间就已决定大计，颇有一部分是事实。“行实”记张居正于闻命之后，计无所出，“哀号上辞言……臣幸未死，报国之日长。且国家非有金革之事，而令臣墨绖在阙廷，非盛世所当有。”此疏既是闻命慰留之后所上的第一疏，以时间推算，当即是实录所记的十月初三所上疏。但“行实”中全不记载疏中曾有“何暇顾旁人之非议”的那一段话，不难知道这一段话正是显示居正本意的重要关键，不宜保存在原疏中。由此更可知道，“行实”内的记事内容，已经被删改得太多，绝不能凭“行实”文字的记载，相信张居正之夺情，真是出于皇帝的强迫挽留。

《明史稿·张居正传》云：“初，帝念居正父母老寿，赐蟒绣金粲，手书慰谕。亡何父卒，帝遣司礼中官慰问，视粥药，止哭，络绎道路。三宫赙赠，白金共一千五百两，他物称是。帝思居正，视他相什伯，然未尝有意留之。而居正自以握权久，恐一旦去，他人且谋己。户部侍郎李幼孜因倡谀辞，言帝冲年，不可一日无相公，何忍舍去？遂以夺情说进。故事：首辅去位三日，次辅则迁坐左，而翰林诸僚吏衣绯以谒。至是，诸僚吏皆衣绯入。调阳稚，不能识物情，虽不迁左，听其僚谒。有报居正者，居正恚甚，谓我在不少顾忌，我一旦去，危矣。乃阳上书请守制，而使冯保固留之。”《明史稿》此传的文字，大致出于王世贞所撰的《嘉靖以来首辅传》而稍有润节。王传，则在李幼孜“以夺情之说进”下，尚有“而居正惑矣”诸字；在“阳上书请守制”下，则为“而露意冯保使固留之”。由前引《明神宗实录》及《星变志》中的文字加以参看，可知王传实最近当时事实。张居正之父张文明卧病既久，张居正在心理上不能没有丁忧的打算；李幼孜倡为谀辞，进夺情之说，其事或在闻讣之前。及闻讣之后，吕调阳张四维代具疏奏，并请援例夺情，神宗虽有慰留之说，但父死丁忧，不能一留即不去，且必须在表面上更作坚决请辞之状，以表示并非恋位忘亲之人。然而神宗既无坚留之意，而次辅吕调阳又更有晋位端揆之心。此时的张居正：一则惑于李幼孜所倡的谀辞，以为国家不可一日无我，一则深恐去位之后或将为他人所图害，于是乃在权衡利害得失之后，决计为夺情的打算。试看他在表面上具疏恳请辞官守制，然而在疏中即有所谓“臣受非常之恩，宜有非常之报，何暇顾旁人之非议，徇匹夫之小节”等的话，俨若父死不奔丧者，即是所以报答神宗知遇的非常举措。

如此措辞，自然会使冯保知道如何建议皇帝一再挽留的。照冯保与张居正所惯用的方法，只须由冯保在太后面前进言一番；然后由太后吩咐皇帝照办，没有不如响斯应之理。试看神宗所下谕旨，中有所谓“朕在冲年，赖先生为师，朝夕纳诲，以匡不逮。今朕学尚未成，志尚未定，万几尚未谙理，先生何忍远去，尽弃前功”云云，俨然太后口吻，便不难窥知此何尝会是神宗个人的意志。所谓“阳上书请守制”及“露意冯保使固留之”，于此充分显露无遗。至是，我们当可相信，当时人之所以要诋斥居正“恋位夺情”，并非出于仇口之架诬；而居正在众口交责的情形之下居然要假借了廷杖及谴谪等的手法来钳束言者，亦充分显示出他之不恤人言，一意孤行。所谓“得罪名教”，正是指此而言。

《明史稿·张居正传》所说，“居正自以握权久，恐一旦去，他人且谋己”。稽之当时史实，其说颇有根据。张居正之所以要宁冒天下之大不韪，不顾一切地倒行逆施，此亦为一重要原因。试为钩稽其中情形，以进一步了解张居正当时的处境与用心。

清顺治间，宋学洙撰《张文忠公遗事》，谓张居正死后乘机构怨报复之人，张四维为其中之一。他以万历六年三月张居正回荆州为其父营葬期间内阁所处理的一件辽东奏捷疏为例，考证出张四维为此蓄恨甚深的一段隐情，说：

> 方文忠归葬之先，辽东长定报捷，内称：出边二百余里，斩首四百三十，我之损伤，止于一卒。奉圣谕，一应叙录，宜从优厚。文忠疑系杀降冒功，行该镇覆勘。故答本兵方金湖书云：“辽左之功，信为奇特。但细观塘报，彼既拥七八百骑诈谋入犯，必有准备，我偏师一出，既望风奔溃，骈首就戮，曾未见有抗螳臂以当车辙者，其所获牛羊等项，殆

类住牧家，当与入犯形势不同，此中情状，大有可疑。或实投奔之虏，边将疑其诈，不加详审，遂从而歼之耳。今奉圣谕特奖，势固难已。但功罪赏罚，劝惩所系，万一所获非入犯之人，而冒得厚赏，将开边将要功之隙，阻外夷向化之心，其所关系，非细故也。……孤待罪政府，十年之间，措画该镇，颇殚心力。今奉温纶谬奖，岂不欲掠此勋阀，以为光宠，但其中实有未安于心者。故不敢不披其愚，望公虚心再审，务求至当，以服人心。”比及文忠南归，庙堂径行题叙，且请优厚之旨，胁文忠就家中拟票，该镇李成梁量加流爵，副总兵陶承喾、总督梁梦龙等皆加服俸有差，阁臣除本身辞叙外，吕调阳、张四维加武荫，马自强、申时行加文荫。虽迫于圣旨之不敢异同，终怪政府本兵扶同欺冒。故还朝之后，核勘愈力。答边镇督抚书云：“向者南归，奉圣谕辽东大捷，令孤议拟恩赏。比时心窃疑之，曾有请教，随具一密疏入告，及入朝则业已处分矣。近得安道长一书，据其所访，则与小疏一一符合，何当事诸公之不审处，一至于此也！今大赉已行，固难追论，但赏罚劝惩所系，乖谬如此，殊为可憾。”竟俱追夺之。故答总宪吴近溪书云：“赏罚明当，乃足劝惩，未有无功幸赏而可以鼓舞人心者。近日辽左虚冒功级，虽督抚大将已降之恩皆追夺，况此辈乎？”据此一事，政府本兵之体面扫地矣。体面失则饮憾必多，故吕公即乞骸于是年。张公忍耻于政府五载，江陵殁而公当国，坐视其祸而不相救，莫非此一物据胸中而未化也。

宋学洙举此一事，以证明张居正之追夺辽东杀降冒功案内已行之赏功，直是予代主内阁政务的吕调阳、张四维以难堪，其论证颇为有力。虽说此事的发生时间已在张居正父丧夺情之后，未可据为吕调阳、张四维有所憾于张居正的事实证明；但见于张居正等有关传记中的，仍不乏有类似的文字，只不过无此明白显著而已。

《嘉靖以来首辅传》："始，内阁臣高仪不久卒，居正以吕调阳弱，荐代之。调阳与居正行同而年差长，然秩尚卑，居正引之，数加恩至保傅。调阳虽不敢有所持诤，然内不甚附之。居正事取独断，亦不复谘访。尝病假一日而遽入，取调阳所拟旨皆更定，曰：'如此何以示远近？'部院大臣缘居正指，益易调阳，甚或故抑绌其乡人及亲厚者以见公，调阳惟仰屋叹诧而已。"张居正待吕调阳如此，何异昔日夏言之待严嵩？平时张居正大权独揽，或者从未考虑到身后之事，如今陡因父丧而必须丁忧去位，体认到一旦去位之后，所可能招来的构陷报复，或者将加深他对此的警惕。此虽说是揣测之论，亦有事实可证。是即张四维在张居正死后的表现。

吕调阳之入阁，在隆庆六年六月。至万历三年八月，张四维亦入阁。万历六年七月，吕调阳告病回籍。至万历十年六月张居正病卒时，在内阁的尚余张四维及申时行二人。因张四维的入阁时间在先，所以继为首辅的乃是张四维。张四维是山西蒲州人，当时人亦称之为"张蒲州"，以别于称"张江陵"之张居正。张四维在内阁时，不但曾因辽东冒功一事被张居正毫不顾及情面地追夺赏功，且曾因议处王用汲一事很遭张居正之难堪。据《明史稿·王用汲传》，用汲论劾居正，"疏入，居正大怒，欲下狱廷杖。会次辅吕调阳在告，张四维拟削用汲籍。帝从之。居正以罪轻，移怒四维，厉色待之者累日。"这一段史事，据《嘉靖以来首辅传》的记述，是"居正意欲逮治用汲，而以四维等轻之，遂厉色而待，一语不接，握笔纵横，了无顾盼，咸捧手受成而已。"吕调阳之为人，巽懦无能，在饱受欺压冷淡之余，愤而辞官，一走了事。但张四维不然。张四维虽然与吕调阳一样地被张居正颐指气使了七年之久，然而他却能以坚忍的精神等待着。所等待的是什么呢？张居正自来身体强健，但自功成名就以后，志得意满，渐流于声色之好，故而疾病日多。张居正疾病日多，自是张四维的好消息。张四维此时已居次辅之位，一旦张居正竟告不起，此端揆之席，自非张四维莫属。到了那时，即使不能如严嵩之报复夏言，高拱之报复徐阶，至少可以借事中伤，一洗心中之恨。张居正身死之后得祸抄家，长子敬修不堪刑毒，愤而自缢，死前留下血书一通，末一段云："有便告知山西蒲州相公张凤盘，今张家事已完结矣，愿他辅佐圣明天子于亿万年也。"字里行间，分明指出陷害张家于张居正死后者，即是此蒲州相公张四维。嘉靖以来，内阁首辅恩怨报复的习惯，到此仍然相沿不坠。张四维诚然刻薄寡恩，张居正自己，亦不能辞咎。

王世贞《嘉靖以来首辅传·张居正传》中，叙戚继光于隆庆二年由福建调任蓟州昌平保定三镇练兵总理，继任蓟镇总兵，终居正之世不改，凡镇蓟门十六年，极得张居正倚信的情形说："戚继光者，亦东南良将也。既移镇蓟门，多挟南兵从，而北人嫉之，继光惧。而是时兵部尚书谭纶与继光以财通。纶善御女术，颇用干居正。居正试之验，则益厚纶，以示继光，乃时时购千金姬，进之居正。且他所擘画，多得居正意，以是事与之権。诸督抚大臣惟继光所择，欲为不利继光者即为之徙去之。而成梁与两广之赂亦接踵至，居正不能却也。"……戚继光"时时购千金姬进之居正"，其事或尚在隆庆末年至万历初年。但张居正之惑溺女色，其后乃更有甚于此者。清人严有禧所撰的《漱华随笔》，有一条说：

> 江陵在位日，有献玉美人者。江陵示其私人曰："天下果有姣好女子若是者乎？"其人曰："愿为师相觅之。"因遍处物色，半年始得其人。售以八百金，厚其妆奁，护送至京。江陵嬖之甚，称为'九太太'，由是怠于政事矣。江陵素患热症，毒发于顶，虽严寒不戴暖耳，惟入朝则戴焉。

至是，屡服补暖之剂，毒复发。又服阴寮之剂以散之，遂患脾泻而死。呜呼，江陵权势熏天，一旦无禄陨世，泡影灭而冰山摧，皆由一女子所致之，可畏哉，可鉴哉！

张居正娶“九太太”之说，他书不载，此或得于明人笔记之记载。事虽在疑似之间，但张居正之多内宠，则明代大史家王世贞亦尝记之。《嘉靖以来首辅传》：“而居正则亦病矣。病得之多御内而不给，则日饵房中药。发强阳而燥，则又饮寒剂泄之，其下成痔，而脾弱不能进食，使医治痔小效，寻下壅结而不能畅，不获已，复用寒剂泄之，遂不禁。去若脂膏者，而大肠亦遂出，日以羸削。”因多服强壮剂而致热毒内蕴，因热毒内蕴而屡用峻攻之剂，寒热杂投，攻补互用，终于造成了不治之症，一方面是脾弱不能纳食，一方面是泄泻不禁，情势至此，真是扁鹊华陀亦无药可治的了。由张居正得病的情形看来，可知张居正大概亦同普通人一样，在骄泰之余，不免流于淫乐。人总不免是有七情六欲的，若以此而论张居正，何能厚非？但今人为张居正作传，偏要把他写成一个志行皎洁，全无嗜欲的超凡入圣之人，无宁是很失实的描写。

张居正父丧夺情，恋位不去，复因翰林编修吴中行等人之疏劾而迁怒言者，杖谪交至，此事最得罪名教。当时宋尧俞居张家宾席，为居正诸子之师，曾有一书相谏。此书最可代表当时一般具有远见者对张居正夺情一事的看法。书云：

伏闻哀讣，朝野震惊，以为相公不日跣奔矣。而闻诸道路，天子下旷世之典，将使相公不获终丧。仆愚以为：相公留，天子苍生幸甚，相公去，则天下万世幸甚。欲留者情，必去者礼。今相公倘徇两宫之命，窃恐四海之内，百世之后，不以相公之自信者信相公，则群臣疑。且令群臣以疑乐羊之心动主上，则主上疑。主上与群臣交疑，而合以风影之事，异日者虽百口何以自文？国家当土木之后，于肃愍（即于谦）公安危所系，然公恳志终丧，景皇帝莫之夺也。方今覆盂安澜之日，正相公持礼之时。诚以此时飘然魏阙，服除之后，主上不忘老臣，安车屡命，而后从容就道，岂非上臣之盛轨欤？即不幸身去而谤讪风起，则先皇之灵在天，主上洞鉴如日，老臣亦何借利器要津以防民之口也？故当去而去，即受祸，其祸微；欲去而不得去，即祸不及身，其祸重。人亦有言，“择祸莫若轻”，惟阁下裁察之！

乐羊的故事，见于《战国策》：“乐羊为魏将而攻中山，其子在中山。中山之君烹其子而遗之羹，乐羊坐于幕下，而啜之尽一杯。文侯谓睹斯赞曰：‘乐羊以我之故，食其子之肉。’赞对曰：‘其子之肉尚食之，其谁不食？’乐羊既罢中山，文侯赏其功而疑其心。”乐羊因忠于魏文侯之故而不顾其子，魏文侯不以为忠、反以为忍心而疑之。张居正遭父丧而夺情，即使说其原因是由于皇帝的坚留不放，已不免使皇帝有魏文侯之疑；何况张居正之夺情本出于自谋，假使有人于此时进谗皇帝，皇帝自不免怀疑居正之目的或别有所在。可以怀疑的目的是什么？独揽国柄，威福自专，或将不利于社稷是已。万历六年，张居正回荆州葬父，“时有同年御史于业者，罢久矣，而与居正故善，来会葬。至墓所，自诡工堪舆言，密语居正，‘吾相地多，毋逾于此者，是且有天子气。’居正惧，掩耳，礼而趣之去。”这一条记事，见于王世贞所撰的《嘉靖以来首辅传》。可知当时的士大夫中，颇有一些无聊之人，以为像张居正那样地身为神宗保傅，久柄国政，很可以像王莽、曹操那样干脆由自己来取而代之。指张居正父亲墓地“有天子气”，这是一种尝试，试探居正的意向如何。虽然张居正惧而掩耳，“礼而趣之去”，但不可否认当时人或不免有此揣想或怀疑。张居正死后，御史丁此吕劾侍郎高启愚当张居正在位时主南京乡试，曾以“舜亦以命禹”为试题，显然是在向张居正“劝进”，即是这一类的事例。

高启愚出此试题，是否果有“劝进”之意，事实上殊无法确定。但当张居正在世之时，“谀之者伊周不足，重以舜禹”（《野获编》），则当时显然确实曾有人以类此的言词讽动居正，亦应为事实。一旦张居正身死，倘有人以此为题，向皇帝指出当年张居正如何曾有位逼皇帝，几危社稷的话以为献谀进谗之计，则张居正身后之祸，还堪设想么？宋尧俞致张居正此书，以“当去而去，即受祸，其祸微；欲去而不去，即祸不及身，其祸重”为言，可谓明察秋毫。然而张居正不肯见听，实在可惜。证之后来事实的演变，张居正的死后得祸，与此大有关系。所以，宋尧俞之言，可谓深具先见。

沈德符《野获编》云：“江陵以天下为己任，客有谀其相业者，辄曰：‘我非相，乃摄也。’摄字于江陵固非谬，但千古惟姬旦新莽二人，今可三之乎？庚辰之春，以乃弟居谦死，决意求归，然疏语不曰‘乞休’，而曰‘拜手稽首归政’，则上固俨然成王矣。晚年亦自知身后必不保，其辞楚按臣朱琏建亭书曰：‘作三诏亭，意甚厚。但异日时移势殊，高台倾，曲沼平，吾居且不能有，此不过五里铺上一接官亭耳，乌睹所谓三诏者？’盖骑虎之势自难中下，所以霍光宇文护终于不免。”此以霍光与宇文护因挟震主之威而致得祸比居正，可谓恰当之至。霍光辅汉宣帝，初谒太庙，光从骖乘，帝严惮之，若芒刺在背。故后人谓，“威震主者，不畜。霍光之祸，萌于骖乘。”霍光在当年曾有震主之威，张居正当年何独不然？此仍可于《野获编》中见之。

《野获编》：“今上初元，严重江陵，不必言矣，至后大婚，圣龄已长。偶被酒，令小阉唱以侑之，阉辞不能，上倚醉拔剑，断其总角。群竖肤愬于冯保，保奏之慈圣，次日，召上诟诘甚苦，至有社稷为重之说。上涕泣谢过，为手诏克责以赐江陵，而珰保因得中其所仇孙海客用，谓二人引诱。江陵条旨，俱谪净军，发南京种菜，亦可已矣。江陵复再疏推广保说，谓太监孙德秀、温泰、周海，俱谄佞当斥。三人亦保之素嗛者，上不得已允之。受遗元老，内挟母后以张威，下迎权珰以助焰，要挟圣主，如同婴孺，积忿许久而后发，其得祸已晚矣。"这一条史文，指出张居正与冯保内外相结以挟制神宗，是为张居正后来得祸之本源所在，可说极为中肯。同书另一条又说："上初以慈圣及江陵故，待冯珰厚，而不堪其钤束，屡有折之。一日，上御日讲毕，书大字赐辅臣等，冯珰侍侧，立稍倾欹。上遽以巨笔濡墨渖过饱，掷其所衣大红衫上，淋漓几满。冯珰震惧辟易，江陵亦变色失措。上徐书毕，起还内。此时上意已作李辅国鱼朝恩之想，而冯珰尚以少主视之，了不悟也。"神宗恶冯保，在张居正未死时或尚无法发作，迨张居正死而冯保形势孤立，情况乃急转直下。继任首辅张四维既素怀报复居正之心，又探知神宗有除去冯保之意，从旁推动其事，于是乃开始了对张居正的报复。

《野获编》："江陵初殁，上未有意深罪之，特忿冯保久横，意甚衔之。张蒲坂已当国，因授意同里门生李御史植弹治冯保，并其掌家内官张大受、书记徐爵，以尝上意，初无一字及江陵也。及严旨逐保于南京，诸言官知上意已移，始交章弹射故相。而台中江东之羊可立最先上疏。上寻晋三臣少卿，以旌发奸之功。于是故辽府母妃亦露章诉冤，而籍没之旨下矣。"综合当时李植、羊可立、江东之等人弹劾张居正的罪状，无非是"谋陷亲藩，钳制言路，专权骄恣，罔上负恩"等款，其中尽不乏有架空排陷之事。例如所谓谋陷亲藩，即指隆庆二年辽王宪㸅被巡按御史部光先劾其淫虐不道，凡十三大罪，穆宗遣刑部侍郎洪朝选往勘，洪推鞫峻刻，务为深文罗织，以致宪㸅国废身锢一事而言。当时居正尚未当国，而在居正败后，辽王母妃乃指此为居正之罪，洪朝选之妻又上书谓当时洪朝选因不肯受居正之指使陷辽王于罪，以致被居正借事陷害身死，皆为莫须有之事。《野获编》说：“张江陵身辅冲圣，自负不世之功，其得罪名教，特以身当之耳。身后一败涂地，言者目为奇货。”所谓“目为奇货”，即因神宗当时已深恶居正，诸言事之人无不知此为借事进言以谋升官发财之好题目，于是一切架诬虚构之言，皆由此而生。“如杨御史四知者追论其贪，谓银火盆二百架，诸公子打碎玉碗玉杯数百只，此孰从而见之？又谓归葬沿途五步凿一井，十步盖一房，则又理外之谈矣。其上柱国勋衔，虽曾加而不受，至殁后遂以为赠，乃云生前曾拜，以实其无将之罪，更谬之甚者。又云：今日皇子诞生，加恩大臣，使居正而在，必进侯伯，加九锡矣。从来后宫诞育，未有恩及宰辅者，有之实自江陵身后始，有识者颇以为非，然则杨何不明纠当时之政府，而追忖朽骨之权臣也？疏上而籍没之旨下矣。”（《野获编》）杨四知以各种诬罔之言横加于居正之身，神宗或者不至于不能察见其非。然而此疏奏上之后，神宗竟以此作为籍没居正之家的口实，当可知道，此时的神宗，已因追恨居正生前所加于他的钤束及压制之故，亟谋一泄其心中之恨，故而并不究问事实之真相如何，惟求痛加摧折一番，以为快意之举。使居正尚在，神宗既无从行使其无上的君权，群小亦不敢遽生觊觎之心。这证明了张居正当年之所以要父丧夺情，确实有其必要。而宋尧俞说他“当去而去，即受祸，其祸微；欲去而不去，即祸不及身，其祸重”，尤为名言。这是因为张居正当时已有骑虎之势，而愈是骑虎不下，愈有遭噬之险，反不若及早脱身，犹可减轻后日的不可知之大祸也。

张居正死后抄家，起因于当时人对他的诬蔑，说他当国十年，“所藏逾天府”。辽王母妃乘机煽焰，说，辽王宪𤐤被废为庶人之后，“金宝万计，悉入居正府。”于是神宗对此大感兴趣，认为必可如世宗之籍没严嵩，厚有所获。但是刑部侍郎邱橓衔命前往荆州张家查抄的结果，“尽发其诸子兄弟藏”，不过只有“黄金万两，白金十余万”。邱橓严刑拷讯居正诸子，迫令供出其余寄顿何处，“其长子敬修不胜刑，自诬服寄三十万金于（曾）省吾、（王）篆、及傅作舟等，寻自缢死。”因敬修之死，朝野哄动，咸谓邱橓罗织过甚，首辅申时行与六卿大臣等合疏请缓其事，情势方才稍趋缓和。因此后人以张敬修所说的话为证，相信张居正“赏赉之外无私入，赐第之外无别椽”，并以为抄家之举完全是对张居正清介大节之污蔑。揆之事实，亦殊不尽然。这里暂且先不说张居正如何，姑以在张居正之前居首辅之位，且素有清操之称的高拱为例，以见明代的宰相多赀，正是当时的一般情形。

《野获编》：“新郑高少师，富平孙太宰，初俱以重名大用，后皆以太刚去位，未几俱殁于里第，俱无嗣。……及其在事，拥戴之者俱众，然皆负素丝之名，即甚憎者，无能以墨议之。近年高继子务观、务实等争产，各交章讼言，遗赀百万，分授不均。奉旨彼中抚按会勘。顷富平身后，群从争继，亦互讦秦中诸当事，谓太宰积镪若干，宝货若干，彼此构讼不结。时西安推官程策为之谳决处分，于爰书中备列其数。孙初下世，桃李正繁，恨程不为稍讳，遂以白简谪程去。两公立朝铮铮，即微有可议，何至溺情阿堵？使有三尺之孤，必不决裂至此。古人以无后为酷罚，信哉！”

此文举高拱与孙丕扬（即所谓富平孙太宰）为例，说明即使他们平生素负清节，然其家赀皆极可观。准此而言，为官而稍事贪墨，其所得必不可限量矣。高拱之外，徐阶乃明代贤相，其声名更在高拱之上。然徐家乃东南巨富，所拥田产，仅松江一府即逾数十万亩，此巨额财产又何尝是徐家的祖上所遗？由此说来，张居正家即使积赀百万，亦不足为奇，因为此正是明代政治风气中极自然之现象也。前引《野获编》举戚继光与张居正的关系如何因时时进千金之姬而极为密切，已说："而成梁与两广之赂亦接踵至，居正不能却也。"李成梁为辽东总兵二十余年，素以克剥军饷为通贿政府之资，《万历邸抄》中尝有疏痛论之；两广则殷正茂，亦居正所深为倚信之疆臣。万历四年，刘台劾居正专擅不法，疏中曾说："盖居正之贪，不在文吏而在武臣，不在内地而在边鄙。"此或者即是当时较有贤声的宰辅大臣们所藉以通贿聚敛的一贯方法，非居正一人为然。万历十二年张居正家被查抄，翰林侍讲于慎行致书邱橓，以为张居正之产万万不能与严嵩相比。书中说："乃若分宜（即严嵩）之事，又不同矣。何也？分宜父子，日以鬻官为事，如列肆市门，交手相易，万货毕萃，众贾俱陈，积蓄巨万，固其所耳。江陵则不然。其生平显为名高，而阴为厚实，以法绳天下而间结以恩。故其交深密戚则有赂，赂大则不敢；债帅巨卿，一以当十则有赂，庶吏则不敢；得其门而入则有赂，外望则不敢；此其所入，亦有限矣。且此老以盖世之功自豪，固不肯甘于洿，而以传世之业期其子，不使滥有交游，其所通关窃借者，不过范登马昕二三鼠辈，而其父弟家居，或以其间隙微有网罗，如此而已，则其所入亦有限矣。此九卿疏中所谓不及世蕃十分之一者也。"严嵩家被抄时，"得黄金三百余万两，他珠宝服玩，所值又数百万。"然而此数实际上已只是严嵩所有财产的一小半，因为严嵩得到抄家的消息甚早，漏夜寄顿安排，大部分都已偷运出外，所以严嵩与严世蕃父子的苞苴所得，其总值绝对当在白银一千数百万两以上。张居正的所得即使只严家十分之一，为数百万，有如高拱的居积之数，总是有的。所以，要说张居正平生果然清操素著，在赏赉之外更无私入，显然是过誉。如其不然，所谓"宝藏逾天府"及辽"庶人金宝万计，悉入居正府"之类的话，就不会无端而来的了。

专权及小有所贪，虽然都有事实可证，然此毕竟只是大醇小疵，不足为居正病，且当时人似乎亦不以此为居正之罪。张居正的生平作为，其最不能为人原谅的，除夺情恋位一事外，尚有两点可举：其一是他的几个儿子先后冒滥科举，盗窃国家名器；其二是他后来误信奸邪如王篆之辈，以下流卑鄙的手段报复构陷其政敌。此二项之中，后者尤其有欠光明，说来最为张居正的名节之玷。

张居正先后凡二娶。至其姬妾共有几人？今不能详。《漱华随笔》称其后来所娶之美女为“九太太”，据此，则其正室及侧室之总数当不致少于九人。先后生子凡六人。长敬修，万历八年进士，官礼部主事，万历十二年因抄家自杀。次子嗣修，万历五年榜眼，官翰林院编修。三子懋修，万历八年状元，官翰林院修撰。四子简修，以父荫官锦衣卫指挥同知。五子允修，秀才。六子静修，尚幼。《野获编》：“江陵教子极严，不特各省督抚及各边大帅俱不许之通书问，即京师要津，亦无敢与往还。盖欲诸郎君继小许公事业，预养其相望耳。”张居正希望他的儿子亦能做到宰相，这并没有什么不对。只是，明代中叶以后，已渐养成非翰林不能入阁拜相的习惯。张居正的儿子们若仅仅靠了张居正的关系，决计做不到宰相。正当的途径，应当由科举中求出身，先中进士，再点翰林，然后方有“储相”之望。万历四年刘台劾居正，其中有一款说：“为子弟谋举乡试，则许御史舒鳌以京堂，布政施尧臣以巡抚矣”。“恶黄州生儒议其子弟幸售，则假县令他事，穷治无遗矣。”居正之第四子简修由父荫得官，循武职入仕，五子允修在居正卒时尚系诸生，六子静修尚幼，然则刘台所讦奏的，当然是指敬修、嗣修及懋修而言。

《明史·李植传》曾说，敬修、嗣修、懋修之得中乡会试，考官兵部员外郎嵇应科、山西提学副使陆檄，及河南参政戴光启等俱曾有私。嗣修得捷会试最早，在万历五年，王世贞《嘉靖以来首辅传》记其事云："寻礼部举会试，而次子嗣修与吕调阳之子与周皆中式。居正等以嫌请避，不允，于是假其柄于四维。而詹事申时行使所知以嗣修卷上之四维，已次名二甲第一矣。既进御，上启姓名，则拔嗣修一甲第二人，而召居正谓曰：'无以报先生功，贵先生之子孙以少报耳。'居正叩首谢，出语于人，冀塞言者口，而刘台言渐验。"所谓"刘台言渐验"，即是说刘台在前一年奏讦居正诸子由舞弊得中乡试之事，在现在已有事实征验了。

嗣修由关节得捷会试，不但王世贞首辅传言之，《明史·李植传》亦说，嗣修殿试时所撰试策，系礼部侍郎何洛文所代撰。据此云云，则嗣修之应试，分明更是在预知试题及有人为之捉刀的情形之下予取予求，虽有关防弥封，亦不过只是掩饰耳目之事。明神宗时的御史吴亮，曾讦奏申时行以后的内阁首辅效法张居正之故智，"上第巍科，明攫之而无忌"，可知居正此举，实为作俑之始。嗣修中榜眼，已招来无穷物议，至懋修中状元，则尤有过于此者。

懋修文才如何？王世贞《嘉靖以来首辅传》曾说："居正有子曰懋修，与其孽弟居谦俱试于湖广，得中式。懋修仅能成文，盖主司有庇之者，人以为居正不与也。而至会试不第，居正断断修怨其主者，人渐识其意。"因会试不第而修怨主事之人，复不计其子懋修是否成材，情况如此，则懋修之必须中式会试，自有其必然的了。《野获编》说："今上庚辰科状元张懋修，为首揆江陵公子，人谓乃父手撰策问，因以进呈，后被劾削籍，人皆云然。"张懋修应乡试则由考官之营私，应殿试则由张居正亲自为之撰策，其情形较之嗣修之中榜眼更有过之，自无怪人言之啧啧。王世贞说，嗣修与懋修在翰林，"每出，则众相指而诅，或作俚谚，书而粘之宫墙门下。"王世贞所撰的《嘉靖以来首辅传》虽未记述这些俚谚的内容，清人王用航所撰的《斯陶说林》中则有如下一首，大概即此之类，引述于后，以略见一斑。

状元榜眼俱姓张，未必文星照楚邦。

若是相公坚不去，六郎还作探花郎。

明清两代的制度，殿试揭晓后，例于二三甲进士中考选“庶吉士”若干名，送翰林院教习。期满散馆，仍留翰林院者，二甲进士授职编修，三甲进士授职检讨，所谓“翰林”，即是指循此途径取得官职的甲科进士，而未经考选庶吉士者无资格入翰林院。但此只是指二三甲进士而言。若是一甲进士，照例只有三人，第一名俗称状元，发榜后径授翰林院修撰；二、三名俗称榜眼与探花，发榜后径授翰林院编修，均无须经由庶吉士阶段，即可成为翰林。明朝中叶以后的惯例，非翰林出身者不得入阁拜相，而出身翰林者又以居鼎甲者最有希望成为宰相。张居正要希望他的儿子们也能拜相，最起码的条件是要他们先中进士，继点翰林。但中二、三甲进士之点翰林者，总不如占鼎甲之速化，此所以张居正对于一甲前三名最有兴趣了。

王世贞《嘉靖以来首辅传》更说，万历八年，张居正之长子敬修及张四维之子泰征，与懋修同时及第。懋修为状元，敬修与泰征仅得居前列，皆授礼部主事，皆悒悒不乐。“人为之语：首甲幸有三人，云胡靳此二子?”言下之意，无非以为懋修既已冒滥鼎甲，敬修与泰征之及第亦并非全由才学，则又何必故作姿态，不使此二人亦居鼎甲，以为掩饰耳目之计呢？人言如此，可知懋修嗣修之先后占巍科及敬修之掇高第，皆甚不惬于人心。

在专制时代，科举考试号称是至大至公的国家抡才大典，多少贫寒士子，都因为此一考试的公平精神而得进入国家的领导阶层，无形中在上层领导阶级间发生了新陈代谢的防腐作用。若是科举取士的制度竟然被领导阶层利用舞弊的方法专供汲引其子弟之用，那么，科举制度的公平精神势将无法保持，此制度的优点亦无法发挥，至于国家名器之被盗窃冒滥，又更是必然之事。张居正一生以振饬法纪综核名实为治国之本，然而他却因为要替儿子安排将来入阁拜相的机会而冒滥科举，破坏科举考试的公平精神，这种做法，岂亦有理由可以作为遁饰的口实么？所以，这不但在当时无法得到人们的原谅，即在今日，亦仍然无法为他寻得辩护的理由。

《野获编》论张孚敬与张居正二人说："嘉靖初之张永嘉（即张孚敬），今上初之张江陵，皆绝世异才。然永嘉险，江陵暴，皆果于自用，异己者则百端排之，其所凭心膂，又皆非端人，所以不得称纯臣。……江陵初得柄、亦矫矫自任，丙子以前，其设施尽自可观。自为刘念台所纠，而渐用王阳城王夷陵等入幕。阳城以掌铨司黜涉，夷陵以少宰为鹰犬。迨夺情诸事起，而堤防尽裂矣。夷陵之忍毒不能如汪荣和（即左都御史汪鋐，乃张孚敬之鹰犬），而卑佞过之矣。至纠合台垣为之角距，动辄借白简锄去非类，则又永嘉所不为者。"王阳城即王国光，王夷陵即王篆。王国光官吏部尚书，以不敢违居正之指麾而俯首听命，其人尚无大恶；至于王篆，则在卑佞之外，兼之忍毒，献谀画策，甚多丧天害理之行，而居正顾亲信之。于是在夺情恋位之外，更平添许多报复构怨之事，而居正之所作所为，遂愈不理于众口矣。王篆事，《明史·张居正传》中并无具体的记述，但王世贞《嘉靖以来首辅传》则言之颇详。摘录两段于后，以见其大概。

"是时，抗居正者穆、思孝、邹元标皆已远戍，督抚大臣故挫折之，使不堪，冀以闻于居正，取一快。而王篆旦夕侍居正，知其不释意于刘台。台之归，颇不理于乡人口。以是乘间使其乡御史贺一桂嗾怨家疏其盗边银不法数事，于是江西之巡抚王宗载、巡按陈某下有司，悉为之证实，而辽东巡按于景昌傅会之，坐远戍而系追其赃金。又系其父子，竭产以偿。不得，则别以富人之犯法者宽其罪，使之为偿，而后遣戍至岭外。无何，饮于其戍主所，归而暴得疾以死。或曰：戍主有所受毒之也。”

这一段文字，叙辽东巡按刘台因奏劾居正而遭廷杖及罢斥后，居正虽尚耿耿于心，究尚无报复之意。而王篆则先意承旨，为之安排报复之策，先则嗾使其怨家出面攻讦刘台在巡按任内有盗用边银情事；再则授意有关方面证成其罪，遂以军罪遣戍广西着伍，使其荷戈执役，最后又使其主管上官毒之，卒死于戍所。由这一段记述，可知刘台在奏劾居正后所以不得保其首领，全是王篆为之设法构陷报复，王篆虽可恶，然毕竟只是张居正的鹰犬与爪牙。王篆构陷刘台致死，无论张居正是否知情，均不能辞咎；因王篆之目的本在借此为献媚固宠之地，居正固不难察见其情也。为居正计，刘台既曾劾已，即不可借事文致其在官时所为之些微过失，使之陷入刑网。盖如此做法，不论其曲直如何，皆将使人致疑于居正，以为此是居正之借事报复泄忿也。今王篆既因希宠而兴冤狱；居正又不为之辩雪；一任刘台含冤致死，无论如何，决非正人君子对付政敌之正当手段。昔王用汲奏劾居正，已曾说：“逢君之恶其罪小，逢相之恶其罪大。”王篆之所为，殆即“逢相之恶”一类。居正虽无意为恶，然而在王篆之流的撺掇怂恿之下，或将不免渐至为恶。刘台冤死之事，即是很明显的一例。

张居正夺情恋位，又先后以威力胁制言者，使人不敢再有所言，翰林学士王锡爵甚为愤怒不平，遂以省亲为由，请假归里。人谓锡爵曰：“相君不有父，而君故省父以形其短，何故相责之深？”锡爵答云：“吾自知父，不知有相君。且相君之自为情而自夺之。夫上夺之可也，今乃徼太后中贵人以要上。即如所请，不入朝不衣锦可也，而今且衣锦而从吉。即从吉，吾意其颡之有泚；而顾扬扬自夸诩，谓臣何幸，躬逢其盛。”于是竟请告而归。居正知之，甚为不悦。刘台既死，王锡爵归省已久，迄不出。适其女有所谓“得道仙去”之事，台省闻风，谓“此奇货，可以贽居正”，遂有给事中牛维垣及御史孙承南先后上疏论劾，指为妖孽。礼部尚书徐学谟亦奋勇攘臂，欲借此重处锡爵。赖李太后使太监张宏传语居正不可，事始中止。王锡爵是江苏太仓人，与吴中行、赵用贤同里相近。吴、赵既因奏请居正奔丧而遭杖谪，锡爵又为居正所恶，王篆遂日谋所以中伤三人，以曾士楚为巡按御史，使日伺三人之短。士楚不愿为鹰犬，借患病为由，请假径归，王篆竟不能达其目的。其后不久，乃又有沈懋学之事。沈懋学在张居正夺情时官翰林院修撰，与王锡爵同样不满居正之作为，称病告假归里。沈籍安徽宁国。其时曾有人伪造海瑞论劾居正之奏，传至宁国，且有人为之刊刻传布。事闻，负责江防的操江都御史胡櫃令同知龙宗武根究刊刻之人，不得，则执宁国狂生吴仕期者塞责。胡櫃闻仕期为沈懋学之友，使宗武捕吴仕期下之狱，欲以扳累懋学为献媚居正之功。王世贞首辅传记其事云：

> 居正意不欲彰闻，曰：“小竖子耳，何足烦白简?”王篆则贻书宗武，必令引懋学。而宗武不可，乃饿死其人于狱，而寝其事。

由王世贞所叙的沈懋学之事及前述王锡爵之事，可知王篆固曾屡次欲以杀人为媚人的手段，其人之卑佞狠毒，可想而知。使龙宗武亦如江西巡抚王宗载及辽东巡按于景昌等人之从命如流，则沈懋学殆将不免为刘台之续，而张居正构陷政敌之恶名，无疑亦将新添一笔。张居正并无意对沈懋学有所不利，且曾明白表示其意向，而王篆竟不顾居正之本意，吹索不已，亦充分可见佞人之可畏了。

王篆之为人，卑佞狠毒如此，张居正顾乃引之为腹心，诚不可解。居正濒卒，先后荐尚书梁梦龙，徐学谟、曾省吾、张学颜、侍郎余有丁、许国、陈经邦、王篆等皆才可大用，又指王锡爵等为奸邪，神宗皆为黏之御屏。居正所荐诸人中，曾省吾“贪而巧媚，小有才”，梁梦龙“品在中下，尤善媚”，王世贞首辅传中俱有评语。若徐学谟则谄佞之尤，更不得谓之端人。然而张居正却以此诸人与王篆同荐于神宗，可知此时的张居正，实不能称之“用人惟才”。王锡爵曾说：“江陵相业，仆始终不甚非，独恨其于知人一着，至死不悟耳。”（《西园闻见录》卷二十三）王锡爵论张居正昧于知人，大概即是指他以王篆曾省吾梁梦龙等谄佞小人为有才而特加亲信之事而言。沈德符《野获编》中亦有一段话说：

> 世、穆两朝实录，皆江陵故相笔也，于诸史中最称严核。其记新郑将去，为南北科道及大小臣工所聚劾，以为皆迎合时情，而参高保徐，尤属谄媚。况上未尝有意弃徐，纷纷保之何为？其言可谓至公。其于新郑幕客吏科都给事韩原川等，亦极笔丑诋，目为无忌惮小人。岂非真正实录！及吏科都陈锦江等入幕后，献谀画策，与韩蒲州诸公无异，顾一一任为腹心，资其角距，恬不为异，则笑人适以自笑也。

“韩原川”即韩楫，乃高拱用以搏击异己之工具。张居正诋韩楫为无忌惮小人，而不知己所亲信之吏科都给事中陈三谟（即陈锦江），与韩楫初无二致。此正与他不知王篆辈之卑佞无耻而亲信有加者如出一辙。何以张居正明于见人而不能察见自己？这一点，大概便与他的性格有关了。

张居正性格中有一项最大的缺点，即是好谀。沈德符《野获编》云：

> 宰相以功名著者，自嘉靖末年至今上初年，无过华亭、江陵二公。徐文贞（即徐阶）素称姚江弟子，极喜良知之学。一时附丽之者，竞依坛坫，旁畅其说，因借以把持郡邑，需索金钱，海内为之侧目。张文忠

为徐受业弟子，极恨其事而诽议之。比及当国，遂欲尽灭讲学诸贤，不无矫枉之过。乃其喜佞，则又百倍于华亭。谀之者，伊周不足，重以舜禹，至身后有劝进之疑，亦自贻伊戚也。

沈德符的另一部著作《敝帚轩剩语》，其中另外有一条记载，说："江陵盛时，有送对联谄之者，云：'上相太师，一德辅三朝，功光日月。状元榜眼，二难登两第，学冠天人。'江陵欣然悬于家之厅事。先是，华亭公罢相归，其堂联曰：'庭讯尚存，老去敢忘佩服。国恩未报，归来独抱惭惶。'虽白占地步，然词旨谦抑，胜张之夸诩多矣。"

沈德符在上面两段记载中，一再以徐阶与张居正并比，很可以看出两人立身处世的成功与失败。徐阶诚然亦不免喜谀，然其自处谦退，尚不致漫无纪极；若张居正，则不但自认其功业盖世，对于人之面谀者，亦直受不疑，至于"伊周不足，重以舜禹"，岂非好谀之甚。更以上文所述的对联而言，上联所谀者乃张居正之功业，尚可说是去事实不远；至于下联，以居正二子之冒滥巍科为"学冠天人"，明是不确实的谀佞之辞，张居正竟亦欣然受之，足可知他之好谀喜佞，已达到了不论是非曲直的程度。好佞则恶直，此正是人之常情。佞人日进，必致正人日退，由陆树声之事见之，即是具体之实例。

陆树声，松江华亭人，嘉靖二十年会元，廷试二甲第四，选庶吉士，授编修。历官至吏部右侍郎，引疾归。生平端介恬雅，翛然物表，声望甚著。与徐阶同里，与高拱同年，两人为首相时，相继推毂，皆辞不出。张居正当国，欲收人望，召为礼部尚书。居官未一载，不附居正，请告归。《南吴旧话录》记其事云：

陆文定以大宗伯请告，寓西郊僧寮，张新建（即张位）沈四明（即沈一贯）出饯。私问曰："圣明之朝，公乡莼鲈虽美，归兴何遽也？"公对曰："吾初入谒江陵相君，相君无一语及国事。及饭阁中，江陵相时顾左右，刷鬓者二，更衣者一，观其意气，足以笼罩群贤。其意不在二三陈人，色斯举矣。此秀才时熟读语，奈何垂老忘之？"

由这一条记载，可知张居正实在是一个自负才学，目空一切之人。由于他确实具有经济之才，所以能独柄国政，造成万历初年的中兴气象；由于他目空一切，视僚属皆如童稚，所以他只能容忍唯诺趋承之人，倘其人骨鲠尚气，即使有才，亦将目为异己而驱除之。张居正所用的文武大臣，如谭纶、戚继光、凌云翼、殷正茂等人，当然亦都是一时之选。但即以这些人而言，用之为捍卫国家的爪牙则可，欲希望他们对张居正的不正当作为有所谏诤，则并非其人。处在这种情形之下，张居正之不免为憸邪小人所包围，谠言不闻，谀佞日进，亦是势所必至之事。盖世勋名，只因好谀恶直之故而致日渐为群小之邪说所惑，终致得罪名教，身死之后，士大夫至于争索其过而无人颂言其功，说来诚然是很可惜的。

关于张居正的高傲自大，《野获编》中尚有如下一段记载，说：

故事，亲王非迎驾及扫墓，不许出城一步。至万历六年，故相江陵张公以父葬归，过南阳，唐王出郊谒，具宾主，及答拜留款。张坐南面，王相向，讲敌礼。至襄阳府，则襄王亦仿唐例，无少异。盖朝见伏谒之礼一切不讲，而亲王反得以亲奉謦欬为幸事，僭紊至此，安得不败？又先期遣牌云："本阁部所过，二司谒见，俱遵见部礼。"盖勒其长跪也。于是手板折腰，与州县下僚无异。但布按二司惟入吏部始行跪礼，至私第则仍以客礼见。江陵妄自尊大，并典制不复问矣。

凡此之类，《明史》及《明史稿》的《张居正传》中俱不记载，事实上则亦是张居正“得罪名教”之一端。因为张居正虽然在事实上独柄国钧，但他在名分上总还是国家的宰辅大臣。照明朝的体制，亲王的爵位最尊，大臣见亲王，必行朝见伏谒之礼，而布按二司为一省的行政首长，即便至吏部堂参须行跪礼，亦决没有跪途迎谒之理。张居正创为这种异制，惟我独尊，置国家的纪纲法度一切不顾，势难以表率百僚，翕服人心。更何况恋位夺情，杖逐言者及冒滥科第等事层见迭出，更属骇人耳目。如此不恤人言，一意妄行，即使可以借威力钳束人口，总不能禁人之腹诽巷议。从前沈炼劾严嵩奸邪，已廷杖谪戍保安州，而严嵩之怨不解，卒借白莲教事牵连入内，斩之宣府。杨继盛劾严嵩未成，已下狱长系达三年之久，世宗亦无意杀之。适浙直总督张经及巡抚李天宠因剿倭失律论死，严嵩以继盛之名附入勾决案内，竟与张经等同日处斩。严嵩是明朝的大奸巨憝，他这种借事中伤的报复手段十分卑鄙，人人都可看出他的用心极为险恶。但张居正素来以伊尹与周公自命，并且期望以盖世的功业传之其子，然而他居然亦曾经有过像严嵩陷害沈炼杨继盛一样的行为，这又将何以自解呢？所以，即使张居正在明神宗初年确实曾有振衰起敝的伟大功绩，他那种威福自恣的行为，也确实已激起士大夫与知识分子的普遍反感。众口可以铄金，人们的心情在极度激愤时，当然很难希望他们对事物的判断能够出之理智的考虑。张居正死后，举朝争索其罪，而无人敢言其功，正是这种心理状态下所造成的情势。张居正的功罪诚然不能相掩，明朝士大夫对他的贬斥也诚然有过分之处，然而我们却不能否认，其中有很多地方确实应由张居正自负其责，并不能全以政敌所加于他的不公平攻击来看待的。

据《西园闻见录》及《野获编》等书的记述，张居正身后之祸极惨，其调停解网之功，以王锡爵出力为多。如《西园闻见录》说：“王文肃公锡爵既以省亲归，未几，江陵败，人争搏击为名高，先生复持平其间，曰：‘江陵相业，仆始终不甚非，独恨其于知人一着，至死不悟耳。此事诸君不以时调停，如国体何?’后张氏终得解免，先生力也。”又《野获编》云：“昙阳子称江陵相公为一世豪杰，太仓相公（即王锡爵）骇而信之。故入都不复修却，反加调护，亦用化女之言也。”王锡爵反对张居正夺情，甚为居正所恶，以情理而言，亦当是张居正的政敌。而由上面的两条记载看来，则即使在张居正的政敌中，亦尽有推崇其功业之人在。然则当时人对张居正的批评，固不能全然目之为恶意的中伤。其中的是非与恩怨，尽有很多是张居正自种其因而自食其果的。当世君子，其或以鄙言为不谬否？

# 明代的中日朝鲜之战

## 细说明人援韩之战

清光绪二十年甲午，中日两国因朝鲜问题开战，中国战败，与日本订立《马关条约》，于割让台湾澎湖及赔偿巨额军费以外，复承认朝鲜独立，放弃了五百余年来一直保有的宗主权。日本在战胜之后，置朝鲜于保护国的地位，最初尚保持朝鲜国王的统治名义，且称之为皇帝，后来则实行归并，直接收为日本帝国的属地。自朝鲜归日，中国的东北诸省直接暴露在日本帝国主义的侵略矛头之下，终于有此后的九一八事变。昔人以九一八事变为中国对日抗战之嚆矢，若追溯其源流，则发生在光绪二十年的甲午战争，尤当为中日两国全面冲突的先河。以此而论，当日本的军事实力膨胀达到某一程度，需要向亚洲大陆寻找出路时，由朝鲜半岛而渐次进入我国的东北，正为最便捷的道路。军略家以为朝鲜半岛不但是亚洲大陆文化输入海洋的桥梁，亦是海洋势力向大陆扩张的走廊，可谓深得其中要领。发生在光绪二十年的甲午战争，我们在后来已深知其发展结果极为恶劣；但是，在类似情势下发生在明神宗万历年间的日本侵韩之战，当时之人及后世史家，却尽多有人对明人的援韩行为表示极端的反对与非难。以二者间的情势互相比较，真不容易使人相信，历史上的许多往事，何以特多相似之处。

发生在明神宗万历年间的中日朝鲜之战，由于明朝神宗皇帝的态度坚决，不惜以大量的人力与金钱投注于朝鲜战场，终于遏阻了日本的侵略阴谋，也杜绝了此后一切日本侵略势力的发展。所以，像甲午战争以后那样地使日本渐次由朝鲜半岛侵入中国东北，又由东北而蔓延及于华北的恶劣后果，在当时竟完全没有出现的机会，明神宗的坚决态度与明朝将士们的血战之功，在历史上实在值得大书一笔。甲午之战的详细情形，读者诸君大多耳熟能详，可以无须笔者在此饶舌。但是，对于甲午战争之前三百年的明人援韩之战，了解其中详情的人似乎并不太多。笔者于明朝之故实涉猎稍深，对此一问题亦尝稍窥一二，因愿在此一谈，亦聊以充随笔掌故之一项焉。

明人徐光启的文集中有一篇《海防迂说》，专论明代中国与日本间的通商贸易，对于了解两国间的相互关系极有帮助，摘录其首段如下：

> 有无相易，邦国之常。日本自宋以前，常通贡市。元时来贡极少，而市舶极盛，亦百年无患也。高皇帝绝其贡不绝其市。永乐以后，仍并贡市许之，盖彼中所用货物，有必资于我者，势不能绝也。自是以后，其文物渐繁，资用亦广。三年一贡，限其人船，所易货物，岂能供一国之用？于是多有先期入贡，人船逾数者。我又禁止之，则有私通市舶者。私通者商也，官市不开，私市不止，自然之势也。又从而严禁之，则商转而为盗，盗而后得为商矣。当时海商，多倩贫倭以为防卫，交通既久，乌合甚易。边海富豪，向与倭市者，厉禁之后，又负其资而不偿。于是倭船至而索负，且复求通，奸商竟不偿，复以危言憾官府。倭人乏食，亦辄虏掠。如是展转酝酿，复有群不逞辈勾引向导，内逆外愤，同恶相

济，而陈东徐海辈为之魁，于是乎有壬子之变。譬有积水于此，不得不通。决之使由正道，则久而不溢。若塞其正道，必有旁出之窦。又塞其旁出之窦，则必溃而四出。贡舶市舶正道也；私市，旁出之窦也；壬子之祸，则溃而四出者也。若欲积而不出，其势不能。岂有强势之所不能，而名为百年经常之策，又举世而持之，可乎哉？

## 侵犯朝鲜旨在中国

徐光启是上海人，生长海边，习闻外洋贸易，对于明代中日两国间的贸易通商情形知之甚谂。所以他在此文中一再强调，若欲维持两国间和平相处的外交关系，必须开放对日贸易，以免日本因不能由通商贸易得到所需要的物资而致流为寇盗，为害沿海边疆。这种基于经济需要的说法，当然很合于当时的事实。但若以为日本的丰臣秀吉在明神宗万历二十年时发大兵侵陷朝鲜，其目的亦仅为达到与中国的通商关系，则其说似有未确。试检朝鲜史籍，其中便有明显的记载，说明丰臣秀吉之侵犯朝鲜，其最后之目的是在由此入侵中国。

第一条资料，是见于朝鲜宣祖大王李昖的《修正实录》，万历十九年日本关白丰臣秀吉致奉朝鲜国王李昖的答书，中云："本朝开辟以来，朝政盛事，洛阳壮丽，莫如此日也。人生一世，不满百龄，焉郁郁久居此乎？不屑国家之远，山河之隔，欲一超直入大明国，欲易吾朝风俗于四百余州，施帝都政化于亿万斯年者，在方寸中。"同书中的另一条记载，则是万历十五年日本使臣橘康广来聘朝鲜，《宣祖修正实录》记云："秀吉志满意得，又虑内患，遂欲侵犯中国。以前世舟犯江浙终不得意，欲先据朝鲜，从陆进兵，以窥蓟辽。”由此可知，《明史·日本传》所说，丰臣秀吉在以兵力征服全国以后，“并欲侵中国，灭朝鲜而有之”，其说并非无据。日本既有由朝鲜以入侵中国之意，则中国在朝鲜局势危殆时发兵前往救援，便不一定是竭中国以事四夷的错误行为。然而由《明史》及《明实录》等书见之，当时的中外臣僚，甚不乏这一类的见解。《明史·日本传》云：“自关白侵东国，前后七载，丧师数十万，糜饷数百万，中朝与属国迄无胜算。至关白死兵祸始休。”七年对垒，倏和倏战，明朝政府一方面既在朝鲜战场投入了巨量的人力、物资与金钱，一方面又因议论纷纭而致举棋不定，最后总算因为在军事上屡得胜捷，而祸首丰臣秀吉又恰在此时身死，致使日本的侵韩阴谋迄未得逞，然而中国之能得此结果，亦总算是十分艰苦的了。

当万历二十二年时，尚宝司卿赵崇善论朝鲜之战，曾说，“欲安中国，必守朝鲜”。此话在当时未必为人信服，但若以甲午战争的后事验之，不啻是极正确的战略理论。光绪二十年中国因甲午战争败绩而致失去朝鲜，自此以后，东北方的门户洞开，日本的侵略势力由此登堂入室，开启了此后的无穷祸患。由此看来，万历年间的中日朝鲜之战，明朝政府能够以武力击败日本的首次侵略，确保朝鲜，真不知消弭了多少可能发生的后患。因此我们很可以说，发生在明神宗万历年间的第一次中日朝鲜之战，在中国历史上的影响力是很深远的。《明史》记此一战役，叙述既欠明晰，论事又多歪曲武断，如所谓“中朝与属国迄无胜算，至关白死兵祸始休”，便是甚昧于事实真相，不可作为定论。迄今之世，各方面的史料先后出世，已经可以使我们对于此一战役的真实情况，得到较为清楚的了解。以此来纠正史书的误说，建立国人对此一史事的真正认识，应当亦可说是不无裨益之事吧！

日本侵略朝鲜的大致情形，朝鲜李朝宣祖大王的《实录》记载虽详，然文字过繁，今摘录《明史·朝鲜传》中的一段，以见其一斑。

> 朝鲜与日本对马岛相望，时有倭夷往来互市。（万历）二十年夏五月，秀吉遂分渠帅行长、清正等率舟师逼釜山镇，潜渡临津。时朝鲜承平久，兵不习战，昖又湎酒弛备，猝岛夷作难，望风皆溃。昖弃王城，令次子晖摄国事，奔平壤，已复走义州，愿内属。七月，兵部议令驻札险要以待天兵，号召通国勤王以图恢复。而是时倭已入王京，毁坟墓，劫王子陪臣，剽府库，八道几尽没，旦暮且渡鸭绿江。请援之使，络绎于道。

## 两个月直逼二千里

日军之登陆釜山，据朝鲜《宣祖实录》，其时间在万历二十年的四月十三日，“釜山佥使郑拨方猎于绝影岛，谓为朝倭，不设备，未及还镇而贼已登城，拨死乱军中。翌日，陷东莱府，府使宋象贤死之。贼遂分道陷金海密阳等府，兵使李钰拥兵先遁。升平二百年，民不知兵，郡县望风奔溃。”至五月初三日，日军入王京汉城，国王李昖早已于四月三十日出奔平壤，“是日大雨终日，上及东宫御马，中殿御屋轿。到洪济院，雨甚，舍轿乘马，宫人皆痛哭步从，宗亲文武，扈从者数不满百。”五月初七日，国王至平壤，日军亦已由京城分道西进。五月十七日，据守临津江的朝鲜都元帅金命元所率大军尽溃，日军渡临津北犯，国王再奔义州，平壤亦于六月十四日失守。综计日军自四月十三日登陆釜山，至六月十四日占领平壤，前后仅只两个月的时间，即已乘胜逐北二千里之遥，如入无人之境。情势如此，日军如再由平壤挥兵西向，则国王所驻的义州亦势将陷入日军之手，而朝鲜全境亦将尽没了。朝鲜当日军入侵之时，何以如此不能抵敌？这一点，朝鲜实录中颇有若干资料，可以为我们指出其中的原因所在。

《宣祖实录》卷一八九有一条云："我国本无兵之国也，虽有数百之如人形者，自外貌见之已为寒心。天将讥之曰：'朝鲜之兵手持柳杖，望若缟羊。'我国之不武甚矣。"称朝鲜兵为"缟羊"，不但入韩之明兵有此说，即入寇之日军亦如此说。《宣祖实录》卷二百〇五记日本使者之问答辞，中一段云："吾侪壬辰年从军，往观贵国形势，以言其城子也，则筑以拳石于平地，状如燕垒，阔大无制，殆不可形容，老脚病足一超而登。以言其器械也，则军无纪律，望若缟羊，闻吾炮声而走。"壬辰年即万历二十年，亦即日本初次入侵朝鲜之年。所谓"缟羊"，大概是指朝鲜的士兵全身衣白，而驯顺怯弱有若绵羊之故。来寇的日军勇敢善战，愍不畏死，而御敌的朝鲜军则手执柳杖，状如缟羊，二者之间的强弱对比不同如此，朝鲜军焉有不望风溃败之理。后世史家论朝鲜之败，每谓朝鲜在宣祖时政治腐败，官吏贪黩，人民的生活痛苦，加之军无训练，以致人心不固，士无斗志。而由朝鲜的《宣祖实录》中见之，造成这种情形的主要原因，尚有当时的朝鲜社会制度。盖朝鲜社会中自来即分为奴隶与自由人两个阶层，而奴隶又有公奴与私奴之分，陷身于奴隶阶层中的人，子子孙孙世为奴隶，永远过着牛马一般的悲惨生活。由于奴隶的人数太多，可以点佥充军的自由民人数反而感到不足。而处身在这种社会制度的官吏与人民，一切粗重劳役均由奴隶担任，主人但席丰履厚，养尊处优，一旦面临剧变，文官既无应变之才，武官亦但知苟全性命，一逃了事。反倒是在日军占领区域之内，所有的奴隶均得放免，租税既轻，人乐效死，相对地增加了侵略者的气焰和声势。情势如此，自然不是仅仅靠训练兵员和充实军备所能挽救得了的事。自明军入援，连获胜捷，已沦陷的朝鲜八道，仍旧复为朝鲜所有。而对垒七年，屡经战乱，朝鲜依旧是一个积弱及无兵之国。这其间的原因，便不是仅以官吏贪黩及政治腐败等原因所能解释的了。《明史·朝鲜传》说，“倭乱朝鲜七载，丧师数十万，糜饷数百万，中朝与属国迄无胜算，至关白死而祸始息。”所谓“中朝与属国迄无胜算”，在中国是因勤兵远征，千里转饷，所费不赀，以致无法集结重兵，一举而加以痛歼；其在朝鲜，则是由于造成积弱积贫的社会问题依然如故，自无法在战争中接受经验教训，奋发振起，转弱为强。这些，应当是《朝鲜实录》一书所给予我们的良好启发，而不是仅仅能由《明史》等书中窥见其真相的。

## 望风溃败求援天朝

朝鲜在日本侵略之下望风溃败，其唯一能够请求加以援手的对象，自然只有朝鲜心目中的“天朝”，即当时的明朝中国。当时，明朝政府对于日本侵略朝鲜的问题，早已展开了讨论。有人以为日本此举的最后目的在侵略中国，如山西道御史彭好古云：“贼起倾国之兵，度其意料，必置朝鲜于度外，而实欲坐收中国以自封也。然不遽寇中国而先寇朝鲜者，惧蹑其后也。且以十万之众，势如泰山，朝鲜国小，坐见臣服，然后横行中国，何所不适哉?”礼科给事中张辅之亦说：“朝鲜不守，祸切震邻。倭船四百，众可十万，朝鲜财物不饱其欲，必不安于偏舟海岛之间。辽阳天津登莱等处，固当为募兵积饷之计；东南财赋之地，海防又岂可一日而弛哉?”类此的言论，不一而足。日本侵朝鲜，何以中国方面便感到情势严重呢？这当然是由于明朝嘉靖年间倭寇侵扰中国东南沿海，江浙闽粤数省均大受荼毒，疮痍未复，记忆犹新，因此不得不视日本为洪水猛兽之故。而朝鲜的地理位置适为中国东北沿海的屏蔽，朝鲜如为日本所陷，其毒焰势将中于北方沿海的天津登莱一带，所谓“祸切震邻”，正是指此而言。然此时的明朝政府，因宁夏方面的叛乱尚未平定，一时尚无暇东顾。所以在接到朝鲜国王的求救章奏之后，只通知辽东方面的总督及巡抚酌量派兵救援。辽东当局先派游击史儒率兵一千渡鸭绿江保护国王，继续遣副总兵祖承训率兵二千为后援。祖承训轻躁无谋，自恃兵强将勇，以所率三千骑兵直攻平壤，欲一举而立大功。不料日军在城中设伏，俟祖军进入平壤之后，以鸟铳夹击，祖军的骑兵困于街市房屋，全无还手能力，三千人马几乎全军尽没，祖承训仅以身免。败报传至北京，朝中震动。辽东巡按李时孳亟请添调南北将兵，乘初冬天寒地冻，倭巢未定之时大举进击，以挫凶锋。于是经兵部奏准神宗皇帝，设经略一员，调集大兵前往救援朝鲜，征讨日本。这个受命充任经略，前往朝鲜担任平倭重任的，即是当时的兵部右侍郎宋应昌。

宋应昌，字思文，号桐岗，浙江杭州府仁和县人，明世宗嘉靖四十四年进士。由绛州知州历升刑部员外郎，济南府知府，山西按察司副使，河南布政司参政，山东按察使，福建左布政使，山东巡抚。当时朝鲜尚未被倭祸，应昌即亟亟以山东海防为虑，屡陈防海、练兵、选将、积粟等策，时以为过虑。及万历二十年朝鲜被兵，山东的海防工作独称有备，于是时论以为应昌烛见机先。至是，应昌已内迁为兵部右侍郎，遂膺经略之选。宋应昌既受命为经略，所领敕书，乃是“前往蓟保辽东等处经略备倭事宜”，所有山东蓟州保定辽东等地的海防及朝鲜的倭祸，均其职责。因此他的初步工作便是勘察四镇沿海的形势，调集兵员，部署防务，以期无虞倭寇内犯。俟这一工作告一段落，然后调发兵员，由辽东进入朝鲜，相机征剿。但宋应昌受命为经略，已经是万历二十年八月十八日的事，至九月廿六日受敕出都门，平壤早已陷敌，日军兵锋指向丰德，朝鲜国王李昖深恐义州亦将被陷，亟亟以渡鸭绿江避难为请。朝鲜方面的情势如此紧急，若要等待宋应昌将防御及征剿事宜逐一部署停当，然后率师入朝鲜征剿，恐怕朝鲜早已无复寸土，而辽东的防务亦岌岌可危了。为了亟谋对策，于是乃在部署征剿之外，更有沈惟敬的“和议”。

## 语不以诚和议难谐

《明史·朝鲜传》云：“八月，倭入丰德等郡，兵部尚书石星计无所出，议遣人侦探之。于是嘉兴人沈惟敬应募。”沈惟敬在明代的中日朝鲜战争中是一个重要的角色，《明史·朝鲜传》虽说他是“市井无赖”，此四字实未足以概其生平。据《野获编》等书的记载，其人亦颇有识略，特其往来中国日本之间，语不以诚，以致双方的立场未能互相了解，所以和议终于不谐。究其失败的原因，并非日本缺乏和议诚意，沈惟敬之不能善达使命，又欲苟且弥缝于其间，当为主要因素。在历时七年之久的长期战争中，和议屡起屡辍，沈惟敬始终是传达双方意图的媒介人物。如此重要人物，岂可不考其生平及探究其成败原因，遽以“市井无赖”四字概其生平。所以，这一部分史实，亦应当是需要在《明史》以外，另从其他有关载籍中为之补充的。

《野获编》：“沈惟敬，浙之平湖人，本名家支属，少年曾从军，及见甲寅倭事。后贫落，入京师，好烧炼，与方士及无赖辈游。石司马妾父袁姓者，亦嗜炉火，因与沈善。会有温州人沈嘉旺，从倭逃归，自鬻于沈。或云漳州人，实降日本，入寇被擒脱狱，沈得之，为更姓名，然莫能明也。嘉旺既习倭事，且云关白无他意，始求贡中国，为朝鲜所遏，以故举兵，不过折柬可致。袁信其说，以闻之司马。惟敬时年已望七，长髯伟幹，顾盼俨然。司马大喜，立题授神机三营游击将军，沈嘉旺亦拜指挥，与其类十余人充麾下，入日本。司马既以封贡事委之，言无不合，言路交攻不为动。”这里所说的“司马”，即当时的兵部尚书石星；“甲寅倭祸”，则嘉靖三十三年倭寇江南之事也。

朝鲜史籍中有一部名叫《小华外史》的书，其中亦说沈惟敬曾于嘉靖年间在浙直总督胡宗宪标下杀倭立功，并“备谙倭国事情”。所谓“备谙倭国事情”，殆即是《野获编》所说“关白求贡中国，并无入寇之意”一类。沈惟敬使倭，以谈和为主。谈和之所以不成，徐光启《海防迂议》中曾详论其原因，今可暂且不论。然而日军在六月十四日占领平壤之后，即顿兵不进，自此以迄明军之进攻平壤，历时约有半年。在这一段绵长的时间内，朝鲜的防御既已完全瓦解，驻守平壤的日军为何更不西向义州，以谋生俘朝鲜国王，藉以获得更大的战果呢？倘使日军在这一段时间内挟屡战屡胜之余威，席卷平壤以西的朝鲜领土而有之，则不但明朝政府的作战计划必须先以防卫疆圉为重，即使能够调集大兵，东征朝鲜，亦必因鸭绿江之东已无桥头堡可供便利涉渡之故，而致大费一番周章的。所以，日军在此后之所以能株守平壤城中，坐待明军来攻而未越雷池一步，应当归功于沈惟敬的缓师之计。

《明史纪事本末》卷六二：“是时，平秀吉次对马岛，据王京，分其将行长等各发兵守要害为声援。惟敬至平壤，行长诡曰：‘天朝幸按兵不动，我亦不久当还。当以大同江为界，平壤以西尽归朝鲜耳。’惟敬既还奏，廷议以倭多变诈，未可信，我师利速战，乃趣应昌等统兵进击。”按，沈惟敬之抵平壤，乃万历二十二年八月廿五日以后的事，九月九日，即由平壤回到义州。所谓倭人许将平壤以西尽归朝鲜，要求中国罢兵勿战，宋应昌所撰的《经略复国要编》一书中亦有记载，其十二月十七日致内阁大学士赵志皋、张位二人书中说：“沈惟敬喻倭之事，真伪未剖，况选将调兵，一意进剿，某之责也，若讲贡非某本心，昨小启已达此意于尊台矣。但据其陈说，旦夕可得平壤，某又思不费只矢让我一城，养其精力并克王京，未必非一策也。”当即指此。

## 尔虞我诈各怀戒心

由此可见，沈惟敬前往平壤与倭人谈和，对倭人所说，大概是以准许通贡通市为条件，要求倭人退出朝鲜；而平行长所允诺的，则是归还大同江以西包括平壤在内的占领区域，并未答应全部退出朝鲜。然双方既有此初步的谈和接触，在平行长之意，以为一方面既不妨作为进一步谈判的尝试，二方面亦可藉此迟缓明军的攻击行动，以免冬令天寒，不利于日军的作战。在宋应昌的对策，则是先将进攻平壤的大兵集结完毕，然后令沈惟敬再往平壤谕令退师，如日军不肯如约交还平壤城，即率大兵实行征剿。在这种情况之下，“彼责我悖约耶？则惟敬已行；诒我缓师耶？则大兵又至，庶不两误矣。”由此看来，沈惟敬初步谈和的结果，可说是双方各怀戒心，尔虞我诈，彼此皆无完全的诚意。而明朝的廷议反说“倭多变诈，未可信”，其实明朝政府又何尝打算信守此约呢？不过，明朝政府因为此一谈和接触而得以有时间从容调集大兵，储备军糈，在平壤日军未曾增厚守御兵力之前迅速完成对平壤的攻击准备，则是不争之事实。万历二十一年正月初八日的平壤大捷，便是在这种情形之下造成的。

万历二十年明师援韩，经略宋应昌所负的责任是调集兵员粮饷，主持征伐大计，运筹帷幄，决胜千里。至于实际上统领兵员及指挥作战的责任，则归于“提督蓟辽保定山东等处防海御倭总兵官”李如松。提起李如松，此人大有来历。他是万历年间镇守辽东二十二年，以军功得封宁远伯的大将李成梁之长子，万历十一年时，已官至山西总兵。万历十五年改宣府总兵，再调山西。父子并领大镇，声华甚著。万历二十年宁夏哱拜反，如松受命专征，特加提督总兵官衔，权任极重。按，明代的带兵官自来以总兵官为最高。在明代初年时，总兵官并非常设之官，每遇有大征伐时，始以侯伯等勋爵充为总兵官挂将军印出征，事毕缴还印信，总兵职务亦同时解除。论其地位，此一时期的总兵官相当于现代的战区总指挥官。自明代中叶以后，各边境及腹里省分先后设置总兵官，绾领一镇兵符，其地位及权任已渐不若初年之尊崇。及后又在各省增设总督巡抚等官，军事行政权悉归督抚掌理，于是总兵官逐渐夷为督抚的属吏，每逢新任督抚官到任，总兵官櫜鞬跪迎，行庭参之礼，虽戚继光官至少保一品，李成梁封平远伯，亦不得例外。武官的地位日益凌夷，文臣领兵亦遂为司空见惯之事。宋应昌以兵部右侍郎出任经略，如果不是李如松出任大将，依当时的习惯，当不会发生指挥不灵之事。无奈此时李如松方在宁夏新立大功，一时名将，咸推此君，故而廷议专属意于李如松，意欲借重他的奇谋伟略，再建征倭的殊勋。又以李如松在征宁夏时已加衔为提督总兵官，位在一般总兵官之上，值兹征倭，自仍须加以优礼。于是，本来是经略辖属的领兵大将，此时亦以提督为称，庭参则不愿执櫜鞬，必须角巾素服，赐坐一隅，临战则每每自有主见，不愿听经略之调度。自平壤大捷以后，封贡之议起，朝臣中主和主战，分派相争，经略与提督之间亦互有参商，各不相下。加以朝鲜君臣全力反对与日本议和，于是，明朝远征军的将士们军心携贰，士气消沉，本来极为简单的军事讨伐行动，至此乃卷入了日益复杂的政治纠纷。自然，此一情势也就不是宋应昌或李如松个人所能解决得了的了。

## 平壤大捷影响极大

平壤大捷，发生于万历二十一年正月初八日。此战对于改变朝鲜战场的日本军作战情势，影响极大，不可不详细记述其前后经过及所得战果。按，宋应昌系于万历二十年九月二十六日领敕出都，为奏调军兵及筹划粮饷器械，部署沿海防务，在畿东逗留甚久。迨一切粗有头绪，以十月底出山海关，十一月初五日抵辽阳，所调各军亦陆续到达，遂部分全部远征军为中左右三协，分别以副总兵杨元、李如柏、张世爵统领之。十二月初八日，李如松自宁夏至军。十六日，宋应昌大集三军，祃旗东征。明朝远征军遂在李如松统率之下，由辽阳东出凤凰山，渡鸭绿江，入朝鲜。

据《经略复国要编》，宋应昌所请调的征倭兵数，原有七万三千八百余名，但"其间有水兵难以入辽，客兵利于决战，召募尚未完全，远来或稽时日"，当宋应昌大军自辽阳出发之时，实际所调到的兵员，总数不过四万四千六百余名。其中因所调地区不同，而有南北兵之分。如保定、蓟镇、宣府、大同四镇所调共二万六千名，马步各半，均属北兵；另蓟镇南兵三千，谷燧骆尚志统兵一千六百，游兵一千，均属南兵。南兵用戚继光之成法训练，深具对倭作战经验；北兵则长于御虏，御倭非其所长。加之马兵但利于平原驰突，而朝鲜南方多水田沮洳，先天受有限制，难以发挥其骑兵驰骋的便利。由于这种兵员特性的差别，南兵与北兵之间存有甚大的歧见，到后来且发展为显著的矛盾。不过这都是后话，这里暂且可以不提。

平壤大捷的情形，朝鲜《宣祖实录》中有详细的记载，因文字过多，不便具录。今以《明史·李如松传》中所记的大概情形转录于后，其中的不实不尽之处，则参照《宣祖实录》及其他史籍分别为之补正。

> 《明史·李如松传》："十二月，如松至军。沈惟敬自倭归，言倭酋行长愿封，请退平壤迤西，以大同江为界。如松叱惟敬憸邪，欲斩之。参谋李应试曰：'藉惟敬绐倭封而阴袭之，奇计也。'如松以为然，乃置惟敬于营，誓师渡江。二十一年正月四日，师次肃宁馆。行长以为封使将至，遣牙将二十人来迎。如松檄游击李宁生缚之。倭猝起格斗，仅获三人，余走还。行长大骇，复遣所亲信小西飞来谒，如松慰遣之。六日，次平壤。行长犹以为封使也，伫风月楼以待，群倭花衣夹道迎。如松分布诸军抵平壤城，诸将逡巡未入，形大露，倭悉登陴拒守。如松按地形，东南并临江，西枕山陡立，而迤北牡丹台峰高地要，倭列拒马炮以待。如松遣南兵尝之，倭佯退，是夜袭如柏营，击却之。明旦，如松下令诸军无割首级，攻围缺东南，以倭素易朝鲜军，令副将祖承训诡为其装，潜伏西南。令游击吴惟忠攻牡丹峰，而如松亲提大军，直抵城下，攻其东南。倭炮矢如雨，军少却。如松斩先退者以徇，募死士援钩梯直上。倭方轻南面朝鲜军，承训等乃卸装，露明甲。倭大惊，急分兵捍拒，如松已督副将杨元等军自小西门先登，如柏等亦从大西门入。火器并发，烟焰蔽空。惟忠中炮伤胸，犹奋呼督战。如松马毙于炮，易马驰，堕堑，跃而上，麾兵益进。将士无不以一当百，遂克之，获首功千二百有奇，倭退保风月楼。夜半，行长渡大同江遁还龙山。

这一段史文的叙述，颇有若干错误及不详之处，今加以辨正及补充于后。一是所谓"借惟敬绐倭封而阴袭之"一段。据前引宋应昌《经略复国要编》，亦有平行长愿让出平壤城，及以大同江为界之条件，希望明兵缓师勿攻之说。当时宋应昌对此事之处置方法，乃是："以惟敬交付李提督同行，将近平壤，整兵以待，令惟敬往见倭奴，勒限一二日令彼出城。如或不然，即率大军剿灭。若然，彼责我悖约耶，则惟敬已行；诒我缓师耶，则大兵又至，庶不两误矣。"

## 和谈制造进攻条件

据此可知，宋应昌之所以要利用此和谈空气制造明军的有利进攻条件，无非希望平壤的日军守将平行长误信明军不致即来攻城、因而不致增添兵员，增加明军的攻击困难。迨明军已薄平壤城下，日军即使发觉和谈之不足恃，亦无法添兵守城了。是即"藉惟敬给倭而阴袭之"的本义所在。所谓"阴袭之"者，攻其不备，以期必克，并非即以诈骗手段藉和谈的虚伪外表使明军得以进入平壤城中，然后乘虚加以占领之意。据朝鲜实录，李如松所率进攻平壤的明军，总数共计四万三千五百名。四万三千五百名的军队，并非一支小部队。平行长当时如果果在城上伫候，只要一看见这支四万数千人的大部队接近平壤城，便可知道其来意不善，何致信为和谈代表，更派遣："群倭花衣夹道"欢迎，直至"诸将逡巡未入，形大露"，始觉察明军有进攻之企图，而急急登陴拒守呢？所以，这一段记述，以当时的作战情势推测，决无此可能。若参看后面所引的另一段资料，亦可以得互相证明之效。

《经略复国要编》卷四，万历二十年十二月二十一日与副将李如柏书云："进剿倭奴，令兄与仆已有定算，火攻一策，尤今所亟用者，矧诸项神器具备乎？昨面见既已恳言，兹复再述，不殚烦琐。查得平壤形势，东西短，南北长，倭奴在平壤者，闻我进兵，彼必婴城固守。我以大兵围其含球、芦门、普通、七星、密台五路外，当如新议，铺铁蒺藜数层，以防突出死战。其南面北面西面及东南东北二角，各设大将军炮十余位。每炮一位，须用惯熟火器手二十余人守之，或抬运，或点放，炮后俱以重兵继之，防护不测。每门仍设虎将一员守之，一有失误，即时枭首。止留东面长庆大同二门，为彼出路。须看半夜风静时，乘其阴气凝结，火烟不散，先放毒火飞箭千万支入城中，使东西南北，处处射到。继放神火飞箭及大将军神炮，烧者烧，熏者熏，打者打。铁箭铅弹雨集，神火毒火熏烧，其不病而逃者，万无是理。若逃则必走大同江，俟半渡，以火器击之。又伏精兵江外要路截杀之，必无漏网。”由此可知，宋应昌所设计的攻城法，其重点在“火攻”。所用的火攻之器，一是大炮，即当时所称的大将军炮及佛郎机炮；一是火箭，即是附带火药筒利用火药冲射高飞的箭支，因其作用不同而有神火飞箭及毒火飞箭之分。前者的作用在引起燃烧，后者则因其烟焰含毒而旨在以熏烧伤敌。宋应昌打算在夜半风静时将千万支毒火飞箭射入城中，使敌军因受毒烟熏灼而失去抵抗能力，再以大炮及神火飞箭引起燃烧及造成杀伤，城中敌军，非死必逃，则平壤唾手可得。

## 火攻摧破日军抵抗

就事论事，宋应昌所设计的战法自然只是纸上谈兵，而李如松攻平壤时亦并未完全采用此一战法。但李如松攻平壤时曾经大量使用大炮及火箭，不但宋应昌的奏捷疏中曾经明白说到，“副将杨元亲率本营将士，先以明毒火箭以及诸火炮一齐射打”，朝鲜实录记平壤之捷，对此亦有极详尽的描写，说：“提督领亲兵百余骑进薄城下，指挥将士。俄而发大炮一号，各阵继而齐发，响如万雷，山岳震摇。乱放火箭，烟焰弥数十里，咫尺不分。但闻呐喊声杂于炮响，如万蜂哄闹。少选，西风忽起，卷炮烟直冲城里，火烈风急，先着密德土窟，赤焰亘天，延爇殆尽，城上贼帜，须臾风靡。”由此可知，明军平壤之捷，虽未完全采用宋应昌的战法，仍是以火攻摧破城中日军的抵抗，然后明军将士始得攀城直上，一举而攻克平壤城。明军的攻城之法及日军的守城之法，颇能代表朝鲜战争中双方所用的一贯战法。但明军虽在平壤得获大捷，却并未能在实战中领略日军战法的不同之点，始终自以为既挟有火器的优势，即可攻无不克。相反地，日军由平壤之败中深深了解到明军所用的攻坚之法，自后即尽量设法使明军的火器优势无所发挥其长，于是，此后的中日朝鲜之战，明军即不再能如此容易地获得胜捷，平壤大捷在整个朝鲜战争中所以特别显得重要，此亦其一端。

明军的平壤大捷，所用的兵力总计四万三千五百名，已见前述。在敌对方面，平壤城中的日军，或谓一万二三千，或谓二万。实在之数不详。但亦有一说，以为平壤城中之倭，“其数不多，只五六千。而皆选锋骁勇。”以上皆是朝鲜实录中的记载，宋应昌所撰的《经略复国要编》于此并无记述。不过，无论平壤城中的日军是否有二万之多，其总数决不致少至五千以下，当是事实。李如松以总兵力四万三千余人进攻平壤，如果城中日军果仅五千余，则明军在人数上约居八比一之优势。但因日军皆系“选锋骁勇”，在实力的对比上容或只能视为四对一或五对一。若城中日军竟有二万，则明军所占的兵力优势更仅只二对一了。兵法有云，十则围之，五则攻之，明军如在兵员数目上居有五对一的优势，自可操极大的胜算。但攻城与野战不同，因为凭城而守的一方可以充分利用城垣的障碍增加敌军的攻击困难，即使攻城的一方在人数上有十倍之众，亦未必一定就能稳操胜算。何况李如松率明军攻平壤，在人数上仅占四比一至二比一的微少优势呢？于此，我们当不能不承认，平壤的大捷，应全部归功于明军的勇敢。就像《明史·李如松传》中所说的，游击吴惟忠中炮伤胸，犹奋呼督战，主帅李如松马毙于炮，易马再驰，堕堑，跃而上，麾兵益进，将士无不以一当百，遂克平壤。有如此奋励无前的勇猛斗志，自不难使日军望而夺气。可惜，入韩明军的战斗精神虽能在平壤的攻城战中发扬至极致，此后即因各种原因的影响而大受挫折，所以在以后很难再振当日的雄风。其原因，后文将有论述。今且一谈日军在平壤攻防战中所显示的守御战法。

## 土窟木楼穿穴放铳

朝鲜《宣祖实录》叙李如松既克平壤城以后的巷战情形，曾有如下一段记述，说："提督整军而入，诸军乘胜争时，骑步云集、四面砍死。贼势缩，迸入诸幕。天兵次第烧杀几尽，臭闻十余里。贼将行长逃入练光亭土窟，提督命运柴草，四面堆积，将为火攻计。已而七星、普通等诸窟之贼坚守不可猝下，提督会诸军仰攻之，贼从中放丸，天兵僵仆相续。提督所骑马中丸，诸将请提督少退休兵。晡时，提督以贼窟难拔，众军饥疲、退师还营，使张大膳谕行长等曰：'以我兵力，足以一举歼灭，而不忍尽杀人命，姑为退舍，开你生路。速领诸将来诣辕门，听我吩咐，不但饶命，当有厚赏。'行长等回报曰：'俺等情愿退军，请勿拦截后面。'提督许诺。其夕，令通官分付于平安兵使李镒，撤回中和一路我国伏兵。夜半，行长、玄苏、调信、义智等率余众乘冰渡大同江脱去。"读此一段史文，应当注意其中所屡次说到的"土窟"。此一名词，虽古今有别，但其本义所指，应当即是现代战争术语中常见的所谓"碉堡"。所不同的是，现代的碉堡皆以钢筋水泥构筑，当时则仅以石筑，或上加木楼，故其防御力量彼此大不一样而已。后文所引，即是朝鲜史籍中有关这一方面的记载。

朝鲜《宣祖实录》卷三十四，癸巳（万历二十一年）正月辛巳，左议政尹斗寿驰启曰："臣在行在，每闻倭贼土窟未易攻拔之奇。及至平壤，历观贼之所筑，名曰土窟，而实非掘土所为，大同门内则石筑，普通门则土筑，只于平地开基，各于石筑土筑之上作为板壁，前后涂土，其上加第或瓦，壁上穿穴。拟放铳筒之地，其内所藏军兵多少，外人不敢知其的数。望见孔穴，常若有放铳之状，人不敢近。"又同书卷三十五，癸巳二月乙巳，朝鲜国王李昖与平安道监司李元翼有关"土窟"问题之问答云："上曰：'倭之土窟，未知其制，意谓掘土而为屋，如土室之类也。今闻之，则以土为墙，如涂壁云。如是而谓之土窟，何也？是岂完久之计哉？'元翼曰：'其制或宽或窄，宽者可容万余人，至为坚实。吴惟忠之军，多死于土墙之前。'上曰：'土墙不可越，亦不可毁耶？'元翼曰：'全地掘成，逾亦难，毁亦难。'上曰：'以石为之云，然耶？'元翼曰：'从石势而筑之，无攀附之处矣。'由以上两条记载，已不难使我们想象的到，在丰臣秀吉时代侵略朝鲜之日军，已经知道利用地形构筑石质或土筑的掩蔽工事，使伏处其中的守军可以利用铳穴放射鸟铳，大量杀伤来攻的敌人，而不虞自已为敌人所杀。上面所引的两段资料，称这一类防御工事为"土窟"，当然非常不恰当。由后引资料见之，更可知道这类工事其实应名之为"碉楼"，乃更为适当。

《宣祖实录》卷九十六，戊戌（万历二十六年）正月己丑，军门都监启禀岛山日军所筑城垣形势云："城凡四重，外城周遭于山下，土筑低微，我军得以攻开。其内三城，石筑坚固，城上列置房屋，其屋跨出城外，彼得以俯瞰制我，放丸如雨。我从其下，既不能察见城中情势，又不得近于铳丸之下，不得已屯于铳丸所不到之处。”又同月庚寅另一条记事云：“蔚山……城甚坚险，大炮不能撞破。贼从城上孔穴多放鸟铳，天兵我军颇有损伤。”如上所述，以石为城垣，上构堡寨，而屋下多开铳穴，状如列窗形的古代碉楼，今日本国内犹有甚多遗迹，日本人视此为历史性的古建筑物，称之为“国宝”，保护甚为周到。由日本现存的古代碉楼所显示的建筑情况，参以前引各条资料的记述，可知朝鲜实录所称的“土窟”，其实即是这一类规制较大而建筑颇为坚牢的古代碉堡或碉楼。

碉堡或碉楼内的守军凭藉建筑物的掩蔽，由铳穴中放射鸟铳，杀伤来攻的敌军，的确可使此类城堡成为不可攻克的坚固工事。若在后世，火炮的攻击力强大，这一类建筑在石质城垣上的木质碉楼，其实不堪大炮一轰。但在十六世纪时的朝鲜战场而言，中国所有的大将军炮与佛郎机炮射程既近，破坏力又复有限，对于这类建筑在高地上的城堡，便苦于无法发挥近距离射击的功效。何况当时尚无炸药的发明，对付这种居高临下，“彼得以俯瞰制我，放丸如雨”的日本碉楼，入韩的明军实在拿不出一项有效的应付方法。而且此不仅在平壤的攻防战中所见如此，由万历二十一年明军入韩，以迄于万历二十六年日军全部退出朝鲜，这种情况始终不变。凡是日军所据守的重要据点，随处都有这类工事的存在。明军在平壤战役中已曾见识到这种工事的厉害，但在绵长的七年战争中，明军既不曾设计出一套克破之法，便不当冒着重大的杀伤危险，盲目攻坚，以免顿挫士气，面临重大的战败危险。然而我们在万历二十五年十一月及万历二十六年九月两次发生在岛山的攻防战见之，明军所犯的，正是这种极端严重的错误。因此我们可以知道，明神宗万历年间的中日朝鲜之战，其所以持久不决，日军的这种守御战术应当居有很大的影响力量。而日军的这种守御战术，明军在平壤战役中既已见其端倪，何以在此后的数年中，一直不能设计出一套克敌制胜之法，又不知避免正面的攻坚不战，以致战争历久不决。由此，我们对于入韩明军将领之不知研究战术战法，不能主动克服困难，就不免要深感失望了。

## 平壤战役获胜原因

叙平壤战役而至辞费达五千余言，所耗篇幅，未免太多。然笔者之所以不殚迩缕，实因此一战役中攻守双方的作战情形，无异是此后数年长期战争的典例，将此一战役的前后情形详予说明，即可在以后省却许多不必要的描叙。试将平壤战役中明军所以能获胜捷的原因加以归纳，约可列举出如下各点因素：

一、入韩之初即有此战，无异发硎之刀，及锋而试。故而明军的士气极为高昂，人人皆如出柙之虎，倭人望而夺气，在声势上已有必胜之形。

二、出其不意，攻其无备，日军在心理上有怯意。

三、明军在人数上占有优势。

四、明军的火攻之法，为日军所未见，猝然间无应付之策。

以上所举明军四点获胜因素，事实上只有在平壤战役中始能有此情形。自明军攻克平壤，追奔而南，新收复的朝鲜失土渐广，战线日渐延长之后，以上四点在平壤战役得以致胜的因素，都已先后改观。于是，明军的得胜机会，也就相应地发生了消长变化。

首先，我们应注意作战双方的兵员人数。平壤之战，守城的日军多不过二万，少或仅五六千，明军在数量上居有优势，自可握有较多的胜算。但在万历二十年入侵朝鲜的日军，总数计达十六万八千。自平壤战败，残余日军退至汉城。不久，占领咸镜道的日军加藤清正部，亦因明军已占平壤，侧背失去屏蔽，而向南撤退，集中于王京汉城。朝鲜北战场的各路日军均在汉城集中之后，汉城方面的日军兵力，陡增至五万人以上。而入韩明军的总数，此时不过由辽东方面新到了八千余名，连旧有兵员合计，不过五万二千余名。双方兵力虽称相当，但明军在攻克平壤以后，乘胜追击南下，连克黄州、凤山、开城等处，朝鲜北境的黄海、平安、京畿、江原四道失土，大致收复，不但收复地区甚为广袤，后方的补给线亦由义州向南拉长至开城，远达五百公里以上。新收复的地区固然需要设兵防守，绵长的补给线更须有相当的兵力防卫，加之以伤病疾患及作战的损失，实际上能移在第一线担任战斗任务的，不过只有总数的一半。此即是说，由于平壤一战的影响，胜负双方的作战兵力是以负相关的情况在变化着的：即胜方的可用兵力愈来愈少，而负方的可用兵力则反因占领区缩小及兵员集中之故而愈来愈多。在这种情况之下，李如松是否有能力继续发动攻势，向王京汉城展开攻击，已是极大的问题，何况明军方面情势变化之恶劣，更远出想象之外。于是，在平壤大捷之后，明军的攻势顿挫，战场情况胶着；于是，和议之说抬头。

明军方面的情势恶劣，得归因于两方面：一是由于李如松的轻率行动所招致的挫败；一是由于朝鲜遭逢日本侵略以后所受到的极度破坏，粮食供应不继，马草缺乏，以致明军将士饥疲，马匹倒死，而伤病疾患更因朝鲜官吏之有失照料而多数死亡，严重地影响了军心士气。《明史·朝鲜传》叙明军之顿挫，多归咎于李如松碧蹄之败，而不知后者尤为造成明军战力低落的重要因素。此中情形，不可不察。

## 赏罚不公遭致败因

李如松碧蹄之败，种因于平壤大捷后李如松对待南北军之赏罚不公。盖平壤攻城时，本以南兵先登之功为大，而李如松张世爵等皆毁南兵而袒北兵，故报功时遂以杨元为先登之首功，南兵不服，烦言啧啧，皆骂李如松为“松达子”。为了希望在南兵心目中建立威信，李如松遂欲不借南兵之力，全藉北军，来另外创立一次新的辉煌战功。

自开城克复以后，明军的先头部队逐渐向王京汉城推进。适在此时，前方传来军报，谓汉城方面的日军已大部向南撤退，副总兵查大受所领的搜索部队与敌方的殿后部队遭遇，斩获甚多。李如松得此军报，以为敌军的抵抗力既然如此脆弱，乘胜追击，必可立克王京。遂嘱咐杨元率大军随后接应，自己仅带三千亲军，急急驰往前线，拟与查大受的搜索部队会合后乘胜向汉城推进。殊不知查大受所遭遇的只是一些疲弱之兵，日军当时已以包围态势在碧蹄以南的砺石岘分布重兵，分两翼推进，打算将查大受部包围歼灭。而查大受见当面敌军势众，此时亦已逐渐退至碧蹄馆。李如松在出发时狃于平壤之胜，以日军为易与，轻装疾驰，全不藉步兵的火器铳筒为之卫护。及闻查大受的情势危急，急驰往援。至则日军已经漫山遍野而来，其数目较明军多出十数倍以上，乱放鸟铳弓矢。明军虽为骑兵，而因地属山岭隘路，不便驰骤，竟无法藉速度的便利自由进退。战况危急时，全部明军几全被日军所重重围困，陷入短兵相搏的苦斗，死伤甚重。幸赖杨元的接应大军及时赶到，杀入重围，救出被围明军，李如松方得狼狈退回坡州。

此战的双方死伤数目虽约略相等，但李如松在屡胜之余，忽有此挫跌，大为颓丧，并知日军之作战力极为强韧，不敢再侈言以寡击众。而明军在朝鲜的军力既处于少数，此后的作战计划自不免要大受影响。至于明军因粮草缺乏而致人马饥疲，及朝鲜兵民之不恤伤患，以致严重影响明军之士气，则朝鲜实录中曾有甚多的记载。虽《明史·朝鲜传》的作者不悉其中情形，以朝鲜实录一一覆按，固不难备悉其梗概也。

《宣祖实录》卷三十五，万历二十一年二月癸巳，副总兵杨元因前方粮草缺乏，由开城驰回辽阳禀报经略宋应昌并请示进止，朝鲜国王在龙湾馆接见杨元，杨元说："军中无一束草，战马倒毙者日以八九十数，军粮亦乏，食无盐酱，人马俱疲，故驰进经略衙门以议军机耳。"同月戊戌，朝鲜国王引见大臣崔兴源等，国王曰："天兵不进，粮饷匮乏，奈何?"兴源曰："初尚窘乏，况今驻扎多日，中原粮储亦不得输运，甚可闷也。提督虽未班师，而士马饥馁，则亦无可奈何。"

朝鲜因日本侵略而致积储焚荡无余，无法出办粮饷，本在意料之中。所以经略宋应昌在大军未入朝鲜之前，即已设法买办米豆马草，搬运至义州及江华等处，使朝鲜为之转输，以便陆续供支前方兵马。无奈朝鲜官吏并不以此为事，一皆责之胥吏。而胥吏则乘此作弊图利，有钱之家虽有牛马及车辆可供搬运，只要纳赂胥吏，即可优游丁家，贫家独任其责，则苦无运输工具可供搬运。于是后方虽有由中国搬运而来的大批粮草，亦因此而不能及时接济前方。《宣祖实录》中甚至有一条记载说，朝鲜国王使巡察使权征督催粮草搬运，权征自谓系巡察使，但司调度节制，而巡察使以下的地方监司，又以为此系权征之责，彼此"互相推诿，无意措办"，以致"粮饷匮乏，士马饥困，至于退屯。"此一条中并有知中枢府事李德馨转述提督李如松的话说："士马饥饿，而强欲使留，是欲使我如笼鸟之待死也。"以上所述，是因粮草缺乏，士马饥疲，以致明军的作战力量大受影响的具体实证。

《宣祖实录》卷三十四，万历二十一年正月甲戌，朝鲜国王李昖谕龙川郡守具思钦曰："天将天兵因我国之事扶伤呻痛而归者，陆续于道，而尔等专不接待，至于水勺酒杯亦不得饮云。尔其用心救疗，使得生还。"同月壬午，备边司启奏国王云："臣等伏见李提督牌文，病伤军人，沿途不得口粮，勺水不得添唇，死者相继，未死者倒卧路旁云。"同书卷三十五，万历二十一年二月乙巳，平安道监司李元翼启国王："臣自顺安来时，见天兵患病者中路足茧，不能行步，二日不得食，气息将尽。天将若闻之，岂不怒乎?"国王曰："予于途中见天兵多有被伤者，申敕各邑，别加救护，而一路之官，不为尽心，极为可恶。"

以上所述，是为朝鲜官民不恤明军伤患，坐视其饥渴困顿致死，而一不动念救护，虽经国王降旨申敕，而时经匝月，依然如故的具体例证。明军入朝鲜，虽系奉旨出征，战死亦系本分，但究竟是因朝鲜遭受日本侵略，中国的远征军将士们方才要万里关山地抛妻别子，远道来援。男儿马革裹尸，为保卫属国朝鲜的独立自由而效死疆场，虽光荣战死，亦必无憾。然而他们虽不曾死于日本侵略军的刀枪铳矢，却在伤病衰弱急需救护的情形下，因无人给予适当的救护与照顾，以致宛转沟壑，终成异域之鬼，说起来实在太使人怛恻痛心了。死者的遭遇惨酷如此，未死者触目惊心，宁不因此而灰心短气?入韩明军之不免因此而沮丧士气，严重影响其斗志，自是可想而知的事。

## 天时地利不宜明军

平壤大捷以后，明军所面临的情势如此，实在使宋应昌、李如松二人大感棘手。踌躇却顾，转眼之间，时令已由冬季渐次入春，天时地利各方面的条件逐渐发生了变化，明军所处的情势亦遂愈益不利。《经略复国要编》中载有宋应昌于万历二十一年二月十二、十三等日致兵部尚书石星各书，历述当前的战场情势说：

> 倭奴屡败，其胆已丧，似宜乘此进剿。但其众颇盛，况天雨连绵，陆路泥泞车马难骋。粮饷虽陆续可到，而马草缺少。因倭奴将开城周围地草烧尽，不能措处，故马多倒死。我兵久卧冰雪中，冷疫俱兴……
>
> 东征将士日卧冰雪，血战艰危。平壤之克，非倭奴易与，实将士奋力所致也。今追奔千里，身经累战，开城王京，又报斩获，然身不离鞍，食不下咽，力疲神倦。恐强弩之末，难穿鲁缟。

又二月十六日致内阁大学士王锡爵一书云：

> 天雨连绵，军马野宿，尽在淋漓中。马毛缩栗，角弓解散，是天时不在我矣。王京山路，田仅一二尺，平地泥淖，车马不得驰骤，是地利不在我矣。千里追奔，累战力疲，疫气流行，马死千匹，粮草运艰，且乏盐菜，各军志意，似不如前，是人事不在我矣。且王京倭奴，八道并集，其势甚盛，城内列六营为窝窠，城外列八营为犄角，此中必有知兵者主之，未可轻敌也。

情况如此，如不增兵益饷，以当前所有五万余名的远征军兵力，势难再深入王京，发动另一次有力的新攻势。所以宋应昌于此时上一奏疏，请求再调兵马增援，并增发赏功银两激励将士，以便大张军威，再伸挞伐。然而此事在负责兵马与粮饷的兵户二部言之，亦复谈何容易。当宋应昌奉敕出任经略之初，兵部覆准调用的东征兵马，原共是水陆军共七万余名。但直至平壤大捷以后，前后各次过鸭绿江入朝鲜的东征兵马，总共不过五万余名。未到各军，或因故停调，或奉调而藉口本镇防务紧急不能应调。止刘綎的川兵五千及陈璘的水军五百尚可督催速赴，其余悉成泡影。以全国现有兵员数目计之，除非大举召募新兵，兵部实无法再抽调兵马增援补充。而依明朝的制度，有额兵始有额饷。兵部抽调各镇兵马入朝鲜征倭，原有粮饷悉在原隶属单位支销，出征仅支行粮及盐菜衣鞋等费。若另募新兵，则所费倍蓰，户部亦无法支应此项预算外之巨额支出。处在这种情势之下，自明朝政府当局以至宋应昌，大概都会有穷于应付而求所以变通肆应之想。和议之起，亦正是此一情况下的自然产物。

在另一方面，由于日军所处的地位亦复极为恶劣，亦希望得一善策以打开目前的困境，而和议之议亦正是他们所愿意接受的解决方法，因此双方一拍即合。《明史·朝鲜传》叙此，云："如松既胜，轻骑趋碧蹄馆，败退，驻开城……气缩。而应昌急图成功，倭亦乏食有归志，因而封贡之议起。"这一段文字，叙平壤战后双方由战场而走向和谈的情形，大致不错。不过，宋应昌之所以欲藉和议罢兵，其目的乃在收拾局面，以为他自己卸肩之地，初并非欲借此自成其功。这一点，《明史·朝鲜传》所说，似乎稍有错误。

## 军粮不继无法久驻

朝鲜《宣祖实录》载有万历二十一年二月李如松自开城退师时，朝鲜的宰执大臣启禀国王的奏辞说："恢复之势十成八九，而但粮储不继，军马死伤，大军退驻，颇有旋师之意。"所谓"旋师"，当是退兵回辽东的意思。至同年五月，李如松再度由汉城前线还军，《宣祖实录》中记有国王李昖所说的话道："今之提督退兵，亦因乏粮，与开城府退兵一般，其为不幸极矣。"李如松因军粮不继而无法久驻前线，宋应昌则屡催李如松进战，彼此间自难免发生意见冲突。后来宋应昌亦了解李如松之锐气难振，并非仅只碧蹄馆之败的一项原因使然。而宋应昌自己，对李如松所面临的各种困难情形亦无善策可处。于是他亦深感此后的局势实在难以解决。朝鲜《宣庙中兴志》记此云：

> 李如松有撤兵之意，而沈吟不决。幕下士郑文彬赵汝梅，亦劝讲和罢兵。适平秀家投书于倡义军中乞和，柳成龙得其书，献于督府，如松遂与宋应昌决意讲和，应昌遣谢用梓扮作天使，同沈惟敬入倭营议和。……沈惟敬入京城，乃见平行长密言曰："天朝以尔等过期不退，发兵攻破平壤。而尔等又留京不去，天朝更发大兵从西海来，出忠清道，断汝归路，此时虽欲去不可得也。我自平壤与汝情熟，不忍不言耳。尔等若还王子陪臣（王子，指朝鲜国王之二子李珒、李珏；陪臣，指随侍二王子之大臣黄廷彧、黄赫等，此时皆为日军所掳），领兵南退，则天朝当许封贡，而两国无战争矣。"平行长甚惧，乃谋撤兵。而犹欲拘留王子，要封贡停当，然后乃退。平秀家以为不可，许还王子陪臣，撤其兵三十七营，大屠都民，挟沈惟敬谢用梓等渡江南下。

平秀家其人，据日本史籍的记载，其原名乃是"宇喜多秀家"，其职务是丰臣秀吉所委派的征韩大将军，位在先锋将平行长之上。按，朝鲜史籍记日本将领，多冠以"平"姓，如称"宇喜多秀家"为"平秀家"，称"小西行长"为"平行长"，称"加藤清正"为"平清正"等，均是。大约因丰臣秀吉本名"平秀吉"，侵韩诸将既均为秀吉属下，遂均冠以秀吉之姓，而不知此诸人本不姓"平"也。

平秀家乞和，据朝鲜所记其乞和之动机，一方面是由于日军屡遭败绩，而朝鲜各地的倡义军又屡截其后，孤军深入，犯兵家之大忌；二方面乃是希望以乞和之说延缓明军之进攻，欲留待援兵，再图后举。此二点均为当时的实际情形，至于直接促成日军之求和撤兵的原因，则尚有以下二点。其一是由于宋应昌潜派敢死队以火箭烧毁了日军在龙山仓所积储的数十万石粮食，使日军因军粮缺乏而不敢作久留之想。其二，则是因是年春暖以后汉城一带时疫流行，日军死亡者三万余人，损失惨重，战力大减，深恐明军真的添兵来攻，势将无法守御。有这许多因素，所以日军在心理上实较明军更有盼和之心，冀为脱身之计。沈惟敬既于此时再来汉城，自不难得到良好的谈判结果。万历二十一年四月十九日，日军果然履行他们与沈惟敬的谈判约定，全军退出汉城，二十天之后到达釜山，更履行送还王子陪臣的条件。自此以后，日军便集结于釜山沿海一带，构筑工事，固守不去，以便与明军继续谈判未完的和议。

## 和议初成承诺又毁

自万历二十一年五月日军退屯釜山之后，中日两国间的和议，又谈判了一年半之久，至万历二十二年十二月底始得到初步的协议。此时所达成的协议内容，是明朝政府允许封丰臣秀吉为日本国王，日本方面则允许撤退他的侵韩大军，直至不留一人为止，并允许此后决不再侵犯朝鲜，与朝鲜同为中国的属国。协议达成后，明朝政府派出了临淮侯李言恭之长子李宗城为正使，五军营副将署都督佥事杨方亨为副使，由朝鲜渡海往日本册封。但中国的册封礼甫于万历二十四年九月举行完毕，丰臣秀吉即悍然不顾他对明朝中国所作的承诺，声言要再发大兵征韩。于是乃再有此后两年的朝鲜大战。

徐光启《海防迂议》论和议破裂的原因，说是由于明朝政府但许封丰臣秀吉为王而不许日本通贡通市，所以和议终于不能成功。他说，日本之所以愿意自汉城撤兵，完全是由于中国答应封贡之故。“为市故欲贡，为贡故欲封。”“当是时，假令惟敬识大体，传其信辞，以听朝议，即不成可勿败。乃其入倭营也，无所不许之。入告则曰：‘一封可了也’。不知倭非一封可了，特一市可了耳。么麽辈刁诈谖，语多矫欺文致，其以本意告人，则曰：‘奉承日本，支吾中国’。持此两语，欲竟东征全局，度可得否！而东泉大臣，入其彀中，谩言封事必成，倭已退，辄信之，闻直言即怒，何也?”照徐光启的说法，日本求贡而中国仅许一封，和议本难成功。而负责往来双方从中讲和的沈惟敬并不将双方的信辞传达清楚，对日本则竭力奉承，无所不许，对中国则说“只一封可了”，于是乃有后来的决裂。此说虽言之成理，其实亦不免稍有错误。因为由当时的情形看来，在和议初开始时，自宋应昌至兵部尚书石星，都知沈惟敬曾许日本以封贡。所以，沈惟敬欺骗石星之说，至少在初时并不如此。石星，字拱辰，自万历十九年起出任兵部尚书。日本侵韩事起，自派兵援韩以至册封丰臣秀吉为王，皆石星所一力主张。徐光启《海防迂议》中所说到的“东泉”，即是他。因“东泉”二字，即石星之号也。

## 许日封贡朝议反对

沈惟敬与平行长讲和时曾许日本以封贡，前引朝鲜《宣庙中兴志》已说宋应昌曾与闻其事。由后面所引的顾养谦奏疏，亦可证明其事甚确。《明神宗实录》卷二七一记云：“总督顾养谦言东征始末，谓今日所难，不独在倭情，而在朝议。当倭之败平壤，沈惟敬先以封贡之说与倭媾，倭不为备。我兵出不意拔之，因媾以收其功，乘胜以坚其媾。然经略提督虽用惟敬以成尚书之志，皆二臣功也。乃诸臣所以罪二臣者，则南北将领分为二心，彼此媒孽，是以功罪淆耳。……至于平壤未破之先，业并许封贡，应昌见之既真，乃隐约变迁，是以启诸臣之疑，而滋议论也。”此疏说到宋应昌在沈惟敬初往平壤与平行长谈和时，即已知有封贡之说，及后乃隐约其辞，可谓深得宋应昌之隐情。宋应昌何以先知沈惟敬曾许日本封贡而到后来又隐约其辞，不肯从实直说？由《明神宗实录》中见之，则其原因乃由于朝议之反对。

《明神宗实录》卷二六四，万历二十一年八月辛酉，兵科都给事中张辅之劾经略宋应昌以乞贡为尝试，曰：

> 昨接经略宋应昌两揭两书，总为倭事。揭陈功伐，其词详，中间叙述始末料理，若无意于许贡也者。书吐真情，其词简，末言：不用前法，安能奏功，又若决意于许贡也者。乃知公揭所以示众，私书聊以尝臣，托言于请封，实讳言于许贡。

为日本代求请贡，为何在讳言之外，更须以尝试之法试探朝中之反应？这当然是由于朝中人士一直反对日本通贡的缘故了。反对日本通贡，此时有两种理由。其一是由于日本无故侵犯朝鲜，虽中国谕令退兵而仍据守不去，又复挟兵求贡，中国若轻易许贡，即与城下之盟无异。所以，由政治立场而言，日本的通贡要求，决不可许。其二是由于通贡以后可能增加明朝政府的财政支出。此可以万历二十一年七月初九日浙江巡按彭应参的奏疏为证。彭疏云：“天下财赋，岁入不过四百万。北虏款贡，浸淫至今，岁费三百六十万。罄天下之财，仅足以当虏贡。所幸东南无事耳。倘倭贡之套再成，则自淮扬苏松两浙闽广间，在在皆可开市，皆当备御，而喜功黩货之人又复簸弄其间，则东南市费，当亦不减西北。此其害之在国家者。”

此疏中所指之“北虏”，乃是当时的北方蒙古部落。按，中国北方的蒙古部落，自明穆宗隆庆年间由于高拱张居正等人的策划，与中国成立和解以来，彼此和平相处，蒙古自此不犯边，中国则岁费巨款以结其好，名之为“市赏”。据彭应参疏，对北虏的市赏至于岁费银三百六十余万两，可谓不赀。中国因与北虏通贡而至于每年耗费三百六十余万两的巨额市赏银两，已经大为国家之累；如果日本通贡以后岁费亦将如此，则中国将何以堪？见于《明神宗实录》中的这种论调，为数颇多，所以彭应参的奏疏颇具有代表性。由这种看法更深一层的，又可以兵科都给事中张辅之于万历二十一年九月所上一疏为例。

张疏说：“倭之乞贡，志在窥内，果徒抱尺一之纸，处穷海之外耶?”他以为：“不封不贡，则倭必螫毒于朝鲜，而祸在今日；许封许贡，则倭且垂涎于中国，而贻祸将来。”由前面所举的政治及经济两种立场言，贡市已不可轻许；由张辅之的论点言，则日本的封贡更是根本不可许。这些反对派的人士结合成一股巨大的力量，率直指斥石星与沈惟敬的和议主张直是希图苟完东征之局。宋应昌置身在这种是非场中，虽然他在朝鲜前线与日本接洽和议时本有许贡之说，此时亦势必因舆论之一致反对而不肯自认其事。顾养谦指宋应昌曾许日本封贡而在后来隐约其辞，其实情正是如此。所以，要说沈惟敬许日本封贡完全只是他个人的一种欺骗行为，由前述情形可知，在和谈的最初阶段并不如此。至少，宋应昌亦是赞同其事的。

《明神宗实录》卷二七二，万历二十二年四月初六日记事云：“总督顾养谦奏称：许封不许贡之说，发之自内；惟敬之入倭营，始终无此说也。”又同书卷二七三，万历二十二年五月初七日辽东巡抚韩取善奏：“倭在王京，彼实有求于我；倭据釜山，我则有冀于彼。前宋应昌许于倭，揭于按臣，俱曰封贡；及言于朝，请于皇上，惟曰封。其辩明心迹一疏亦曰：‘表文一至，即与之封。’则贡之一字，督臣生之乎？经略生之乎？”这两条史文，都明明指出，当沈惟敬前往汉城与日将平行长议和时，都是以许予封贡为条件的。当时日军在平壤开城二次遭受挫败，深知已不能藉武力达到侵占朝鲜之目的，明朝既然许封许贡，多少尚有贡市的利益可想，所以才愿意接受明朝政府的约束，退还汉城以南的广大占领地区，及交出王子陪臣，以与明军言和。但沈惟敬当时虽曾许封许贡，毕竟不过只是口头上的空言，宋应昌除了派出两个职位甚低的官员作为人质之外，并未给予更有力的事实保证，何以日本将领对于沈惟敬的空言许诺便如此心悦诚服地甘愿完全接受，一口气从汉城直撤到釜山沿海，几乎全没有半点迟疑犹豫呢？宋应昌自认是他欺敌手段之成功，其实不然。

于此，我们似应将嘉靖年间胡宗宪在江南主持剿倭时招抚大支倭寇头目王直的往事提出一谈，以为万历年间中日朝鲜战争期间双方进行和谈时日本方面所持态度的参考。在后文所引的资料中，“壬子”即嘉靖三十一年，“肃皇帝”即明世宗，“分宜”即当时的宰相严嵩，“梅林”即胡宗宪。至于张经，则是在胡宗宪以前担任浙直总督的；阮鹗是继胡宗宪担任浙江巡抚的；赵文华则是严嵩的心腹，由皇帝派来前方阅视战争情况的钦差。徐光启《海防迂议》：“壬子之后，当事诸公，大略分为两议。张半洲经、阮函峰鹗、俞总兵大猷、始终主于战剿者也；胡梅林宗宪、赵甬江文华、唐荆川顺之、卢总兵镗、主于招抚者也。招抚之议，实自镗始。其人老将，熟知海上情形。且王直向居海岛，未尝亲身入犯，招之使来，量予一职，使之尽除海寇以自效，倭则公与之市，若有小小寇钞，还复绝之，未尝非靖海之一策，亦实胡、赵之本计也。于时分宜能为之主持，特不能条列事理，分明入告。故肃皇帝怒其（指王直）入犯，必欲诛之。势不获已，于是戮杀其余党，而所招来通市倭僧德阳辈，则阴纵遣之。窃谓此时，战可也，抚亦可也。既抚而后杀之，则梅林不能得之于上，事之无可奈何者也。曷为隐讳其事，使其门下士作为文章，盛称招直而杀之者，胡之始谋，展转文饰，目为奇计，刻书盛行。天下后世，遂从而信之，遂从而奇之，遂从而效之。信之犹可也，不战之名怯，诱之名诈，杀降之名不武，又曷而奇之，而效之乎？”

## 诱降王直离间海寇

从徐光启所说，胡宗宪之诱降王直，本欲借此离间海寇，歼除余党，其奈明世宗必欲杀王直，胡宗宪为了自明心迹，表示他当初并无招抚王直之意，于是乃造作伪书，以为其当初之本意即在以招抚为饵，执王直而杀之，并自认为奇计。由于此一伪书之传布，后人遂奉为圭臬，且于深信不疑之外，复从而效之。此“后人”为谁？由明代万历年间中日朝鲜战争的往事见之，其一为沈惟敬，另一则为宋应昌。沈惟敬以欺骗方式从事和谈，徐光启《海防迂议》中已及之。至于宋应昌之效法胡宗宪，亦欲借欺骗方法愚弄日人。在宋应昌所上的自辩疏中就有明白的证据。

万历二十一年九月十一日，宋应昌上疏自辩未尝许日本以贡，中云：“先是，沈惟敬七月内奉本兵尚书石星令，至倭营探听，十月中回自倭营，见本兵具题，发臣标下听用。惟敬至山海关见臣，备言倭酋行长欲乞通贡，约六十日不攻朝鲜，以待回音，今已及期，愿请金行间，使行长收兵。臣默思军前诸务未集，乘此足缓倭西向，复有本兵亲笔手书，嘱臣给发惟敬银一千两，臣遂照数行中军官给惟敬前去。臣即兼程至辽阳，星夜并督进军之事。而提督李如松于十二月初旬亦至，遂奖率三军，择吉戒行。适惟敬自倭中归，执称行长愿退出平壤，以大同江为界。臣姑听之，拘惟敬提督标下，不许复入倭营，令随提督同至平壤。如松默听臣言，止许惟敬差家丁往见行长，约一二日内退出平壤。时行长尚在踌躇，家丁未及回话，而我兵已薄平壤，出其不意。是以平壤遂捷，开城遂复。此始事讲贡，计破平壤之说也。”宋应昌自认平壤之捷得于“用计”，可知当援韩明军入韩之初，宋应昌固曾以诈术欺敌。平壤守将平行长不知此时沈惟敬之讲和已为宋应昌所利用，未曾及时添兵备御，以致明军猝出不意，一举而攻拔之。平行长初次与沈惟敬谈和，便吃了这一大亏，自然足以使他深具戒心。而宋应昌之有意效法胡宗宪，直欲以诈骗之法出奇制胜，此即是证据之一。

宋应昌在同一奏疏中继说：“继而倭奴并集王京，据报实有二十余万，我兵不满四万，转战之后，士马疲劳，强弱众寡既不相当，雨露泥泞，稻畦水深，天时地利又不在我。是以暂为休息，惟广布军声，多行间谍。发免死帖数万，招出王京胁从之人，以散叛党，修筑开城城垣，以示久住、令死士夜持明火飞箭射烧龙山仓粮，以空积储。又时时添兵进饷于开城，以示不久必攻王京之意。于是王京倭奴既畏我已试之威，又不识我多方之误，复致书于惟敬，仍欲乞贡退归。臣复思就其请贡行成之机，可施调虎离山之术。是以佯许行长之成，责令惟敬专主其事以释其疑，发谕帖开晓利害以示其诚，遣二使给旗牌监督其归以示其信，分布将领不许偷杀零倭以示其仁，责以速还王子陪巨，途间不许生事，以结其义，亟为题请颁发明旨晓谕，以固其心。由是倭方信臣为真，于四月十九日遁出王京，不二旬而尽至釜山，王京迤南千有余里故土尽复。向使臣拒行长之求，惟持攻取之胜，倘倭奴知无归计，并力致斗，臣恐东征无罢兵之日矣。此再事讲贡，计出王京之说也。”这一段文字的主要目的，虽只在辩明此时的讲贡之说，其用意只在借此诱使日军退出王京及迤南千有余里的朝鲜领土，归还被掳的王子陪臣，并无真有准许日本通贡之意。此说之诚伪与否，目前暂可不论。但朝鲜实录中载有宋应昌于此年五月一日致朝鲜国王一咨，嘱国王李昖速速调发水陆军兵，与在后尾送之明军互相配合，随处拦袭正在退却中之日军，务使其战既不能，屯又不可，俟其粮尽不支，狼狈乱窜，“然后大军相机剿杀，务使其无一生还”云云。

## 平抑议论无意作战

照此看来，宋应昌一方面虽借谈和的方法诱使日军退兵，一方面似乎又未曾打算笃守诺言，以期和议之可底于成。而在朝鲜国王的眼中看来，宋应昌最初则不顾朝鲜之反对，一力与日军谈和；俟日军已撤出汉城，又不准朝鲜军乘机剿杀；至是明知朝鲜军并无准备，且日军又将次抵达釜山，忽又通知朝鲜国王速速调发水陆军兵夹击日军，其目的显然只在平抑国内主战派的反对议论，并无真正的作战意图。由这些地方看来，宋应昌在诱使日军撤出汉城，希望借不战而收胜捷之功以后，只因国内反对议和的力量甚强，便顿改成议，欲以许封不许贡之说诿卸责任；更因国内主战派及朝鲜方面均不满意宋应昌之“纵虎归山”，又欲借追击之说聊为搪塞之计。如此惯以闪烁不定的态度变诈百出，迄无定说，岂非就是在效法胡宗宪的诈骗之术么?

宋应昌惯以诈术愚人，一售于平壤之出奇制胜，再售于王京汉城之唾手而得，在他自己看来，当然是最成功的奇谋秘计了。而揆之事实，正不尽然。万历二十一年九月，兵科都给事中张辅之论宋应昌以许贡退敌之法为不当，就曾说过：“夫脱屣内地，株守海滨，不可谓非倭奴之愚也；借今日之空言，责他日之实利，不可尽谓倭奴之愚也。我以贡愚倭，倭亦以贡愚我。”当宋应昌以许贡之说诱使日军撤出王京汉城，及送还王子陪臣时，日本在表面上迅即接受宋应昌的空言许贡，由汉城一直退到釜山，揆之事实，并非日本人之易于受愚，实际上正有他们自己的战略打算。首先从当时日军所处的环境来说，由于疾疫流行及粮储被焚，日军继续据守王京，不但守御能力极为薄弱，而且军粮不敷，难免覆败之虞。如撤往釜山，以深沟高垒为固守之计，一则防区缩小，兵力集中，防御可保万全；二则补给线缩短，由日本越海运粮接济，可以无须再经由陆路长程运输，万万不致发生粮道被截断的危险。若从以后的情势发展作推测，明朝虽在表面上许封许贡，而鉴于沈惟敬及宋应昌之一再言而无信，和议究竟能否成功，正不可必。日军如果撤出王京，据守釜山，不论和议的结局如何，在韩日军必可先立于不败之地。以此静待和议之进行，观衅而动，斯为最上之策。如果和议终于不能成功，朝鲜战争势必旷日持久。由日本方面看来，以中国内地与朝鲜战场的距离如此之远，“千里馈粮。师不宿饱”，已不免犯兵家之大忌；而且兵法上亦说过，“大军十万，日费千金”，明朝政府调发大军远道来援，单是这长期战争中所支出的巨大军费消耗，或许就会使明朝政府知难而退。只要明朝政府不能继续维持在朝鲜驻屯的援韩大军，则朝鲜全境，还不是日本的囊中之物吗？明军何时撤出朝鲜，日本即不难何时席卷朝鲜而有之。所以，日军之退屯釜山，无论就当时及以后的情势而言，都是极高明的战略。

因此，日军在退屯釜山之后，就利用釜山沿海的险阻地形，构筑甚多碉堡式的坚强工事，以为长期据守之计。宋应昌自以为对日军只要略施骗术，就不难使他们“脱屣内地，株守海滨”，如果明神宗许封许贡，更可借此自建不世之功。殊不知宋应昌此举，正是“太阿倒持”，以柄授人，在战略与政略上都是极大的败笔，只是他苦于不自知而已。

## 蒙上欺下于理不通

沈惟敬于万历二十一年往来中日两国之间，从事讲和之说，宋应昌既已与闻其事，若要说当时的兵部尚书石星并不知悉内情，只是沈惟敬一个人在那里蒙上欺下，事实上是说不通的。《明史稿·石星传》就说，宋应昌“与星定封贡议，令惟敬阴许行长”。万历二十二年三月，工科给事中张涛论此，亦说，封贡出于“石星之指授应昌”。所以当时的辽东巡抚韩取善及蓟辽总督兼经略顾养谦，都主张“许则封贡并许，绝则封贡并绝”。照他们的意见，惟有封贡并许，日本方能如约退兵，则我兵可撤，朝鲜可保；倘只许封而不许贡，则日本必不肯退兵，何如并封亦不之许，“弃置朝鲜，自鸭绿以西为守”，以免卷入朝鲜战争的纠纷。倘既不许日本通贡，又欲保守朝鲜，必非现有的少数兵力及有限财力所能支持。这大概不是韩顾二人的个人主张，因为顾养谦的疏中就曾说到：“辅臣王锡爵遗书于臣，欲臣尽言，彼且力为担当。石星亦誓以死报国矣。”可知自前方的战地指挥官以至主管中枢大计的兵部尚书及内阁首辅，皆以为非封贡并许，必难达成朝鲜半岛的真正和平。所以，要说这一阶段内的中日和议，身为兵部尚书主持和战大计的石星全不知有许贡之事，当然是不正确的。

王锡爵、石星、顾养谦、韩取善、沈惟敬，以至宋应昌等人，都主张封贡并许，他们的看法当然不错。但因当时的朝议纷纭，都反对日本的通贡要求。何况准日本通贡的话，贡道当出浙江宁波，“浙人素苦倭”，浙籍的内阁大学士沈一贯又竭力反对此事，所以连明神宗也无法判定孰是孰非。经过长时间的争论，明朝政府最后作成了斩钉截铁的决定：许封不许贡，倘封外别有要求，即时拒绝。此项决定，并经明朝政府责成沈惟敬传达至日本方面的和谈代表平行长。以后的和谈进行，就变得非常微妙了。

日本侵略朝鲜，最初的目的当然是想并吞朝鲜，然后进一步窥伺中国。当时，日本的丰臣秀吉甫以兵力削平国内群雄，统一全国，自以为兵威之盛，举世无匹，遂欲移兵西向，争雄于亚洲大陆。但平壤之败使他的梦想破灭了。由平壤之败，使日本的侵韩军体认到明朝中国的火器威力远胜于日本，而且其骑兵的战力强韧，更远不是日本所能望其项背。朝鲜有明朝中国为其后盾，日本当然已无法达到占夺朝鲜之目的，由此而希冀问鼎中国，更是不可企望之事。

在这种情形之下，他们要求通贡通市，以求恢复明世宗嘉靖年间即已中断的两国贸易关系，以为不得已而求其次的打算，原亦在情理之中。但明朝政府只准封而不准贡，使得日本的通商目的亦无法达到。照说，日本如此出动了举国之兵来侵朝鲜，最后连通商的目的亦无法达到，日本如何能甘心情愿地从朝鲜退兵，以接受此一屈辱的和平条件呢？天下事之往往不能使人想象，此亦为其中之一。万历二十二年十二月，日本议和使臣小西飞弹守藤原如安至北京，明神宗命司礼太监张诚召集六部九卿及翰詹科道各官，在午门左阙面审倭情，小西飞弹守藤原如安明白声言，说："初时封贡并求，然天朝不许，故只求封。""初虽封贡并请，今得封亦去。"以上的答词，前者见于日人所撰的《日明媾和破裂之颠末》一文。后者见于《明神宗实录》。中日双方的史籍记载并同，可知当时日本使臣在明廷所承诺的和议条件，确是只限于一"封"，而不及于"贡"了。日本何以愿意接受明朝"许封不许贡"的条件以达成朝鲜的和议？这一点，大概即是沈惟敬所玩的把戏。

当沈惟敬陪同日本使臣小西飞弹守藤原如安入北京面议和议时，为了保证日本使臣的生命安全，中国方面，也派了一个都司职衔的武官谭宗仁，留在日军营中作为人质。以性质而言，此人殆即是沈惟敬的私人代表。朝鲜《宣祖实录》卷六十，记有谭宗仁留于倭营时对日本将领平行长所说的话道："准封，则不必要贡，当慢慢请之，未为不可。既封之后，你国当遣使奉土宜致谢，因此而恭谨请之，则天朝无不准之理，何必忙忙一时要之乎？"谭宗仁说，明朝此时不许日本通贡，倘于既封之后乘奏谢之便再请，必无不准之理，显然只是他自己"想当然耳"的说法。因为明朝政府的廷议决定，本来就有"许封不许贡"，及"倘封外别有请求，即时停罢"之说，其态度极为明白，中间何尝留有融通转圜之余地？谭宗仁以这种"想当然耳"的说法搪塞平行长，其作用大概即与沈惟敬一样，不过是希望藉此"苟成和议"，以了结东征之局而已。徐光启《海防迂议》说，沈惟敬入倭营则"无所不许之"，入告则曰"一封可了"。由当时的实际情形看来，日本使臣小西飞弹守藤原如安既曾亲在明廷承诺，"初时封贡并求，然天朝不许，故只求封"，则明朝政府之不肯许贡，日本方面知之已谂，决非沈惟敬之空言欺骗可能使日本信服者。然而日本方面之终愿接受此一条件，则当是由于沈惟敬曾以类似此种的说法，说服了日本方面寄通贡的希望于许封之后。然日本方面的和谈代表平行长虽然接受沈惟敬的此一诡辞辩说，在实际行动上则并未完全履行小西飞弹守藤原如安在明廷所承诺的条件。

## 日军不撤册使不进

根据《明神宗实录》的记载，藤原如安当时所承诺的条件，其主要前提基于日本之允诺撤兵——准封之后，日军尽数撤出朝鲜，一卒不留。小西飞弹守藤原如安之到达北京，是万历二十二年十二月七日的事。是月二十三日，译审倭使。至三十日，明神宗便降旨钦派李宗城、杨方亨为正副册使，并准封丰臣秀吉为日本国王。依照藤原如安在明廷承诺的条件，自明神宗降旨准封之后，日军即应自釜山撤退。而明朝政府的条件，亦规定日军如不撤离釜山，册使即不进入朝鲜。但明朝的册使虽于万历二十二年年底即已派出，在韩的日军却并未依约撤退。明朝政府一再派员督饬日本撤兵，日本始终以推拖的办法为延宕之计。初则说，册使如由辽阳入朝鲜王京，日本定必撤兵。俟册使至汉城，日本方面又说，最好请册使入驻相近釜山之地，以便催请关白丰臣秀吉太閤殿下早日下令撤兵。俟册使进驻密阳、居昌，则日军又欲邀册使入居釜山倭营；以为册使如入倭营，日军决不敢不撤。但在册使入居倭营之后，日军虽曾有分批撤退之事，但却是撤而未尽，釜山沿海始终留有残余倭营，不肯尽撤。当时日本方面的借口，则又说是为了维持往来日本的海上交通及保护册使的安全，这一部分的日军，须待册使自日本回来之后始能尽数撤退。由于封事之久延无成，中日间的战争状态始终不能结束，兵部尚书石星一再督促册使速完封事，日本方面又屡催册使早日渡海往封。到了万历二十四年六月十五日册使渡海前往日本时，釜山方面的日军毕竟还有许多未撤。明朝政府当时既有“先撤兵，后册封”的规定，何以日本方面始终阳奉阴违，而明朝政府到后来反倒不能坚持成议呢？这一点，可引朝鲜实录中的一段文字来作为解释。

朝鲜《宣祖实录》卷六十页十九，记有日本侵韩军中一位重要参谋人物玄苏的话说：“我等欲早归对马岛等候天使，而但从前吃哄甚多，故必欲在此等候天使到来，则当为过海。”这一段话，说明了宋应昌沈惟敬从前屡以封贡之说诱哄日人的往事，此时正好被日本执为不肯先行撤兵的借口；而自石星以至沈惟敬，亦复因此而自感内惭，竟无法坚持“先撤兵，后册封”的成约。张辅之所说，“我以贡愚倭，倭亦以贡愚我”的话，此时竟不幸而言中。由此看来，日本在退出王京汉城之初，或者即以存心吃亏的办法预占地步，以便必要时可以此作为要挟的借口。即使和议不成，只要日军在朝鲜尚保有最后仅存的根据地，仍不难由此源源调运大军，再在朝鲜进行大战。日本的这种“安全保证”办法，在后来证明其完全有效。

万历二十四年明使册封事竣，日本的丰臣秀吉借口朝鲜的态度不友善，不肯接受和议约束，要再度出兵“惩罚”朝鲜。到了第二年，日本大军再度登陆釜山，发动了第二阶段的侵韩之战。情势发展到了此一地步，证明了日军占据釜山不退的谈判原则完全正确——由于日本之据有釜山，他们始终保持进退自如的便利，欲和则和，欲战则战。反观明朝政府，只因当年屡以哄诱之法丧失信用，反被日本利用此点作为不肯退兵的借口，主动之权尽失，以致威信扫地，贻笑外国。追源祸始，明朝政府举棋不定的态度固然有以致之，宋应昌的轻诺无信，尤为导致此一情势的主因。然则宋应昌所自认为奇谋秘策的欺敌之计，岂不正是病国殃民的祸本么？

## 七年战事四年谈和

明代的中日朝鲜之战，始于万历二十年五月之日本侵韩，迄于万历二十六年十一月之日军全部退出朝鲜，首尾历时凡七年有余。在这长达七年有余的长期战争中，用以谈判和平的时间，亦有四年以上。即万历二十一年四月日军因和谈初有成议而退出王京汉城，撤至釜山沿海一带，自此时开始，双方往复磋商和平条件，中间一度濒于破裂，至二十二年底而正式得有准封不准贡的定议，明朝政府且正式派出册封使臣，以待日军撤出朝鲜后，如约前往日本，封丰臣秀吉为日本国王。自二十三年至二十四年六月，双方又因撤兵问题费了很大的周折，最后总算是明朝政府在这一问题上作了很大的让步，不坚持日军尽数撤出朝鲜，即往日本行册封礼。二十四年六月十五日，册使由釜山渡海往日本。九月间册封竣事，册使于十一月返朝鲜，二十五年正月回至北京复命。然封事虽已告竣，日本却无罢兵之意。由册使带回北京的“倭情”消息，甚为恶劣。于是明朝政府再度备战，而日本大军亦即于此年正月再由日本渡海至朝鲜，与明军开始了第二阶段的战争。如果将中间的谈和时间除去不计，则明代的中日朝鲜之战，约可分为两个阶段。前一阶段起于明朝援韩大军入韩及紧接发生的平壤之战，迄于万历二十一年四月十九日日军退出王京汉城，前后历时三月有半。后一阶段起于万历二十五年三月之明军再度援韩，迄于万历二十六年十一月日军之全部撤出朝鲜，历时凡一年九个月左右。前一阶段内的重要战役，只平壤之战具有决定性的影响力量。后一阶段内之重要战役，则以南海之战最具有决定性的影响力量。平壤战役的大致情况，已见前述；关于南海之战的经过始末，后文将再详述。在此需要附带一提的，是中日朝鲜之战中的当事者之一朝鲜，在此一长期战争中所处的情况。

## 苦战之后腐败如故

明代的中日朝鲜之战，虽说主要的作战双方是中国与日本；但因此一战争的发生原因，系起因于日本之侵略朝鲜，其主要战役始终在朝鲜境内进行，中国之所以卷入此一战争，完全是因朝鲜无法自救，中国不得已而出兵前往援救之故。所以，就事论事，此一战争的主要作战双方，本应是日本与朝鲜，中国不过是朝鲜请来助战的客军，这才合乎实情。然而，七年对垒，两度作战，真正交手的双方却变成了中日两国，朝鲜反倒像是置身事外，于战争的成败宛若无关得失，看起来岂不令人觉得可怪之至！说来说去，无非是因为造成朝鲜积弱积贫的原因太多，虽经七年长期战争的惨痛教训，自大小官吏以至军民人等，并无人痛改前非，奋起改革。所以尽管强敌据守门庭不去，遭受重大破坏的国家与社会亟待复兴，而政治之腐败如故，官吏之贪黩如故，军队之无训练如故，下层贫苦民众之痛苦如故；即是纪律之荡败及人心之懈弛，亦皆依然如故。反映此种情形的文字记录，在朝鲜《宣祖实录》中随处可见。摘引数条于后，以略见其一斑。

《宣祖实录》卷三十六，万历二十一年三月戊寅条，记有实录纂修官论述朝鲜官吏不知急公任事的一段批评文字，说："兴师四方，转饷千里，关西数州，实难为力。皇恩覃被，军食远资，所当搬运登时，无致庚癸有号。而任事之官，不见奉国之诚。料理失宜，飞挽多滞，授受无凭，数目难详。都司之诘责虽严，朝家之命令莫伸。经年对贼，玩月偷安，当丧乱而尚然，在平日其可想。国家之有今日，有自来矣。"万历二十一年，已是日军侵韩之第二年。在万历二十年日军入侵时，朝鲜八道尽没。若非明军及时来救，朝鲜几将不国。经此巨变，凡是稍有责任感的政府官吏，理应奋发自强，亟谋保家卫国之道。然而当时在义州迤东负责搬运中国方面运来军粮的朝鲜官员，依然敷衍苟且，全不以国事为念，实在可怪。

迨汉城迤南的日军尽撤，经略宋应昌以"操练兵马、修筑险境、造作军器、聚积屯粮"四事责成朝鲜君臣，务要及时振起，以求自存之道。但其实际成效如何？由朝鲜《宣祖实录》见之，实在是很使人感到惊异的。如《宣祖实录》卷四十一，万历二十一年八月庚子，国王有谕云："今日贼势，有万可虞。备边司自前处事弛缓，经贼二年，未尝练一兵，修一械，只望天兵，惟俟贼退，无乃不可乎？"至是年十二月癸丑，国王问及各项军政急要事宜之办理情形如何？宰相柳成龙对曰："近来只恃天兵，专不为事。目今冬节向尽，臣只与备边司有司日夜忧闷而已。且抄军不辨勇怯，壮者多纳赂在家，调发则捉于场市而送。"

官吏怠于职守，不以练军造械为事，征调壮丁从军，徒然成为贪官污吏的发财机会，如此自强振奋，真是从何说起？而同日所上的谏院启奏，中间更说："国家艰危，一事诖误，则害及生民，患生不测。而百肄怠官，日以益甚。一应文书，专委胥吏之手，涂擦舞弄，任其操纵，贿赂刀磴，朘剥无艺。为官者尸于其职，安于偷惰。平日此习，识者寒心，况今多艰，岂容因循？"从这些文字记录可以知道，由日本侵略所引起的国家巨变，在朝鲜本国官民之间，并未因刺激而生奋发自强的反应。所以虽然在日军退屯釜山沿海之后，朝鲜境内因中日两国进行和谈之故而得有数年安民息境的时间，朝鲜依旧是一个"无兵之国"。其南方邻接日本占领区的广大土地，则田亩抛荒，渺无人烟，宛如赤地千里。甚多贫苦人民及因战争而失去管束的奴隶，反而甘愿投身在日本占领区内，为日军从事屯垦，以求免于朝鲜官吏之朘削及旧日主人的奴役。朝鲜自古以农立国，土地与人民，乃是古朝鲜的立国凭藉。有土无民，则兵员与粮食财赋胥无所出，国家到此地步，真可说是"荡败之极"。加之以官员之玩忽职守，胥吏之贪污舞弊，朝鲜的军国大计自然难有振起之望。但是，朝鲜的军事与国防虽然脆弱得只像一张薄纸，而自朝鲜国王以至高官显要，却又人人恨透了日本侵略者，大有不共戴天之慨。类此的文字，在朝鲜实录中不胜枚举。因此之故，朝鲜本身虽然无力与日本抗争，而对于中日双方间的和议，却又百计破坏阻挠，以期和议不成，中国可以兵力代朝鲜报仇雪恨。万历二十五年和议破裂，中日两国再度在朝鲜战场上以兵戎相见，朝鲜的态度，亦是造成此种结果的原因之一。

朝鲜《宣祖实录》卷七十三，载有万历二十四年三月兵部差官唐必胜所奉的兵部劄付一件，其内容系派遣唐必胜前来朝鲜，劝说朝鲜国王务要派出朝鲜使臣一员，同中国册使偕往日本，以为释怨修好之计。文中转引日将平行长致沈惟敬书云："十二月十八日，部将丰臣调信从日本来，传到太閤檄书，极言天朝无外大恩，将军多年辛苦，差事得成，称谢无任。又言：天朝约束之事，日本一一听从，但不知朝鲜肯差官员来与修好否？大意如此，已经面禀。因思行长相会将军朝鲜王京之时，送还王子陪臣之日，至于将军入营以来，未尝不频频言此。如天使前住王京，亦未尝不再三禀恳。今见太閤语意，则知日本上下人心，先后一致，非目下渡海局势而始及也。然所以必为是请而不已者何？盖缘日本仇深朝鲜，计欲乘此封名，恪遵约束，以期久远，不得不仗将军威令，以与讲和。在彼怀报复之心，不时构祸，在我防不虞之意，尤严备御。彼来我应，接刃之间，即系违背约束，斯时虽叩阍申诉，必无偕矣。禀请将军原此无已之请，鉴彼必至之势，更念日本倘别有藏奸，端不在兹陪臣进退之际，一番宣谕朝鲜，遣使证盟，一番禀报兵部，无复他疑。仍乞移咨朝鲜国王，务在得人，等因。"

此文中提到日本于最初谈和之时即欲要朝鲜于和议成功以后派遣使臣与日本修好，前此并未见沈惟敬提及，想是后来的增饰之辞。但其中说到日本之此一要求，于册使到达王京汉城以后即已提出。稽之朝鲜实录，则亦颇有记录可查。只是朝鲜方面的反应态度甚为坚决，不曰："岂有遣使之理"，即曰："决不可许"。故自万历二十三年六月至翌年之三月，日本就此事与朝鲜之非正式接触，迄未能达到目的。其后平行长虽挽请沈惟敬禀报兵部出面劝说，朝鲜国王仍坚执不许。此年五月初四日的朝鲜《宣祖实录》，记有副册使杨方亨与朝鲜接伴使（即今之连络官）黄慎就此事的一段谈话说：

> 副使曰：昨刘千总已有报来，国王不肯许云矣。这个差与不差，你意以为该与乎不该与乎？臣（即黄慎）答曰：小邦与此贼（指日本），非但争土地杀子女之仇而已，至于烧夷宗庙，破掘先王寝庙，小邦大小臣民，俱不忍与此贼共戴天，况与之通好耶？副使曰：你说的是，此固万世不可解之仇，谁不知之。但陪臣（指朝鲜使臣）不来，则封事不成，封事不成，则倭子必有再肆之患。掘墓之变，将复有之，仇终不可报，而且不免再辱，则如之何哉？臣曰：昨行长使人来说此一事，渠谓本国使臣入来，则关白可以解惑云矣。副天使曰：他说的极有理，你国该快差陪臣来也。

## 和议中韩立场不同

这一段谈话，颇可看出中国与朝鲜对和议的两种不同立场。在中国方面来说，朝鲜不能自振，中国又万无派兵代守之理，则除却与日本议和，使日军撤出朝鲜之一法外，别无保全朝鲜之策。在朝鲜方面来说，日本侵略朝鲜，杀人略地，城市夷为废墟，田园鞠为茂草，已是没齿难忘的深仇大恨；何况在焚烧劫掠以外，更破掘朝鲜历代国王的陵寝，抛掷尸骸，以盗取陪葬的金宝，这更是难共戴天的奇耻大辱。即使战至最后一人，流尽最后一滴血，亦决无与此大仇握手言和之理。即使中国愿与日本谈和，亦当由日本先派使臣来朝鲜悔过谢罪，岂有日本不派使前来谢罪，反由朝鲜先派使臣往日本通好之理？至于日本，他们对朝鲜的仇日态度当然知道得很清楚。他们之所以要坚持朝鲜派一使臣至日本证盟，其目的似乎并非在防范朝鲜之构怨报复（因朝鲜积弱，根本不可能有构怨报复之力量），而是另有其他企图也。《明神宗实录》载有万历二十四年二月兵科给事中徐成楚就此事所上一疏，说：

> 日本虑朝鲜报复，惟敬固要陪臣与之修好。夫朝鲜自残破之后，惊魂未定，岂诚足以仇关白者？何必修好？关白奸雄狡谲，凌驾六十六岛，其视朝鲜，盖仅仅橐中装耳，何忧于报复？况惟敬往，陪臣亦往，惟敬讲礼，陪臣讲睦，是敌国我也，非体也。抑或阴以朝鲜款，以陪臣质，而阳就一封，尤亵体之甚者也，如之何勿虑？

徐成楚此疏，直率指出朝鲜无力修怨，关白无忧报复，所以，沈惟敬之坚要朝鲜遣使同往，恐有阴谋存在其中，是即他所怀疑的“阴以朝鲜款，以陪臣质”。以当时情形而言，日本求贡市而中国只准一封，无论如何难餍日本之欲。即使说，沈惟敬亦尝以他的诡辩之术说服行长，相信贡市当于封王之后“慢慢请之”，故能勉就目前之一封。然而此毕竟只是镜中之花，水中之月，想象虽美，成否殊不可必。倘日本能在和议成立之同时，以威胁利诱之方式，使朝鲜释怨修好，派遣有地位有声望的亲王大臣之类人物来日本通好，则日本之请贡请市如不能得到明朝之准许，亦可以胁迫朝鲜为之代请的方式达此目的。因为无论就眼前的事实及将来的情势发展看，明朝政府不愿再因朝鲜问题与日本动兵，似乎已经是很明显的。日本只要不把事情弄得太僵，而以胁迫朝鲜代请的方式迫使朝鲜代为提出请求日本通贡的要求，明朝政府为了保全朝鲜，多半会曲从其请。这种想法，并非全无事实根据。远的不必说，即以朝鲜战争期间的前事而言，就曾有过类此的事例。

## 朝鲜仇日和议绝望

当万历二十一年明朝政府愿意与日本谈和时，经略宋应昌的奏疏，乃是以“倭奴悔过求封”为言，所以明神宗亦就宽大为怀，准予议封。不料到了这年的十一月，由于朝鲜倡义军之屡次袭杀零倭，日军大举报复，攻陷朝鲜之晋州，尽屠全城军民六万余人，朝鲜使臣至北京泣诉此事，明神宗大怒，降旨诘责兵部，并停止准封之议。于是，和议行将绝望。数月之后，由继宋应昌出任经略的蓟辽总督顾养谦多方设法，迫使朝鲜国王李昖为日本代请，至以“许封保国”为言。明神宗不得已，始准重提前议，许封丰臣秀吉为王。由这一段往事，可知明朝政府此时虽坚持许封不许贡之说，以后如加入了朝鲜的利害关系，必将有不同的考虑。

基于此一推想，所以日本开始重视与朝鲜“修好”的可能性，威胁利诱，用尽一切软硬兼施的方法，不达目的不止。最初，朝鲜的态度极为坚决，对此一切置之不理。相持至万历二十四年的六月，由于明朝的册使深恐朝鲜不派使臣则和议或将不成，一再代替日本说项，说服朝鲜可以将派去的使臣称为跟随册使同去的“跟随陪臣”，朝鲜国王始不得不勉从其请，即以原充“接伴使”的黄慎改称为跟随陪臣。但日本在得到朝鲜的此一让步之后仍不满足，仍一再要求中国使臣对朝鲜国王施以压力。朝鲜国王无法坚持原来的立场，又不得不将黄慎改称为“通信使”，另遣朴弘长为副。在朝鲜，此不过是因无法抗拒明朝册使的压力而无可奈何地聊作敷衍搪塞之计，因黄慎与朴弘长的品秩甚低，本不合于旧时的“通信使”标准也。在日本，当初的希望是朝鲜能屈服于日本得寸进尺的无餍要求，派出亲王或大臣级的人物出使日本，以为挟持迫胁之计。如今朝鲜的态度如此冷峻，所派出的黄、朴二人又毫无挟持迫胁的价值，于是，他们知道，经由朝鲜代请以达到通贡目的之希望亦无实现可能。于是，日本的态度变了，赓续数年的和议，亦在完成封典之后破裂了。

## 稗史记载荒诞不经

明清以来的中日两国稗史，叙万历二十五年中日和议破裂之情形，多荒诞不经之语。如明人诸葛元声所撰的《两朝平攘录》说：

> 九月初二日，倭将夜押丝辉元等，引册使入见。方亨在前，惟敬捧金印立阶下。良久，忽殿上黄幄开，一老叟曳杖，挟二青衣从内出，即关白也。侍卫呼吶，人皆悚栗。惟敬先匍伏，方亨只得随之。老叟大有责让语，侍臣行长曰："此天朝送礼人，宜优待之。"始出赴馆。次日，宴册使。惟敬方发言撤兵通好，关白即怒曰："天朝遣使封我，我姑忍之，朝鲜决不许和，天使亦不须久留，明日可上船，我当再调兵马，前往朝鲜厮杀。"初四日，方亨等即还沙浦郎。关白深怒朝鲜，欲兵其使，得僧解方止。又唤清正等商议动兵日期。惟敬与方亨商议，我等万里远来，不得一的信回去，有何面目？且敕书三事皆行长再三讲定，还浼行长，去申前约。关白怒骂沈惟敬，不曾图遂日本所求，但为朝鲜谋事，我不再见，迫请回去。行长以此言来告，二人闻之，心内怏怏。住沙浦郎数日，至初八日，方亨只得约黄慎等收拾同回。

又，日人赖襄所撰的《日本外史》叙此云：

> （庆长元年）八月，明韩使者共至界浦。二十九日，造伏见。秀吉使柳川调信责韩使者曰："吾收兵而汝国未献三道，今又不使王子来谢再造之恩，乃遣微使者辱我，我不许汝入见。"二使因行长谢，弗听。九月二日，使毛利氏列兵仗，延明使者入城，诸将帅皆坐。顷之，秀吉开幄而出，侍卫呼叱，二使慑伏，莫敢仰视。捧金印冕服，膝行而进，行长助之毕礼。三日，飨使者。既罢，秀吉戴冕，被绯衣，使德川公以下七人各被其章服，召僧承兑读册书。行长私嘱之曰："册文与惟敬所说或有龃龉者，子且讳之。"承兑不敢听，乃入读册于秀吉之傍。至曰："封尔为日本国王"。秀吉变色，立脱冕服抛之地，取册书扯裂之，骂曰："吾掌握日本，欲王则王，何待髯虏之封哉？且吾而为王，如天朝何?"乃召行长诮让曰："汝敢欺罔我，以为我邦之辱，吾将并汝与明使者皆诛杀之!"行长股栗，委罪于三奉行，出书牍数通为证。承兑亦解救之，事才得止。而秀吉怒未释，即夜命加藤清正等逐明韩使者，赐资粮遣归，使谓之曰："若亟去，告而君，我将再遣兵屠而国也。"遂下令西南四道，发兵十四万人，以明年二月悉会故行台。柳川调信私嘱黄慎曰："太閤意已决矣，速献三道，使王子来谢，不则贵国复被祸矣。"惟敬犹疑其虚喝，已而见沿道治兵状，则大惊奔去……

诸葛元声所撰的《两朝平攘录》一书，初刊于万历三十四年，故可推测原作者必是生存于万历二十余年中日战争发生之时，对于此一战役的前后情形颇多了解之人。明神宗万历二十一年及二十五年明师两度援韩，入韩明军在游击都司以上稍有名位的大小将领以及管事的文职官员，朝鲜《宣祖实录》中大都有记录可查，而其中并无诸葛元声其人。因此，可以想见《两朝平攘录》一书中有关朝鲜战役及东封史事的记述，作者诸葛元声或只是得于曾经参与东征战役者之口述，参以当时的邸报及官文书之类纂辑而成，并非原作者自己的亲身闻见。尤其是所记的封典经过，既与官方文书所记大异，其来源或者更只是道听途说之类。若以当时随同明朝册使前往日本的朝鲜使臣黄慎答复国王李昖的言辞证之，便可知道诸葛元声的记录是与事实相去甚远的。

## 不遣王子和议破裂

朝鲜《宣祖实录》卷八十三，万历二十四年十二月癸未日记事云：

> 申时，上御别殿，引见黄慎。上曰："尔以国事往来异域，多苦劳。"慎曰："奉使无状，不能传命，臣罪当万死。"上曰："此非奉使人之罪，勿为未安。且其处贼情何如？"慎曰："臣初到日本，事多归顺，行长、正成等来迎曰：'关白闻诏使及贵国使臣来，心独喜，敕令吾们即可郊迎以入，故吾等来耳。'及其传命之日，关白言曰：'日本欲通中国，而朝鲜不许借道。厥后沈游击讲好之时，朝鲜请兵败事。又其后天使入釜营，朝鲜不送一介使偕，入日本之日，始遣使来。当初王子，生杀苦乐都由我手，我以礼而还，彼不以礼而待我，我是以怒，不敢相见来使。'因命明日独接天使。翌日。两天使行封，关白立于庭上。五拜三扣头，敬受赐衣，其臣四十余人，皆受钦赐有差云。"

这一段话，有可注意之点二。第一，当朝鲜使臣随同明朝册使初入日本时，丰臣秀吉所表现的态度甚为高兴，其后乃忽以朝鲜破坏和事及不以礼相待为言，其主要意思乃在朝鲜之不肯遣王子来谢，拒绝韩使入见。以此与《两朝平攘录》及《日本外史》相比较，虽文字有大同小异，要当以此点为和议破裂之主要原因。第二，黄慎乃是亲身参与封事之人，黄慎既说，明朝的册使行封典时，丰臣秀吉曾“立于庭上，行五拜三扣头，敬受赐衣”，则《两朝平攘录》及《日本外史》二书所述折辱中国使臣情形，便非当时事实。况且丰臣秀吉当时既已敬谨接受中国的册封，则此后所谓因读册书而不满明朝之封王，以平行长之接受封王条件为日本之辱云云，亦可见都只是一些妆点之辞了。《日本外史》又说，丰臣秀吉因不满中国封他为日本国王，一怒而“立脱冕服抛之地，取册书扯裂之。”脱冕服抛掷于地，事无征验，姑不深辩；至于扯裂明朝政府所颁给的封王册书一节，则现在固有极为有力的证据，可以证明《日本外史》所说全出捏造。因为由中国使臣赍往日本行封的册书——明神宗封丰臣秀吉为日本国王的诰命原件，现尚藏于东京的石川成吉氏家，完好无损，根本不曾有过扯裂的痕迹。为了增加此一故事的趣味性起见，关于此一封王诰命的形式及其文字内容，亦不妨附带在此一述。

现藏于东京石川氏家的丰臣秀吉封王诰命一轴，高三十一点五公分，长五百六十五点一公分，全幅均以织锦为之，极为坚韧，不可能用手扯破。诰命前端，有“奉天诰命”四篆字，其后文辞如次：

> 奉天承运皇帝制曰：圣仁广运，凡天覆地载，莫不尊亲；帝命溥将，暨海隅日出，罔不率俾。昔我皇祖，诞育多方，龟纽龙章，远锡扶桑之域，贞珉大篆，荣施镇国之山。嗣以海波之扬，偶致风占之隔，当兹盛际，宜缵彝章。咨尔丰臣平秀吉，崛起海邦，知尊中国，西驰一介之使，欣慕来同，北叩万里之关，恳求内附，情既坚于恭顺，恩可靳于柔怀？兹特封尔为日本国王，锡之诰命。于戏，宠贲芝函，袭冠裳于海表；风行卉服，固藩卫于天朝。尔其念臣职之当修，恪循要束；感皇恩之已渥，无替款诚，祗服纶言、永遵声教。钦哉！万历二十三年正月廿十一日。

对于此一诰命，亦有可注意之点二。其一，诰命文字中提到，“昔我皇祖，诞育多方，龟纽龙章，远锡扶桑之域。贞珉大篆，荣施镇国之山”，此所指即明成祖以后的历朝明代皇帝册封日本国王源道义等人的往事。由于中国册封日本国王并非破天荒之事，所以，《日本外史》所叙丰臣秀吉因此发怒，说什么“吾而为王，如天朝何”，实在荒谬得毫无道理。其二，由于此一诰命原件迄今卷轴完好，色泽如新，可知它自始至终都是在什袭珍藏的情形下被妥善保存，以至于今日的。由此一情形，亦可进一步证实当时的丰臣秀吉实亦颇重视明朝的封典。只因贡市之愿未遂，朝鲜又倔强不肯就范，以致日本在朝鲜数年征战，连这一最起码的愿望亦无法实现，因迁恨朝鲜而致恼羞成怒。遂不顾前此日本使臣小西飞弹守加藤如安在明廷所立下的信誓旦旦，悍然以“朝鲜决不许和”为言，虽接受明朝册封而仍欲以兵戎相见了。由册封的经过情形看，日本所要加暴的对象，只是朝鲜而非中国，所以可以知道和议的破裂原因并不在于中国之册封。而《日本外史》引柳川调信对黄慎所说的话，亦有所谓“速献三道，使王子来谢，不则贵国复被祸矣”之说。“速献三道”即割朝鲜三道之地予日本，此事不但不见于明朝的三事约束，亦不闻于黄慎之口，可知其说只是《日本外史》所妆添的门面话，而日本的真正意愿，实在是希望朝鲜“使王子来谢”，以便留之不遣，借以迫胁朝鲜代请贡市。经由这种剥茧抽丝式的重重推敲，于此乃可看出丰臣秀吉的真正意图何在。此意图未遂，于是乃造成了和议之破裂。除此之外，《两朝平攘录》的记述其实只是一些道听途说的传讹之言，而《日本外史》则更是妄说而已。

## 恐吓朝鲜以期就范

自和议不谐，丰臣秀吉公开声言“朝鲜决不许和”，又屡次胁迫朝鲜“使王子来谢”，其目的皆在对朝鲜施以恐吓，以期朝鲜就范。自此至日本之再度出兵朝鲜，中间尚有四个多月。由于朝鲜国王对于日本恐吓态度的反应只是急报明朝请派大兵来援，而全无屈服之意，于是，和事终于真正破裂。丰臣秀吉恫吓不成，迫得只好再度出兵。如果当时朝鲜屈服于日本的恫吓，急派王子往谢，则日本既可得到要挟朝鲜以干请中国的凭藉，后一阶段的朝鲜战争应当不致爆发。也许，丰臣秀吉当时的构想便是如此。但因朝鲜对日本的仇恨实在太深，日本所设想的策略竟不能生效，而中国又生怕朝鲜在无法自存的情形之下为日本所并，不得不以全力相救，凡此俱非日本始料所及。于是，局势终于由日本拒绝与朝鲜言和变成日本再与中国对抗，而第二阶段的朝鲜战争也便因此而开启战端了。

万历二十五年正月，日本大军再度侵韩。《两朝平攘录》记其事云：“日本自惟敬行后，即遣清正统领部将丰茂守等骑船二百余艘，于正月十三日顺风一日渡海，十四日到朝鲜，入竹岛旧垒，与原留倭众合势，仍在机张住札。随攻梁山，逐太守出城，追留住民居之。十五日，行长等兵船自釜山外洋进入豆毛等浦不绝。于崖上树四色旗，高叫朝鲜人民勿怀疑讶，还来安插也。念二日，倭船直入西生浦，周览下营形势。自此倭兵络绎渡海不绝，各营粮饷，陆续搬运。二月初一日，行长将釜山原住栅房采木修筑，内建最高楼，外掘三层壕，周围木栅，为据久之计……。”

此文中所说到的竹岛、机张、梁山、豆毛浦、西生浦等地，均是日军于万历二十一年四月由汉城退至釜山沿海时便已据守多年的旧垒，不但因背负海岸而船只出入便利，而且地势险要，易守难攻。自日本再度出兵，仍复据守旧时营垒而又加以强化，足见他们当年的布置实在具有深远的意义。

当日本大军再度登陆朝鲜时，明朝的援韩大军尚未出来，留防朝鲜的明军不过数千，朝鲜的防御极为空虚。所以朝鲜全国军民上下，一闻倭兵大至，顿时惊惶万状。国王李昖先将宫眷迁往王京西北的海州，宰执大臣，亦各为全身远祸之计。日军如在此时挥兵北指，朝鲜全境举竿可定。所幸朝鲜在荡败之余，国无蓄积，民鲜盖藏，日本大军多至十余万人，所需的军粮无法靠就地取办，必须由日本远道运来，在存积量未达半年所需时，不敢轻易悬军深入。因此，在万历二十五年正、二月间到韩的日军虽众，他们暂时只能采取守势，等待粮食运输逐渐充裕以后，始能发动次一步的侵略行动。

由于有这一段缓冲的时间，朝鲜方得飞章告急于中国，而中国亦得乘此一段时间赶调兵员，飞运储粮，远道前来赴援。日本方面，当初以为中国在第一阶段的朝鲜战争中即已因军费支出浩大及粮食运输困难的双重原因，显示出难以久持作战之苦。今封事失败，而朝鲜之不振如故，日本之强悍如故，明朝政府如果不愿再在朝鲜战场上投掷数以百万计的军费消耗，来博取一场难以必获的胜利，他们也许不愿再在撤军之后，重新卷入此一复杂的战争纠纷。果然如此，则日本即可乘此席卷朝鲜，获得他们在第一阶段的朝鲜战争中所未能得到的胜利果实。退一步说，如果明朝只像第一阶段那样地投入有限度的人力与财力，并无彻底解决日本侵略的决心，则日本亦仍然可藉长期作战的拖延方法，迫使明朝政府重开和议，在原有的和议条件之外另作若干让步，以达到通贡中国及劫制朝鲜的双重目的。由于明朝政府在迄今为止的表现都显得太软弱，所以日本的此一想法看起来似乎很有实现的可能。殊不知道，明朝政府在此后的表现忽然变得坚强起来，所以，日本的想法终于又落了空。

《明神宗实录》卷二九六，载有兵科给事中徐成楚就朝鲜问题所上一疏，中云："夫朝鲜天朝之属国，辽左之藩篱也，军储内竭，士马外残，其不足以当日本之凭陵明甚。我不援，则彼必折而入于倭；援之，则我代朝鲜被兵，而先受其弊。”又同书卷二九七载兵部等衙门议处朝鲜问题时所上一疏，中云：“今朝鲜已经残破，粮饷空虚，代守固难。而不援朝鲜，将为倭有，不惟前功尽隳，且虑不支，折而从之，又增一外敌也。”由这些议论可知，日本再侵朝鲜，中国为了顾虑自身的边防安全，当然非援助朝鲜不可。但他们所提出的办法，始终只有“代守”之一法，别无其他高见。此一代守之法，其实际内容较之万历二十一年初次东征时已远为具体切实，据《明神宗实录》卷三〇七，抄录一段如次：

> 欲为自固之谋，先择要害适中处所以立根基，使进可以战，退可以守，始为万全之计。莫若于开城平壤二处开府立镇，西接鸭绿旅顺，东援王京鸟岭。势便则遣轻兵以趋利，不便则虎踞此处以压其邪心。练兵屯田，用汉法以教朝鲜之人；通商惠工，开利源以佐军兴之费；选贤用能，立长帅以分署朝鲜八道之士。开平既定，次第取庆尚、忠清、黄海等处，日逼月削，倭可立尽。既定此策，即当通登莱入辽之海路，从此转饷以资军，使往来之人不疲于陆。且令二镇连络可以相援，又可以通朝鲜之黄城岛，陟釜山而窥对马。

## 大发兵粮驱出日军

明朝政府如能真地在朝鲜实行此练兵屯田的持久作战之法，不但朝鲜可转弱为强，军费支出可以大量节省，而且可以逐渐进逼的办法使日军无法在朝鲜立足，其策略甚为高明。由此可见，日军纵使要想以持久消耗之法坐困中国，中国在此时亦已设计出一套战略原则，足以达到制胜之目的。此法比之宋应昌之以讲贡为退兵之计，自然高明得太多。无奈明朝政府以此征询朝鲜之意见时，朝鲜君臣却“深虑中国吞并，疏陈不便”，事遂中止。持久作战之法既未能行，中国又不能堕日本之计，以茫无计划的作战方式使自身坐困，于是，另一项对策即是大发兵员粮饷，务期将日军驱出朝鲜，不达目的不止。以当时中日两国的国力而言，明军援韩的耗费虽大，而以海内的全力毕注于此一隅，毕竟尚可肆应裕如。反而是日本，因经不起长期战争的巨大消耗而致国力衰竭，民怨沸腾，在屡败之余，终于只好锻羽而归。明朝政府之不惜巨大耗费，一意要将朝鲜战场上的日军逐出为止，当时的明朝政府，自神宗皇帝以至朝中臣僚，居然都能有此决心与勇气，实在难得。日军侵韩的计划与考虑虽然周密，但是他们却不曾料到明朝政府对此事的决心竟能坚强到如此程度，这一层，无疑是要使他们很感到遗憾的。

从万历二十五年二月至五月，日军在釜山沿海所从事的积储粮秣、构筑工事等准备工作渐次告成，其年六月，遂开始发动大规模的军事行动。朝鲜《宣庙中兴志》记此云：“六月，平秀吉遣其将木下金吾等大举入寇。”又其下小注云：“秀吉先遣行长、清正，又发大兵，以木下金吾为元帅，以继其后。金吾至釜山留镇，以总节制，凡统大将二十七，甲卒十万，号六十万。分遣诸将，水陆并进。使清正由清海昌原向晋州，行长由巨济南海向求礼，皆会南原全州。家政等领水军向西海，其余诸将分布诸郡及沿海镇浦，以为后屯。”这段话，颇有可注意之处。因为由釜山指向王京汉城，其进兵路线应该是经由釜山以北的庆州尚州，然后折向西北，由忠州清州以至汉城，南原与全州位于釜山之西，非向汉城之正路。万历二十年日本侵朝鲜，当时日军的进兵路线即是循此而前，何以到了万历二十五年便一反旧规，舍正路而趋他道呢？此其中亦自有说。

朝鲜分八道，位于最南端的二道，一为庆尚道，一为全罗道。庆尚道的东南端，即釜山港。日军登陆釜山，由庆尚道向忠清道而至汉城，自是正路。所以万历二十年日军之侵朝鲜，自庆尚道以北各道，并皆残破，惟有全罗道，因位于由釜山至汉城一线的侧面之故，未遭兵燹，居然独称完好。自万历二十一年至二十四年，朝鲜为了供应入援明军的主副食物，几于精力俱尽，亦因为幸而尚有全罗一道尚未被兵之故，始能勉强支撑；而朝鲜政府在和战期间的赋税出办，亦均倚仗全罗道的输将。自和议破裂，日本检讨朝鲜战场的军事形势，深以为朝鲜之所以敢于不屈服，便是自恃尚有全罗一道可以出办粮饷赋税，今再度出兵，必须先破全罗，使其粮赋供应的来源断绝，然后可进一步使明军无法在朝鲜久留。因此他们所拟定的战略，便是先进兵全罗，然后由全罗北向汉城。中国方面，亦深知全罗道的战略价值。所以当朝议派遣兵部侍郎邢玠出任蓟辽总督兼经略，以总兵官麻贵统御援韩大军，及以辽东布政使杨镐升充新设的经理朝鲜都御史之后，邢玠即责成麻贵，要尽速设法保全王京及巩固全罗道。所以，万历二十五年秋间发生在朝鲜战场上的主要战役，便是日军侵入全罗以后的南原保卫战，与南原失守以后的稷山之战。

麻贵于万历二十五年正月受任为提督总兵官，总率新调集的南北大军入援朝鲜。当时援军未集，而朝鲜形势危急，故麻贵于到达辽东后即先发辽兵及南兵三支，分守南原全州及忠州三处，使互为应援。至是年五月，麻贵自己方统率了续到的援军一万七千人由辽东入汉城。但因派驻在南原的守军，仅只副总兵杨元所统率的辽军三千，而配置在南原后方负责应援的兵力，一为守全州的游击陈愚衷，所部兵力仅二千，一为守忠州的副总兵吴惟忠，所部兵力亦仅四千。三处兵力加在一起，总共不过只有九千人，而且分守三处，实在不足以抵抗数达十二万的优势日军。所以当加藤清正所统率的右路日军以五万七千余人的优势围南原四日之后，南原城终告攻破，驻守全州的陈愚衷亦弃城而退。八月二十日，右路日军与左路日军会师于全州，合势北向，兵锋指向汉城。消息传抵王京，人心汹惧，城中士庶空城走避，国王亦思避难远方，举国惶惶，大有岌岌不可终日之势。幸赖经理杨镐临危不乱，责令麻贵派军迎头痛击，稷山一战，日军披靡败还，朝鲜局势始得以转危为安。然而在稷山之战中，明军兵力实居少数，其所以能够以寡击众，大获胜捷的原因，则完全由于骑兵能利用速度发挥其勇悍的战力，又能预先占据有利地形，以骑兵制步兵，在战术上的运用至为成功之故。但中国史籍记稷山之捷，多属模糊不清的错误记载。

## 稷山战役骑兵逞威

如《两朝平攘录》云，稷山之战，明军的战果不过只是“斩首级二十九颗”。《明史·朝鲜传》更引监军道萧应宫之诬说，谓：“倭以惟敬手书而退，青山稷山并未接战，何得言功”，实在荒诞之极。事实上则有关此一战役的胜捷情形，朝鲜史籍中记载甚详，殊不可因有此类诬说，遂可一笔抹煞。照笔者个人的看法，由稷山之战，最足以显示当时的明军战力远胜过日军。而朝鲜战争之所以持久不决，只是由于日军的守御方法极为成功，并非如一般日本史籍所说，日军的战力在当时便无敌于东方诸国也。

朝鲜《宣庙中兴志》记稷山战役情形，说：“清正转陷湖西，将迫京畿，急报日至，朝廷争请出避，麻贵亦欲引还。杨镐方在平壤，接伴使李德馨曰：‘贼一渡汉江，则江以西无复着手处。及今驻往。犹可为也。’镐从之。军吏谏勿轻进，勿听，遂疾驰入京，招麻贵等责不战之状。即与贵定计曰：‘贼势方锐，先摧其前锋，然后可以大军继之。’夜选各营精壮二千骑，骁将十五人，使副总兵解生、参将杨登山、游击将军颇贵、牛伯英领之，密送于天安，而诸将莫知也。（九月）初七日乙未，解生等疾驰至稷山天安之间，清正兵已至。望见贼众皆着白衣，遍野而前，天兵疑其为我人，初不之备。及贼放炮，始觉之。四将一时跑马陷阵，贼披靡而走，死者甚众。忽一贼持白旗上山麾之，贼大阵应时云合。四将度不可敌，即敛骑还振威。镐继发各营兵出阵江上，丁酉，又遣游击将军摆赛将二千骑为后援。赛驰至振威，与四将合兵进，与清正大战于素沙坪，部下劲骑皆出入如飞，斩其骁将叶一枝，清正遂举众而遁。解生曰：‘此贼狡黠，走必循山，骑步异势，不可追也。’遂敛兵止营。”

这一段史文，叙明军稷山战役的胜捷情形，极为分明。如所云“跑马陷阵”，“出入如飞”，皆足以说明明军以劲悍的骑兵冲锋陷阵，日军以步兵对抗，简直无法抵御其纵横驰骤的具体情况。另据朝鲜人赵福男所作的《乱中杂录》一书，其记稷山之战的情况说：“锣响三成，喊声四合，连放大炮，万旗齐飐，铁马云腾，枪剑奋飞，驰突乱斫，贼尸遍野，一日六合，贼势披靡。”又记稷山战斗以后的金岛坪战斗情况说：“翌日平明，贼兵齐放连炮，张鹤翼以进。白刃交挥，杀气连天，奇形异状，惊惑人眼。天兵应炮突起，铁鞭之下，贼不措手。合战未几，贼兵败遁。”以此与朝鲜《宣庙中兴志》所记互相参看，愈足以显示虎虎然的生气。此战所得战果，《两朝平攘录》虽说只斩获首级二十九颗，而据朝鲜《宣祖实录》所记，则“合诸营一百五十五级”，另外更有“中铳箭死者，不计其数”，可见《两朝平攘录》等书实在是把稷山之战的战功写得太错谬了。至于《日本外史》记稷山战役情形，更是十分离谱，试为摘引一段如下：

> 我陆军一队，以秀元为将，黑田长政为先锋，进迫国都。九月，军于全义馆，击明将解生于稷山。明将杨登山牛伯英来冲我阵，长政将后藤基次、栗山利安挥枪拒之，杀伤相当。登山伯英退与生合，济川断桥。我军绝流而渡，击走之。明军复大至，长政将母利友信、原种良等力战，秀元亦至，击却明军。于是明军在国都者不敢出，我军亦持重不进。

看《日本外史》的这一段文字，宛如是日本以较少数的军力击败了来攻的优势明军。殊不知当时的明军兵力，合计不过骑兵四千，而日军则数逾三万也。以三万之众与四千明军对战，即使其所得战果果然如《日本外史》所说，真是“杀伤相当”，则挫败的一方显然不是明军。而此战结束之后，真是“明军在国都者不敢出，我军亦持重不进”，所证明的事实，亦只是三万以上的日军被四千明军一阵摧折了锐气，至于放弃了攻略王京汉城的既定计划，退守原阵地不出。情况如此，谓非日军战败，其谁能信之？日本的史籍为日军讳饰败绩，本无足怪；所可怪的，应该是我国的史籍不能体认此一战役在当时全盘战略形势上所发生的重大影响，反而诬说日军之退去是由于沈惟敬之致书日本重提和事，实在荒唐得太可笑。因为即使是日本方面的史籍，亦没有如此荒谬的记载啊！

## 一战阻遏日军攻势

稷山战役对于当时全盘战略形势所发生的重大影响是什么？是即一战而阻遏了日军的凌厉攻势，使日军自知他们在野战方面非明军之敌，只有退而以守御战术迫使明军不能扩大他们的胜利战果。由于此一战役，中日两国在朝鲜战场上的第二阶段战斗形势，便只有明军取攻势而日军取守势。如果没有稷山之战，则两路日军挟胜利之余威，势将乘胜逐北，席卷整个朝鲜半岛，而万历二十年日军尽陷三都八道的往事，亦势必将于此时重演，明军此后的恢复努力，恐亦将加倍地艰苦了。当稷山战役发生时，在韩明军的可用兵力，不过只有吴惟忠所部四千，与麻贵所部一万七千，总共二万三千人，比之日本的十二万大军，在数量上仅为一与五之比，无论如何不足以抵挡日军的压倒多数。然而稷山战役居然改变了此一形势，不可谓非一大快事。明军援韩，以平壤之战及稷山之战、南海之战等三大战役最具有重要性。然而《明史·朝鲜传》只详平壤之战，于稷山之战及南海之战的实际情形及其影响，概从缺略，真可说是太昧于整个战争的真实情况。今在此将稷山之战略作介绍。不但足以补正《明史·朝鲜传》的缺漏，亦可以使我们明了，当时入韩明军的战力实胜日军，尤其是骑兵，更远不是日军所能抵敌的。

由于稷山之战改变了万历二十五年时朝鲜战场上作战双方的战守形势，自此以后，日军便始终只以坚守朝鲜南端沿海的各个据点为得计，并不敢对入韩明军再有攻略的企图。所以，自万历二十五年九月稷山之战结束，以至万历二十六年十一月日军全部退出朝鲜，我们所看见的情势，便只是入韩明军先后对日军所据守的沿海据点展开一连串的攻击，日军则出死力拒守，如此而已。明军的进攻，由于指挥官的部署不当，战法错误，以及军队的训练不精，纪律不明等的原因而屡有挫败，然而此不过是主将未得其人所造成的结果，不得谓之“迄无胜算”。如果当时的前敌指挥官不是胸中漫无韬略的杨镐、董一元之辈，明军对日军据点所展开的各次攻击，便不致全无成功可言。而日军在明军的历次攻击行动中始终只是处于被动的防御地位，不能以“攻击是最好的防御”之法根本消除明军的进攻可能，如此战绩、亦实在缺乏光彩。说得更实在点，明军的历次进攻虽然屡遭败绩，但他们在经历过各种不同的进攻方式之后，总会体会出一套可以取胜的办法来的。如果日本军但知困守窟穴，自恃工事坚强而漫无致胜的成算，到了那个时候，岂不是将“形势殆矣”了么？纵观万历二十五年之末以迄二十六年全年的双方形势，其情况正是如此。然则日本的固守战术，亦殊不能视为即可以此拖垮明军的“胜算”也。

## 日军退守沿海顽抗

日军之据守釜山沿海，本是万历二十一年五月以后的事。当时他们即已看准了此一地区的地形险阻，便于负隅而守。所以自退兵以来，便已利用此一地区襟山带海的地理形势，构筑了很多堡垒式的坚强工事，以便据守不去。至万历二十五年日本再发大兵侵韩，又复将旧时的营垒城寨修整加强，务使其成为不可攻拔的据点。万历二十四年和局既坏，据朝鲜方面的传言，以为和事之所以不成，乃由于清正之暗中破坏，朝鲜《宣祖实录》中更有一条说：“今此关白更肆朝鲜之计，盖清正激之也”。万历二十五年日军再至，清正为先锋，自夸云：“我今一出，朝鲜举竿可定。”二十五年八月，日军攻陷南原，此一路的日军指挥官即是清正。稷山之战结束之后，明朝政府所调集的援韩大军陆续到达，总数已逾四万五千。总督邢玠为了先声夺人起见，决定先将可用的兵力集中攻击清正所据守的蔚山，希望将清正所部一举歼灭，一则可戢止日军主战派的嚣张气焰，二则擒贼当先擒王，清正在日军中最称强悍，清正如败，其余日军，必将闻风胆落也。是年十二月，蔚山的攻防战遂告展开。由此一战役的经过情形，很可以看出日军利用地形构筑坚强据点的防御战术。因此在这里详为一述。

蔚山位于釜山之北约三十余公里，城濒太和江，由此江可循水路通往釜山。此地区到处都是起伏的丘陵，只有江流所经之处，才有狭隘的平原，蔚山城即位于江北岸的平原西侧的丘陵上。距蔚山城数里，平原上一小山高耸，名曰“岛山”，清正所构筑的坚强据点，即在此山上。《日本外史》叙此战情形，颇多错误。如以为明军攻蔚山城时，清正方在机张巡视，闻讯赴援，“清正自蒙银兜鍪，杖薙刀，立船首，指麾士卒，明韩诸将指目，莫敢近者。遂入蔚山。”明日，明军攻蔚山，“清正令士卒投大石巨材，击却之。”“敌更起飞楼，以火筒佛郎机百道并攻，城垒震裂。清正与浅野左京大夫坚守不屈。合围十昼夜，断我汲道，城兵饥渴，皆嚼纸，煎壁土，刺马饮其血，马尽乃饮溺。夜出城搜明人尸，取所佩糗粮牛炙食之。天大雪，士卒冻瘃，有坠指者，而清正意气自若。益修守具，用铳及纸炮，日毙明军数百千人。”由此可知，《日本外史》固以为蔚山之战便是发生在蔚山城周的。殊不知此战实际上包括蔚山与岛山二地，而最剧烈的要塞攻防战则在岛山而不在蔚山。岛山城高，明军不能借大炮攻城。若蔚山则筑于山麓丘陵，明军的大炮威力可及，清正即使骁勇鸷悍，亦无法使城中守军不被大炮的火力所杀伤也。所以，关于此战役的经过，反不若《明史·朝鲜传》叙述较为正确，另外则朝鲜史籍所记，亦可与《明史》相互印证。

《明史·朝鲜传》：“时倭屯蔚山，城依山险，中一江通釜寨，其陆路由彦阳通釜山。麻贵欲专攻蔚山，恐釜倭由彦阳来援，乃多张疑兵，又遣将遏其水路，遂进逼倭垒。游击摆赛以轻骑诱倭入伏，斩级四百余，获其勇将，乘胜拔两栅，焚死者无算，遂奔岛山，连筑三寨。翌日，游击茅国器统浙兵先登，连破之，斩获甚多，倭坚壁不出。岛山视蔚山高，石城坚甚，我军仰攻，多损伤。诸将乃议曰：‘倭艰水道，饷难继，第坐困之，清正可不战缚也。’

分兵围十日夜。”

此云岛山城高，石城甚坚，明军仰攻多损伤，朝鲜《宣祖实录》的记载亦与此相同。如《宣祖实录》中一条云：“清正夜赴蔚山之急，蔚山已破，奔入岛山。”又一条说：“二十三四两日交战之后，即进兵道（岛）山城下。城凡四重，外城周遭于山下，土筑低微，我兵得以攻开。其内三城、石筑坚固，上列置房屋，其屋跨出城外，彼得以俯瞰制我，放丸如雨。”将这些记载参合起来看，使可知道，在蔚山之战中，清正之所以能够得到“惨胜”，完全是因为他在事先能利用地形在岛山山上构筑坚固的碉堡，日军据堡而守，可以居高临下，从铳穴中放铳杀伤来攻的明军。明军既不能借大炮攻城，在攻城时又完全暴露在日军的弹雨之下，自然只有徒然遭致严重的伤亡而仍然无法得胜的。

## 蔚山之败种因坐困

朝鲜《宣祖实录》云：“本月二十三日。经理（即杨镐）亲督左右协军兵攻陷蔚山，斩八百余级，而贼皆遁入土窟。”“诸军陷城，进攻土窟。土窟重重石筑，坚险无比，不得攻破。试放大碗口，则山坡峻高，炮石有碍，不能直冲，终日不拔云。”凡此所云“土窟”，实际上都应写作“碉堡”，方不致为字面所误，错以为“土窟”有何难攻也。清正凭坚而守，明军虽有勇力而无可施，唯一有效的对策，自然只有“坐困”之一法。然而，顿兵坚城之下，兵法之所大忌，围点而若不能打援，一旦敌援大至，我军势将腹背受敌，其危险何堪设想？明军蔚山之败，便种因于此。

朝鲜《宣祖实录》：“十二月二十九日成贴，经理接伴使李德馨，都元帅权栗驰启：去夜为始，西风大作，天气甚寒，浙兵围守江岸，其苦尤甚。午后，蓝江贼船二十六只顺流而上。至贼窟相望处，贼将一人率从倭等五六人出城外，呼唤船上之贼，天兵多放火炮。申末，贼船退去。经理令天兵及我兵，持挨牌及草束遮拥前进，欲薄城放火，而贼窟铳丸如雨，才进木栅外，不得更进。昏后，各兵更欲前进，而贼放火炮，诸军退缩，经理与提督还于营幕。经理令各兵设草房，围住而下营，令臣等催运粮饷，为久住之计。"

这一段史文之所以值得加以引叙，因为它显示出了岛山攻防战中明军方面的几点部署情形。第一，太和江为蔚山通往釜山的水路，明军虽在江岸设防，不过摆列而守，而釜山方面的来船仍可由此江驶至与岛山"贼窟"相望之处。由这一点，可知釜山方面如有大军来援，尽可由江路直接驶至接近岛山之处。彼此的距离如此接近，防守江岸的明军，地位便极为危险。第二，明军虽顿兵岛山之四周，欲以围困之法使踞城而守的日军不能得到粮食与饮水的供应坐困而死。但战地指挥官（经理及提督）犹且居于帐幕之中，战士则临时构筑草房而居，可知明军当时并未在岛山四周构筑濠堑营垒，以自立于不败之地。由古代的战史看，以围城之法坐困敌人的战例甚多。但围城的一方，必须"筑长围而守之"，一则防城中敌军之突出，二则当敌援大至时，围城的一方只须以少量的兵力守住城外的防御工事，其大部分的兵力，仍可转用以打击敌援，而不致使己方陷于腹背受敌之危险。远事姑不具论，即以清太宗攻大凌河城一役而言，当时清太宗所用的战术，即是："攻城恐士卒被伤，不若掘壕筑墙以困之。彼兵若出，我则与战，外援若至，我则追击。"又下令围城将士不可出壕墙，以免中了敌人的诱敌之计，其理由是："敌兵如狐处穴中，更将安往？"清太宗攻大凌河，时在明崇祯五年，去万历之世未远，可知此法固是对付凭坚而守之敌军的最有效办法也。

反观万历二十五年年底杨镐及麻贵率大军攻岛山，当日军据守于山上的坚城内龟缩不出时，他们除了驱策攻城的明军以血肉之躯去迎受城中敌军的如雨铁弹之外，似乎再没有更高明的策略与部署。而所谓围困，则只是将攻城的数万大军摆列在岛山的四周，既不构筑最迫切需要的防御工事以为自卫之计，到了敌援大至之时，自无法避免腹背受敌之危险。孙子兵法曾说，战胜之道，“当先为不可胜以待敌之可胜。”此即是说，不管敌军是否可以为我所败，我方必须先立于不败之地、方可守势待时，俟机而动。岛山之战，当前既有不可攻拔的坚强要塞、外围的敌军又随时可以驰来援救，而杨镐与麻贵的部署如此，岂不是先有取败之道么？检讨此一战役，明军之将帅，如此漫无韬略，宜乎其难逃先胜后败的厄运。所以笔者以为，以明军的士气与战力，岛山应无不拔之理；其所以终于不能攻克而反遭败绩之故，完全是由于指挥官不得其人。若是换了几十年以后的清太宗那样老谋深算，清正此时已成瓮中之鳖，哪里还有不到手成擒之理呢？

## 城坚难拔退亦嫌迟

蔚山之役的败绩情形，朝鲜《宣庙中兴志》所述颇为简明扼要，引叙如下：

> 镐、贵围岛山日久，贼兵大困，清正至欲自决。乃佯约日请降，而密求救于诸屯。贼数百艘自釜山西生浦来援，镐令摆赛吴惟忠等御之。（正月）初四日丙寅，自督诸军四面薄城，欲为火攻，而贼炮如雨，死者甚众，遂收兵而退。是日，天兵又获倭书，言：加德，安骨、竹岛、釜山、梁山等地十一倭将领六万兵来，坚守以待云。蓝江贼船九十余艘，

又出太和江上流，陆路诸贼若将绕出军后，多列旗帜，以张其势。镐甚惧，问李德馨曰："城险难拔，救兵势大，计将安出?"德馨曰："清正围在孤城，天也，此举一失，后将难图。大人以万人专防箭滩彦阳路，坚阵以待，则我得形便，贼虽来不难制也。"镐曰："累日攻城，兵多损伤，不容不退，且图后举可也。"德馨力争，辞气壮厉，镐虽不从，而深器异之。乃令撤兵，使摆赛杨登山为殿。镐夜烧各营，驰入庆州。诸将为贼所迫，浙兵多赴水死。是役也，凡天兵前后死者千余人，伤者三千人，资粮器械，荡然无遗。清正遂益完城壁，筑甬道以通汲水，又于杨镐驻札山上别筑一城，为坚守计。

由朝鲜《宣庙中兴志》所记，可知杨镐之所以决定撤兵，是因为岛山城坚难拔，而日军的援兵又将大至，皇遽之间，计无所出，遂不得不先期撤兵，以图再举。然由朝鲜实录见之，则杨镐之决定退军，在时间上实嫌太迟。因为当万历二十六年正月初四日杨镐下令撤兵时，釜山方面来援的日军，已逐渐在太和江南岸集结，并进出于蔚山附近的山地。明军于强敌压境的情形下作敌前撤退，如非步步为营，必难免为敌所乘。杨镐身为主帅，理应戒慎戒惧，特别小心应付。然而据《明史·杨镐传》所记，则其情形极为不堪。"镐大惧，狼狈先奔，诸军继之。贼前袭击，死者无算。"大军进退，所恃以齐一志趋的只是主帅的命令；何况强敌在前，主帅的一举一动尤应特别慎重，岂可在两军行将接战的重要关头率先退却，如之何不致造成军心瓦解的覆败命运呢？所幸岛山城中的日军已因围困日久而致饥疲不堪，自将佐以至兵卒，个个颧落眼陷，形同饿鬼，失去了乘机追击的能力，而来援日军之业已渡过太和江以北的人数又复不多，所以明军虽大举奔溃，其死伤大都由于坠崖溺水及冻饥伤病等自己所造成的原因，死于日军之追击者甚少，否则的话，因杨镐之处置失策所造成的败绩，其损失或将更大若干倍。

## 胜败惨果约略相当

此一战役，明军先胜后败，日军则先败后胜。然日军虽称战胜，而岛山守军之死于饥饿及伤病者亦在一万以上，幸存之生还者则虚弱不堪，几同残废，故清正之胜，亦是奇惨无比。两方面的战果，比较起来仍然是约略相当的。

叙述蔚山战役的前后情形，可使我们了解很多事实。第一，明军的战力虽强，由于将帅非人，每致应胜反败，如岛山之役即为具体的典例。第二，日军的碉堡防御战术，当时的明军尚无法克破。第三，明军的纪律及约束均极不理想，故整体之战力强而人自为战之能力差，可胜而不可败。设有败绩，每每大举奔溃而致不可收拾。类似的情形，在蔚山战役中所见如此，在以后接续发生的顺天之战、曳桥之战中，亦复大同小异。故而明军如继续以这种方式进攻日军所据守的险要据点，势必无功可言。

《明史·朝鲜传》所谓“中朝与属国迄无胜算”，用在这里，颇为恰当。但在一年多的长期战争中，作战的主动权既然始终操于明军之手，纵使屡攻屡败，只要他们能够从失败中接受教训，必可逐渐从失败中学习经验。一旦他们摸索到克制日军所用战术的方法，日军所处的境遇便会非常危险了。由朝鲜史籍中见之，最后决定侵韩日军命运的南海战役，便是在这种条件之下发生的。

# 岛山再战日军奔溃

蔚山战役结束以后的朝鲜战场形势，大致是日军据守釜山沿海一带的坚固工事，与明军成对峙之势。日军的指挥系统，自东至西分为三路。东路由加藤清正指挥，以蔚山为主要据点；西路由小西行长指挥，根据地在顺天城；中路由岛津义弘指挥，《明史》称为石曼子，其根据地在泗川，北倚晋江，南通人海，为东西二路之声援。三路之中，加藤清正自岛山之战后已深知明军战力之强，不敢再倡言无忌，惟多筑工事，凭坚而守。中路之岛津义弘，所领萨摩兵最强，又未经大败，气焰仍甚高涨。东路之小西行长则素主和让，无进取大志，但其所占据之地区负山带水，最称险要，且所筑城砦甚为坚固，易守难攻。明军因日军之指挥系统有三，亦将担任进攻的陆上部队分为三路，以麻贵对加藤清正，董一元对岛津义弘，刘綎对小西行长。另复增调江南水军，由总兵官陈璘统率，会合朝鲜方面的水军，另成一路，专从水路应援陆上进攻的各军。其时援韩明军陆续增加，总数共达十万余人。总督邢玠一方面增调水陆大军，一方面由海道转运中国之粮饷，希望能厚集兵饷，一举扫荡侵韩日军，以求完全结束朝鲜之战。自万历二十六年九月以后，三路大军由陆上进攻，先后有岛山之再战，泗州之战，及顺天曳桥之战，据朝鲜《宣庙中兴志》所记，各路战绩颇不理想，其情形略如下述。

一、岛山再战——麻贵至庆州，部署进攻加藤清正所据守之岛山，令副总兵解生率骑兵六千人先发，自率大军二万继行。九月二十二日，大军齐集岛山，清正亦大出合战。千总麻云以精骑二百横冲之。日军大骇奔溃，明军乘势夺据外栅，尽烧房屋粮草。清正入保岛山山城，明军不能近。麻贵日出游兵挑战，而清正坚守不出，相持至十月，因董一元败于泗川，麻贵之进攻军亦撤退。

二、泗川之战——董一元攻中路之昆阳永城各据点，先后皆捷，复大破岛津义弘之弟岛津安资，遂乘胜直抵泗川新寨，围而攻之。十月初一日，董一元令诸军并力进攻，游击彭信古以大炮攻破寨门，所部军争功先进，城破已在指顾之间。忽军中火药柜失火焚烧，赤焰漫空，后路阵容顿时大乱，人马自相蹂践。岛津义弘乘机反攻，明军一时奔溃，为日军所追杀者三千余人，器械军粮，损失殆尽。中路军之先胜后败，一如岛山之战的覆辙，其原因由于明军之部勒不严，可胜而不可败。而由于中路之败，西路亦告无功而退。

三、顺天之战——顺天襟山带水，形势最称险要。刘綎之攻顺天，有陈璘及朝鲜水军统制使李舜臣所率中韩水军应援，倘配合得宜，水陆二路同时并举，未尝不可使小西行长无所措手。但因刘綎畏惧陆上地形之险，于一度攻城失利之后，即退缩不前，以致当水师进攻顺利时，不能得到陆路之应援。迨潮水既落、船只胶浅，行长乘势出兵来攻，水师反告挫败。陈璘怒责刘綎坐视不救，两将失和，因之水陆双方愈难合作，而刘綎之进攻亦愈无功绩可言。

## 三路进攻无功而退

明军三路进攻而三路均无功，其主要原因，端在于日军所据守的各处根据地不但地险难攻，而且筑有坚强的碉堡式工事，利守不利攻。在这种情形之下，进攻的一方势必须另外寻求新的攻击方式，方不致再蹈此前的失败覆辙。朝鲜《宣庙中兴志》记此云：

> 初，（李舜臣）至顺天，召诸将问计。军官宋希立曰："贼已据形便，难以力取。今天兵我军水陆俱下，若以陆军进迫曳桥，水军扼漳岛，以遏岭南海途，使贼内外俱阻，腰膂中断，则泗川之贼，必不能助。设欲相助，彼此号令不通，则无以相应。待其师老粮竭，气挫势窘，然后四面薄之，行长可成擒也。"舜臣喜曰："正吾意也。"遂与陈璘进据漳岛洋口，烧其积聚，使庆尚右水使李纯信截露梁水路，刘綎权栗亦据曳桥西北，而分兵截蟾津陆路，以断泗川声援。

朝鲜《宣庙中兴志》的这一段记述，可说是水军南海大捷之先声。其战略观点，着重以水军截断西路日军的海上补给线，使日军虽据有形势之险而仍不能恃以为守，见解极为高明。日军侵韩之战，朝鲜的陆军始终一蹶不振，水军虽有名将李舜臣的领导，隐然成为海上一重镇，但因兵力及船舰过少，亦不能构成对日军海上补给线的威胁。所以日军可以凭恃釜山沿海的险阻地形阻挡明军来自陆上的攻击，而以海运维持后方的补给与通信，根本不怕明军的围困。但万历二十六年正月岛山之战结束后，邢玠调来一支强大的中国水师，与李舜臣所统率的朝鲜水师合势，朝鲜战场上的水军力量顿时增强了十倍。此一情况改变了日本防御战术的构想情况，所以宋希立与李舜臣也能想到以截断西路日军海上补给线的办法来实施对日军的围困。此一围困战法如能奏功，据守釜山沿海的日本侵韩军势将无法继续在朝鲜立足。而由以后的事实演变看，此一战略设计，事实上是很正确的。

说到这里，我们似应将朝鲜的水军情形在此略加补述，以便读者对此能有较多的了解。

朝鲜的水军，使用一种形制奇特的"龟船"，自来就在日本朝鲜之间的海道上构成日本运输船队的重大威胁，其根据地则在全罗道南方沿海的闲山岛，扼釜山日军循水路西向全罗之要冲。万历二十年日军侵韩，朝鲜八道尽没，而全罗道独能保持完整，虽因其地位稍见偏僻使然，朝鲜水师的屏蔽之功，亦居有重大的原因。但李舜臣所统率的水师，虽能以龟船制胜日本水师，由于船只过少，始终只能在全罗道一带洋面活跃，以奇袭战法发挥以少胜多的战果，并不能纵横对马海峡，遮断日本船队的海上运输线。

万历二十五年，中日和议破裂，日本再发大兵侵韩，其首先从事的策略，便是以阴谋诡计使朝鲜国王李昖误信人言，以为李舜臣恃功而骄，不服调遣，因之将李舜臣逮捕，解往汉城审讯，另派元均为水军统制使。元均一接了水军指挥权，立即蹈犯了李舜臣所谨避的错误，调派全部水军的龟船往袭釜山，希望一举而歼灭运载加藤清正所部的船队。殊不知此正是日军的诱敌之计，以虚伪的作战情报为饵，诱使闲山岛的朝鲜水师接近有陆上掩护的日本水师，然后水陆并力，尽歼朝鲜水师，使西犯全罗的日军无复侧翼的威胁。日军的诱敌计划成功，即是朝鲜水师的覆没。万历二十五年七月，元均以水师远袭釜山，大败，战船逃回者仅十二艘，其余悉数被焚，元均被杀，将卒尽死，李舜臣经营数年的水师，几乎一战而熸，闲山岛基地亦为日本所攻陷。自经此重大挫败，朝鲜国王李昖方知李舜臣对于水师的重要性。于是将李舜臣释放出狱，重新赋予他统率水师的权力。李舜臣受命之后，不顾局势之艰危与任务之困难，改以珍岛为根据地，收拾残余，再造新船，水军势力渐振。万历二十五年十月，日本战船数百艘来攻珍岛，李舜臣以败后新创的十余艘龟船迎战，一场火攻，日军船只被焚毁无遗，遂大破敌军，重建水师威名。至万历二十六年二月麻贵蔚山之败后，邢玠调水陆大军来援，明军的水师总兵陈璘率水军一万三千，战船数百艘来到珍岛，与朝鲜水师合势，水军实力陡增十倍。陈璘深知李舜臣富于作战经验，凡事推诚相待，即明军将卒犯纪，李舜臣亦得依法处断，于是两军合作无间，奠定了日后水军南海大捷的基础。

## 水师联军南海大捷

水军南海之战的发生，起因于中韩联军的水师遮断了西路日军小西行长所部的海上补给线，小西行长为了解除海上的封锁，秘密约会中路日军岛津义弘以水师来援，打算以内外夹击的方式一举击破扼守在顺天城南光阳湾及顺天湾水域的中韩联军水师，进一步扭转西战场日军所处的劣势。不料联军的水师先发制人，在中路日军的来援水师到达之前，预先将兵力转移至日军水师来路的露梁津海峡，分左右排列，俟日军水师船队通过露梁津海峡后，联军左右夹攻，一举加以聚歼。由于露梁津海峡位于南海岛之北端，翌日继续进行的水上大战又在南海岛西北端的观音浦进行，所以，此一战役称为水军南海之战。此一战役的经过情形，由史文中见之，极为壮烈，较之平壤战役之以力攻克敌情形，有过之而无不及。今据朝鲜《宣庙中兴志》所记，转录于后：

遂与陈璘进据獐岛洋口，烧其积聚，使庆尚右水使李纯信截露梁水路，刘綎权栗亦据曳桥西北，而分兵截蟾津陆路，以断泗川声援。相守数月，行长果粮竭势窘。璘舜臣连日进攻，水军皆捷。……行长计穷。募人以千金将告急于岛中诸屯，先请于璘曰："愿送人诸屯，同约渡海。"璘许之，贼小艓乃出。舜臣闻之，大惊。宋希立曰："贼此去，必刻期请援，潜通号令，诸贼不日当至。我若在此应之，则腹背受敌，吾众立尽。不如移兵大洋，决一死战。"海南县监柳珩曰："贼邀援斗我而为自脱计，今若急却援贼，可断归路。”舜臣曰：“然”。遂定计而告于璘，璘始惊惧自责。十八日己亥，岛津义弘与南海贼将平调信等合兵来援，将近露梁，与行长举火相应。舜臣与璘为夜攻计，蓐食潜发。……璘舜臣分军为左右协，伏兵浦屿间，整装以待。夜半，贼船五百余艘，自光洲洋直过露梁。于是两军左右突发，贼散而复合，两军乱投薪火，延烧贼船，贼不能支，退入观音浦港口，天已曙矣。贼既入港，而后无归路，遂还兵，殊死战。诸军方乘胜蹙之，舜臣亲自援枹先登，贼反围舜臣船急，璘犯围直入救之。贼并围璘，两贼跃上璘船，几及璘。璘子九经以身捍之，被贼所刺，血淋漓，犹不动，旗牌官文炜以戈斩之。贼船鳞集璘船下，围若铁桶，贼兵复振。璘令下碇不动，鼓噪放大炮。诸贼仰放鸟铳，璘令军依挨牌而伏，贼见之，一时挺剑而登。天兵齐起，以长枪俯刺之，落水者以千数，将士皆殊死搏战。已而璘忽摇铎收兵，船中寂然无声。贼疑之，稍却。天兵从高散喷筒于贼中，火盛风驶，贼艘数百，顷刻煨尽，大海尽赤。舜臣亦冲围而进，合力血战。副总兵邓子龙船中火起，一军避火惊扰，船为之倾。贼乘之，杀子龙，焚其船。我军望之，误相指认曰：“贼船又火矣！”遂励气争先。而李纯信又烧贼船十余艘，我军益欢呼。贼酋三人坐大楼船督战，舜臣尽锐攻之，射殪一酋。贼皆舍璘船来救，璘得出，与舜臣军合，发虎蹲炮，连碎贼船，而飞丸中舜臣左腋。舜臣谓其下曰：“战方急，勿言我死。”急命以防牌蔽之，言讫而绝。麾下士依其言，秘不发哭，麾旗督战自如。柳珩宋希立皆中丸闷绝，少顷复起，裹疮而战。日午，贼兵大败，追焚二百余艘，贼兵烧溺俘斩殆尽，义弘等仅以五十艘走脱。

这一段史文，长达九百字，叙水军南海大捷的战斗经过，真是有声有色，轰轰烈烈，读来不禁令人眉飞色舞，深以中韩联军当年之奋勇作战，力克强敌的伟大战捷为荣。

查考地图，露梁津海峡位于南海岛之北，与朝鲜半岛南端之北露梁隔海相对，中间仅为一狭隘之水道。联军水师在露梁津海峡之西设伏以待。分左右夹击通过海峡之日军船队，本可操有极大的胜算。但因晚间天黑，日军得以从战场脱逃，避入南面的观音浦港。观音浦港在南海岛之西北端，为一死港，无退路，日军水师因此而殊死搏战。联军水师虽大获胜捷，但两军力战，各有死伤，明军因此而阵亡副总兵邓子龙，朝鲜因此而阵亡水师之灵魂李舜臣，损失亦可说不轻了。此一战役的直接战果，是将岛津义弘所率的水师船队歼灭了十分之九，仅余十分之一狼狈逃去，他所据守的泗川根据地亦因此而弃守。其间接战果，则是小西行长乘南海大战正酣之时，率领他所统率的一万五千之众由水路脱走，最称形胜之地的西路日军根据地亦由明军收复。至于东路日军加藤清正所扼守的岛山根据地，则于南海战争发生之前数日撤退，企图经海路转运其兵力至顺天。迨南海之战日军大败，这一路日军亦无法再在朝鲜立足，临时转航东向，逃回日本。朝鲜战争发展至此，在韩日军或歼或撤，明军的援韩目的应可算胜利完成。然而，明朝人的议论，对此似尚有不甚了解之处，是即所谓“倭以惰归，非战胜之功”等不负责任的浮谈是也。

## 丰臣病死无关胜败

“惰归”之说，见于明人董其昌所撰的《容台集》。其中引万历二十七年二月十九日吏科给事中陈维春所上奏疏，有云：“职按倭以平秀吉之死，因而惰归，非战之功也。”日人青木正儿撰《中国戏剧小说中的丰臣秀吉》，其中亦有此说，云：“这一役（即指日本侵韩之役），前后亘七年之久，明朝丧师数十万，仍然不能达到得胜之目的。正在衰弱不堪的时候，恰好秀吉死去，日本军完全撤退，因此明人始免于难，略得享高枕无忧的日子。”如果以上两说没有错误，则朝鲜战争之得到结束，完全是由于日本关白丰臣秀吉太阁殿下恰在此时病死，日军尽数撤离朝鲜，因此明军得以不战而收胜功的了。然则中韩水军的南海大捷，应该是没有机会可以发生的。《明史·朝鲜传》记水军南海大捷，虽然只有“石曼子引舟师救行长，陈璘邀击败之，诸倭扬帆尽归”等寥寥数语，但朝鲜史籍对此一战捷的前后情形，固有极详细的记载，不仅朝鲜《宣庙中兴志》一书为然。如朝鲜《宣祖实录》中便有甚多记载，可以覆按。摘录数条，以略见一斑。

《宣祖实录》卷一〇六，万历二十六年十一月戊申，左议政李德馨驰启曰：“本月十九日，泗川南海固城之贼三百余只，合势来到露梁岛，统制使李舜臣领舟师直进逆战，天兵亦合势进战，倭贼大败，溺水致死不可胜计，倭贼二百余艘败没，死伤者累千余名，倭尸及败船木板兵器衣服，蔽海而流，海水尽赤。”

又同书卷一〇七，同年十二月乙卯，军门都监启奏国王曰：“贼行（指小西行长）托称讲和，请救于诸酋，而蔚山釜山泗川等贼皆送援兵。泗川与顺天最近，故先与舟师相值血战。当初行长怕其天威，与刘（綎）陈（璘）相讲……仍曰：‘南海有婿，邀与计议，欲使人请来，愿出送此船’云云，李舜臣曰：‘诈谲之言不可信，请婿云者，欲请缓兵，决难许之。’陈都督不听，十四日出送一小船，坐倭八人。厥后李舜臣曰：‘倭船出去已四日，援兵必将至矣，吾辈当往猫岛等处把截待之。’十八日四更，诸处援兵大至，遂与大战。无暇放炮射矢，只以包火投之于贼船，烧破二百余只，衣服什物蔽海而下。行长见其浮来之物，烟焰涨天，知援兵大败，从海外遁去。远处援兵知其先锋已败，不敢来救，遂还去。若迟延数日，援兵四集，则倭桥之事殆哉。大概行长之计，阳为约和，阴待援兵，欲先合击舟师，仍攻陆兵。而贼船先锋已败，未遂凶计，或者天意助顺矣。二十一日，舟师薄至南海，倭贼已为遁去云。”

又《宣祖修正实录》卷三十二，万历二十六年十一月壬午记事云：“刘綎再攻顺天贼营，统制使李舜臣以舟师大败其救兵于海中，舜臣死之。时行长筑城于顺天倭桥。坚守不退，刘綎复进攻之，舜与陈璘扼海口以逼之。行长求救于泗川贼沈安顿吾，顿吾从水路来援。舜臣进击，大破之，焚贼船二百余艘，杀获无算。追至南海界，舜臣亲犯矢石力战，有飞丸中其胸……而绝。”

由以上这些记录见之，可知日本的丰臣秀吉虽于此年的七月间病死，而日本的侵韩诸军，此时并无退去之意。《宣祖实录》卷一〇六有一条记载，说，当加藤清正从岛山撤兵时，曾在城外插一文书，中云：“顺天已危，我不救拯之，则无勇也。故我先扫空此城，暂住于顺天也。尔等亦来于顺天，我当争雌雄决胜负也。”由这一条记载，参以前引《宣祖实录》所说，“大概行长之计，阳为约和，阴待援兵。欲先合击舟师，仍攻陆兵。而贼船先锋已败，未遂凶计。”“远处援兵知其先锋已败，不敢来救，遂还去”等情节，可知西路日军之被围势急，正是导致东路及中路日军撤军来救的主要原因。但日军的陆上部队人数虽众，水师毕竟只占少数。水军作战，陆上部队并不能肆力其间。推测当时的情况，应是日军先遣水师前来，打算与西路日军水陆夹攻，重师前此攻破闲山岛朝鲜水师之故技，一举而将封锁顺天湾水面的中韩水师夹击摧破，然后运送增援陆军登岸，反击刘綎军且加以歼灭。因为迄至此时为止，刘綎所辖的部队，始终未尝败绩，其实力最强，对小西行长的压力亦最大之故。假如日本军此时已因丰臣秀吉之死而果有撤兵之意，但西路日军业已陷入明军的水陆围困，即使欲作敦刻尔克式的撤退，亦必须先摧毁敌人的海上封锁，再厚集兵力，予刘綎军以歼灭性的打击，使不能危及日军之登船撤退，然后方能顺利达成突围及撤兵之双重目的。基于这种情况，三路日军之企图集成一体，在临撤退之前再发动一次西战场的水陆大战，无宁正是必要之举。但是，中韩水军的南海之捷，使日军的此一作战计划没有机会能够实现——日军的水师在南海之战中大部分被歼，在后的运兵船不敢再继续前进，而在顺天的小西行长所部既已觑空逃出中韩水军的封锁，两路日军为协助西路日军突围撤退之目的总算已在牺牲了日本水师的形式之下实现，此时若再逗留瞻顾，则在缺乏水师保护的情况下，这些运兵船如何经得起中韩水军之移师进击呢？于是，本来为策划西战场水陆大战的调兵行动，此时真正的变成了撤兵，而且是一去不复再返。于是，朝鲜半岛上再无一倭遗留，而朝鲜战争也到了最后的结束。究其原因，皆由于中韩水军的南海大捷改变了此一情势。朝鲜《正宗实录》中曾说："我穆陵（即宣祖大王李昖）中兴之业，始基于平壤之捷，终成于南海之战。"以此论水军南海大捷的重要性，可说极为恰当。事实如此，明人之所谓"惰归"与青木正儿之所谓日军因丰臣秀吉死去而完全撤退之说，亦就无须再加深辩了。

## 日本史籍每多夸大

日本史籍记明代的中日朝鲜之战，每多夸大之辞。不必多举其他的事例，即以上面所引的青木正儿的那段话来说，所谓“明朝丧师数十万”与“衰弱不堪”云云，便是十分荒唐的话。明朝两次派援韩大军入朝鲜与日本交战，总数不逾二十万，如果其死伤数目真有“数十万”的话，则加上未死而班师回国的，岂不将有百万之众么？明朝万历时的全国常备兵员尚不足百万，又从何处能抽调百万之众来从事朝鲜之战呢？即此一点，便可知日本史籍夸大之一斑。又如董一元泗川之败，朝鲜史籍谓损兵三千，《日本外史》则谓斩首三万。李如松碧蹄之战，所带亲兵不过三千，加上查大受所部，总数不逾六千。然而《日本外史》则谓“斩首一万，殆获如松。追北至临津，挤明兵于江，江水为之不流。”正由于有这许多夸大的记述，所以，朝鲜战争期间中国方面的伤亡数目，才会高到“数十万”的庞大数目。《明史·朝鲜传》的作者不深考此战的真实情形，以不实的记载纂入史书，实在误人不浅。就日本方面而言，即使《日本外史》一书盛夸日军之战绩如何辉煌，其中亦颇有片言只语足以反映其国内情形之困难。如弹正少弼指丰臣秀吉之发动侵韩是为“野狐所凭”，说：

> 使我父子兄弟暴骨于海外，哭泣之声四闻。加之转漕赋役之相困，所在尽为荒野。

所以，即使不从朝鲜史籍中去稽考日本的挫败事实，即此一点，亦可知日本因侵韩而招致的兵员伤亡及财物损耗，已尽足以在日本国内造成重大的困难与不满。朝鲜实录叙此，更有一段话说：

> 壬辰事则日本至今悔之，至呼秀吉为平贼。

又说：

> 平秀吉之构乱也，渠既桀骜，一时诸将亦多应时而出者，故能蹂践

我国。而渠辈伤亡亦多，故至今惩创云。

日本人民呼丰臣秀吉为“贼”，乃是他们痛恨丰臣秀吉发动侵韩战争的具体表示。由此看来，即使日本军当时果曾在朝鲜创下若何伟大的战绩，他们所付出的代价亦已太大；更何况此一战争的结果是日本什么也不曾得到，徒然使十万以上的日本兵成为海外之鬼，则徒侈武力的侵略战争又有什么值得赞颂的呢？就事实而论，日军在朝鲜战争中所表现的碉堡防御战术，实在极为出色。中国之由西方传入鸟铳，其时间不过稍后于日本，而中国方面始终不能善用这种新式武器的特性，将它们发展为那一时代中最有效的防御用兵器。由此可知，日本在接受新事物及创造新战术方面的才能，实在要比同时代的中国为强。日本在后来逐渐走向侵略及黩武的道路，也许，这方面的才能不无影响之力。由明代的中日朝鲜战争往事中见之，这也许可算是我们的一点点“读史心得”吧！

## 出兵救韩再造藩邦

日本侵韩而中国出兵相救，自战争开始以迄日军全部撤出朝鲜，中国方面为朝鲜战争而消耗的金钱以百万计，所调派的兵员及因转运粮饷而动员的民力，俱以十万计。但此时的明朝政府虽不计一切困难地竭力援救朝鲜，而在事平之后，并未要求朝鲜给予任何酬报，反而轸恤朝鲜残破，于留兵协防之外，更屡次以金钱、粮食、耕牛、种子等无偿地运济朝鲜，这种但尽义务而不求权利的援助，才是朝鲜君民真正感激明朝中国的地方。其后明亡于清，朝鲜君臣不忘明朝神宗皇帝当年的“再造东国”之恩，特在王京汉城建大报坛以为奉祀。朝鲜实录中记有当时朝鲜国王的谕示说：

> 呜呼，神宗皇帝再造藩邦之恩。天地同大，河海莫量，实吾东方没世不忘者也。
>
> 海内神州，满目腥尘，遥望天寿，孰荐明祀？噫嘻，由是论之，则今日建庙，不特予崇报之诚亶在于此，神皇在天之灵，亦安知不恋兹东土耶？

以此与朝鲜对待日本的态度作对比，一则恨之直欲食其肉而寝其皮，一则志切报恩，虽在易朝换代之后仍感戴不忘，然则明朝中国虽因出兵援韩而致耗竭海内物力，在这里固已为中韩民族的深厚友谊奠定了良好基础。所谓“兵以义动”，在明代的中日朝鲜之战中，中国方面的援韩大军，真可以称为“仁义之师”而无愧了。

# 袁崇焕与毛文龙

## 刘纪所引并非第一手史料

曾在《春秋》杂志上读到有关袁崇焕与毛文龙的两篇文章，作者均为刘安邦先生。前一篇名曰“皇太极智杀袁崇焕”，副题曰“从满文秘档所见的第一手明清史料”。据编者先生所加的按语，此文刊出以后，受到甚多读者的注意，希望能将袁崇焕守边经过更加发挥，于是原作者又续撰“袁崇焕杀毛文龙，崇祯杀袁崇焕”一文，副题仍称作“从满文秘档所见明清第一手资料”。由于笔者自己对于明清之际的历史素来最感兴趣，近年来对这方面的史料亦闻见颇多，所以对这两篇文章亦非常有兴趣拜读。但读毕全文以后，又不免深感失望，因为原作者刘安邦先生虽然以为他所介绍的“满洲秘档”是“第一手”的明清史料，其实称不上；而且刘先生虽然介绍了秘档中的很多密函，包括袁崇焕、毛文龙二人与清太宗之间秘密通和的信件，却并未同时把这些信件的真正涵义及其中的关系交代清楚，所以虽然读毕全文，仍不免有未曾触及痒处的不着边际之感。不揣冒昧，在此为续貂之作，一方面提供有兴趣的读者作参考，一方面纠正于刘先生。

刘先生所介绍的袁崇焕、毛文龙与清太宗之间秘密通和的信件，来自沈阳崇谟阁所藏的“满文老档”。这批满文老档多达一百七十九册，民国七年时由满人金梁为之择要翻译，并刊印行世，名曰《满文老档秘录》。出版以来，极为学术界所重视，因为其中所收的资料，均为官修史书所不载。刘先生称之为明清史中的第一手史料，以当时情形来说，确实如此。但是这种情形在目前已有很大的改变。原因是旧藏于清代内阁中的大批原始档案，于清末时逐渐散出，其中台湾所藏为数较多。一九三〇年以后，该所将整理档案所发见的珍贵史料陆续刊行传布，其中便有袁崇焕、毛文龙二人当年书致清太宗的信函原件多封。将这些原信与收入满洲秘档中的信件互相比较，我们可以发现两种情形。第一，满洲秘档将这些信件收入纪录中时，甚多地方都曾加以改削，有“不妥当”的地方，干脆就删掉了。第二，原信由汉文译为无圈点的老满文，现在又从老满文还原为汉文，经过两次翻译之后，难免有翻译错误的地方。后一种情形还勉强可以说是无关大雅，至于前一种情形，则简直就破坏了原始史料的完整性与真实性，其价值应大大地打上一个折扣。所以，自档案原件出现之后，金梁所译印的满洲秘档，在学者心目中的地位就今非昔比了。所谓“第一手史料”之称，当然更加谈不上，因为唯有档案中发现的原始文件，庶几才足以当此而无愧。

档案文件与“满洲秘档”间的价值差别，我们可以举出史语所专任研究员李光涛先生论述《天聪实录稿》（亦档案中物）的一段文字为例。李先生说：

> 《天聪实录稿》的内容，有许多非外间所能看得到的。此类的史料，不但记事上最朴实，最可信，就是在名称上看来，也很似毫无一点文饰之辞。举稿中的例子来说，比如，改“金国汗”为“满洲国皇帝”（“金

国汗”三字系原文，“满洲国皇帝”五字，系涂去“金国汗”三字后所改写，下同。）改“番书”为“满洲国书”，改“老寨”为“兴京”，改“谨奏皇帝”为“致明帝书”，改“皇朝”为“明朝”，改“抢掠”为“伐明”，改“袁老大人”为“太监”，改“回家”为“回国”或“回朝”，像这一类的很多，都是些实实在在的记载。

《天聪实录稿》中何以会有这许多“长他人志气，灭自己威风”的不雅文字需要涂去以后重写？其中原因，当然是因为未涂去的文字便是满清人当初的原来称呼，后来在重修实录时深觉其不妥，所以才需要加以修改涂饰，以符合后来的局面与地位。如以档案原件与满洲秘档相比，那么，档案原件就好像是《天聪实录稿》未经修改以前的文字面貌，而满洲秘档就是修改以后的新面貌了。二者之间的区别如此，究竟那一种史料方才有资格被称为第一手史料，似乎不需要再加以说明了吧！

## 皇太极反间杀袁真相

刘安邦先生根据满洲秘档的记载，在《皇太极智杀袁崇焕》一文中收录了清太宗与袁崇焕的往来书信共十三封，文中并说：“袁崇焕据守锦州宁远山海关，皇太极无法攻下，他乃一方面和袁崇焕修好，暗中去进攻朝鲜，以解除后顾之忧，同时对付在朝鲜境内驻军皮岛的明朝总兵毛文龙。”之后，皇太极“由热河进入龙井关，经遵化等地到达北京城下。袁崇焕回军入援，崇祯误信皇太极的反间计，竟把明朝的‘长城’袁崇焕杀了。”前一段话的目的，其用意当然是在说明，清太宗后来之以反间计杀袁崇焕，即是因为袁崇焕当年曾有过与清太宗通书修好的往事，所以方能使崇祯误信其反间计，自毁长城。但崇祯之杀袁崇焕，清太宗纵反间一事固为其主要原因，其他方面的相关因素尚有甚多。若不将这许多错综复杂的因素辨理清楚，误以为崇祯一听到清太宗所行的反间计，就毫不思考地贸贸然将袁崇焕杀掉，无疑将使今日的读者产生一种错觉，以为此事既然如此简单，何以崇祯便全不能察觉？果真如此，则明朝崇祯皇帝的才能其实尚不及《三国演义》中的蒋干，说来便未免使人大感意外。崇祯当年何以要将袁崇焕杀掉？清太宗的反间计固是导火线，而袁崇焕被杀的先机，则已早伏在他之专杀毛文龙一事之中。余大成《剖肝录》中曾说："旧额东江岁饷百万，大半不出都门，皆入权宦囊中。自焕斩文龙，尽失其赂，佥与体仁、栋合谋倾焕，交致其罪。"所谓"东江"，即是毛文龙开镇之地；所谓"体仁、栋"，则是袁崇焕被杀时崇祯朝中的礼部尚书温体仁与兵部左侍郎梁廷栋。由这一条记事，可知袁崇焕之杀毛文龙，使朝中权贵尽失其赂，致与温体仁、梁廷栋等一班奸佞同谋陷害，已经具备了崇祯误杀袁崇焕的条件，清太宗之纵反间，只是适时提供了这些人实现陷害袁崇焕的机会，殊不能说，袁崇焕便是死于清太宗的反间计这一项单纯的原因。至于袁崇焕之斩毛文龙，则是因为毛文龙据地自雄，骄恣跋扈，有不臣之心，虽岁糜巨额粮饷，曾不能收一毫牵制之用，故袁崇焕假阅视为名，即军中执毛文龙而斩之，初不知毛文龙尚有潜通清人，图谋不轨之事也。所以刘安邦先生虽然在"袁崇焕杀毛文龙，崇祯杀袁崇焕公案"中摘录了满洲秘档内的毛文龙致清太宗书多件，读者似乎尚不能从这些信件中看出此与袁之杀毛以及后来崇祯之杀袁有何关联。就事论事，毛文龙之跋扈不臣，自有可杀之罪，但这又不是仅仅从毛之致清太宗各书中所能看得出来的。此所以笔者在读毕刘安邦先生的全文之后，深感意犹未尽，不吐不快者也。惟此文虽为补苴之作，亦难免有谬误及挂漏，不周之处，并望刘先生及读者诸君有以指正是幸。

## 先从毛文龙开镇东江谈起

本文以“袁崇焕与毛文龙”为题，除合叙二人之生平事迹外，并欲兼及袁崇焕杀毛之原因，以及袁崇焕后来又被崇祯所杀之原因。合叙袁、毛二人之生平事迹，当先从毛文龙说起。因为毛文龙的参与辽东抗清战争，远较袁崇焕为早。当毛文龙已从“游击”发迹为平辽总兵官挂征虏前将军印赐尚方剑便宜行事，权势已极熏炙时，袁崇焕还不过只是一名“宁前道”，论地位既远不及毛文龙，论权任亦不足以钤制文龙。至于他后来之能够不俟王命，将毛文龙来一个先斩后奏，那已经是在他进位为尚书督师，受崇祯帝的特达之知，专倚他对付满清以后的事。毛文龙在《明史》无传，其事迹附见于《明史·袁崇焕传》中。清朝的毛先舒和毛奇龄二人虽然先后写过两篇《毛太保公传》与《毛总戎墓志铭》，但其中的内容太荒唐，可信的价值太少。迄今为止，对毛文龙的生平作为最有研究，又最具有学术价值的专门著作，无过于“中央”研究院历史语言研究所专任研究员李光涛先生所撰的《毛文龙酿乱东江本末》一文，全文长十二万余字，刊于《史语所集刊》第十九本。今先以李先生的《毛文龙酿乱东江本末》一文为本，先略叙毛文龙的生平及其开镇东江前后情形，再及袁崇焕的抗清战绩及其杀毛原因。李先生的大文中，于毛文龙的早年事迹没有叙述，则由笔者另外参考毛先舒等人的有关文字为之补充。

清人毛先舒所撰的《毛太保公传》说，毛文龙，字振南，浙江杭州人，万历四年正月十一日出生。为人落拓，不治生产，好谈兵。尝与人群饮酒楼，酣，拍案呼曰：“不封侯，不罢休。”众人皆笑之。年三十走燕中，不遇，又至辽东，辽帅收之幕下，授海州军官。渐升至都司。后以辽东巡抚王化贞之荐，给空白札付数百道，令东往朝鲜的义州鸭绿一带，规取清人的东面。由此遂得以部下一百九十七人东据朝鲜的皮岛，逐渐建立起此后开镇东江的局面。另据毛奇龄所撰的《毛总戎墓志铭》所说，毛文龙早年丧父，由他的舅父沈光祚抚养长大。沈光祚中万历二十三年进士，与王化贞同榜，后服官于山东布政司。适王化贞升辽东巡抚，行前向沈请教，沈光祚乘机将毛文龙介绍予王，遂隶王化贞标下为都司，后来又命他赴河东招降叛逆，相机恢复疆土。其后的情形，则与《毛太保公传》所记相同。比较上述碑传文字的内容，二者颇有矛盾。因为毛先舒既说毛文龙在“三十走燕中不遇”之后就到了辽东，积功渐升至都司，那就不可能会如毛奇龄所说，毛文龙在未受王化贞委任之前一直居于沈光祚署中，直到沈光祚荐毛于王，始在辽东以功名自见的了。按，清人吴兔牀辑《东江遗事》一书，中间收有无名氏所撰的《纪事本末备遗》一文，在天启二年九月的记事内，有如下一条记载，云：

> 毛文龙上疏曰：臣一介庸愚，在辽二十余载，以抚臣王化贞委任，遂以孤军擒叛逆于辽民溃散之余，复镇城于丽国畏懦之后。

既然毛文龙自己说，他在天启二年以前就在辽东待了二十多年，那么，毛奇龄在《毛总戎墓志铭》中所说的话显然不可靠，不如毛先舒的《毛太保公传》比较可信。但毛先舒的文章实在也不无问题，因为在天启二年时毛文龙已四十七岁，上推二十余年，毛文龙只有二十多岁。既然他那时已在辽东，又何至“年三十”方“走燕中不遇”，然后再由燕至辽东呢？《明史·袁崇焕传》记此，则说：“文龙者，仁和人，以都司援朝鲜，逗留辽东。辽东失，自海道逃回，乘虚袭杀大清镇江守将。”所谓“以都司援朝鲜，逗留辽东”，当是说毛文龙于万历二十一年至二十六年朝鲜遭日本侵略时，曾受命以都司率兵往援，迨朝鲜战事结束，文龙即有留于辽东不返之意。由天启二年上推二十年，即是万历三十年。毛文龙在万历二十年至二十六年间因率领援兵东往朝鲜而来到辽东，至万历二十六年年底，朝鲜战事结束，毛文龙如果是在这年以后便因撤兵回国之故而留于辽东不返，那就完全符合他自己所说的“在辽二十余载”那一句话。由此可知，《明史・袁崇焕传》所说，毛文龙在中日朝鲜战争时曾“以都司援朝鲜，逗留辽东”的那一段史文完全正确，而毛先舒与毛奇龄所撰碑传中的毛文龙早年事迹则甚不可信。更因为两毛所撰的毛文龙碑传中充满了颂赞褒崇的文字，由上举的证据亦可知道其什九出于捏造附会。综合以上的这些记述，对毛文龙的早年史事，我们只可归结到几点可信的内容。第一，他是浙江杭州府仁和县人，出生于明神宗万历四年。第二，他在万历二十一年至二十六年的中日朝鲜战争期间，曾以都司率兵援韩，在朝鲜战争结束之后，就留居于辽东，不再返回他的杭州原籍。第三，他在辽东时，大概以居于辽东半岛一带沿海地方的时间为多。这可以举出两点事实来作证明。一是《明史・袁崇焕传》曾说，毛文龙于清兵攻占辽东与沈阳以后“由海道逃回”。以地理位置推测，其地点应在辽东半岛一带。二是他在逃回之后，巡抚王化贞又命他再度过辽河深入清人占领的海、盖、金、复以至鸭绿义州，从事招降纳叛工作，若非他对当地地理环境特别熟悉，他应当不敢轻易冒险前往，而王化贞也不会冒昧的派他前去。至于他在居辽期间曾经做过些什么事？此则因文献无征之故，无可考稽的了。

毛文龙袭破清兵所据守的镇江城以后的情形，据《明史・袁崇焕传》，先抄一段概括性的叙述文字于后，以见其大概情形为何。

王化贞遂授文龙总兵，累加至左都督，挂将军印，赐尚方剑，设军

> 镇皮岛如内地。皮岛亦谓之东江，在登莱大海中，绵亘八十里，不生草木。远南岸，近北岸。北岸海面八十里即抵大清界，其东北海则朝鲜也。岛上兵本河东民。自天启元年河东失，民多逃岛中。文龙笼络其民为兵，分布哨船，联接登州，以为犄角计。中朝是之，岛事自此起。四年五月，文龙遣将沿鸭绿江越长白山，侵大清国东偏，被守将击败，众尽歼。八月，遣兵从义州城西渡江，入岛中屯田。大清守将觉，潜师袭击，斩五百余级，岛中粮悉被焚。五年六月，遣兵袭耀州之官屯寨，败归。六年五月，遣兵袭鞍山驿，丧其卒千余。越数日，又遣兵袭撒尔河，攻城南，为大清守将所却。七年正月，大清兵征朝鲜，并规剿文龙。三月，大清兵克义州，分兵夜捣文龙于铁山，文龙败，遁归岛中。时大清恶文龙蹑后，故致讨朝鲜，以其助文龙为兵端。顾文龙所居东江，形势虽足牵制，其人本无大略，往辄败衄，而岁縻饷无算。且惟务广招商贾，贩易禁物，名济朝鲜，实阑出塞，无事则鬻参贩布为业，有事亦罕得其用。

上面的这一段记述，除了叙述皮岛地理形势的那一部分并不正确之外，其余大致不错。考之朝鲜史籍的记载，皮岛一名椵岛，在鸭绿江口之东南方海中。北岸十余里为朝鲜之铁山，西北岸八十里，即抵辽东界。《明史·袁崇焕传》所说，皮岛“在登莱大海中”，显然不对。由皮岛向西北及东南，复有大小数岛，分别称为獐子岛、鸡岛、加次岛及须弥岛。因为这些岛屿皆位于鸭绿江之东，所以名曰东江。毛文龙在奇袭满清所据守的镇江城得捷之后，骤得明朝政府的信任，由参将屡升至副总兵、总兵，开镇东江，欲倚之为恢复辽东的呼应牵制，其实则是以明朝的总兵官而设镇于朝鲜的领土。毛文龙开镇东江，藉以取得明朝政府倚信的，其一是东江的地理形势险阻扼要，足以与山海关以外的锦州宁远互相呼应，拊清人之背而蹑其后，其一则是毛文龙所一贯用来欺蔽朝中文武的方法——虚张声势、虚报战功、掩败为胜，以及将来投辽人伪作战俘献捷等等。更加上他的善于通贿权门，结纳宦官，于是使当时的明熹宗深信毛文龙真是东方海外的擎天一柱，于源源输济粮饷以外，更褒赏稠叠，言听计从。毛文龙虚报战功的情形，《明熹宗实录》中收有毛文龙当时所发的军报甚多。如天启三年十月辛酉毛文龙的军报说：

> 奴欲西犯榆关，遣师渡江，以伐其谋，暗置空营，更易旗号，于是有满浦昌城之捷，斩获奴级一百三十八颗，获奸细四人，及夷器等物。奴耳目乱于梆声，手足触于地炮，东西奔命，人马饥疲，自相践踏而死者二万余人，马三万匹。

在明清战争中，明朝人惯称清人为“奴贼”，盖因明人称清太祖努儿哈赤为“奴贼”，所以即用此名代表一切清人之故。此文中所说的“奴”，即指清兵而言。按，由明清战争的经过情形看，清兵的战力强劲，远非明兵之敌，所以攻无不克，战无不摧，直至天启年间袁崇焕因守宁远而得一大捷为止，在此以前，明朝的军队未曾打过一次胜仗。而且即使宁远大捷以后袁崇焕所训练的辽军屡有战捷，每一次胜捷中所能斩获的“首功”，最多亦不过二三百级而止，少的甚至不过只数十级，从没有斩级在一千以上的纪录。毛文龙自称他以空营诱敌，一仗杀敌一百三十六级，又使其死于地炮及自相蹂践致死者二万余人，如此战绩，真可说是明清战争中明军空前绝后的伟大战功了。毛文龙在这里自夸他的战功如此空前伟大，然而在当时的朝鲜方面，却另有其完全不同的纪录存在。朝鲜《仁祖实录》元年七月乙未条记事云：

> 都元帅张晚启言：近接义州之报，毛帅已为渡江，游骑出没于凤凰、汤站之间，日日放炮，以为声势。又闻，易承惠等已自上游渡江。其军

之单弱，臣已目见，其所声言，必曰“合朝鲜之兵而乘虚入辽”。彼虎狼之移怒，断可知矣。

## 虚报战功逃避清兵

朝鲜仁祖元年，即是明熹宗的天启三年。毛文龙的“捷报”于天启三年十月抵达北京，他在朝鲜及辽东方面的实际作为，当然便在这年七月。由朝鲜实录中的记录看来，毛文龙的军队不仅实力单弱，其真正伎俩不过只是以“日日放炮”为虚张声势之计，何尝能对强敌，以刀来枪往搏一场堂堂正正的血战？朝鲜方面毫不提及他的“战功”，而惟恐此举或将触怒清人，惴惴然以“彼虎狼之移怒”为言，实在已将毛文龙的军队形容得极为不堪。清军因毛文龙扰边而致移怒朝鲜，并非朝鲜君臣之过虑，早在天启元年毛文龙镇江之捷以后，就已有过先例。王先谦《东华录》天命六年十一月乙卯日的记事说：

时明将毛文龙屯兵朝鲜境，上命二贝勒阿敏统兵剿之。阿敏渡镇江，乘夜入朝鲜，斩游击刘姓及兵千五百人，文龙仅以身免。

清太祖的天命六年，即是明熹宗的天启元年，亦即是毛文龙以一百九十七人突袭镇江得捷的那一年。毛文龙于这一次的突袭成功之后，即渡过鸭绿江退入朝鲜境，驻军于义州以东的铁山。十一月间，江面冰合，贝勒阿敏所统率的满清骑兵，突然由镇江踏冰渡过鸭绿江，以迅雷不及掩耳之势，一昼夜直冲八百里，深入朝鲜宣川郡的林畔，目的便在搜捕毛文龙。这一次的清兵突袭，由于毛文龙逃得快，总算没有被敌人捉去。自此以后，为了安全起见，他就选中了义州东南方一连串的小岛为根据地，在上面屯兵积粮，广建营寨，以为他的安身之地。每到冬季冰合，预先拘集沿海船只，远遁岛中。

清兵即使来到义州铁山，亦因无船可渡而徒唤奈何。但这种作法，并不能中止清人对毛文龙的报复。明熹宗天启七年，清军以三万之众来攻朝鲜，长驱直入，一直打到平壤。毛文龙虽然安全逃入岛中，然而他留在铁山的大批军队及数十万从辽东招来的难民，却无法逃避屠杀之厄，连带使地主国朝鲜也大受其害。情势如此，毛文龙之"开镇东江"，除了为他自己假借"牵制"之美名虚糜明朝政府的巨额金钱粮饷，以及为朝鲜带来巨大的灾难以外，实在谈不上有什么裨益国家之事。自天启元年毛文龙开镇东江，至崇祯二年袁崇焕诛毛文龙，在这首尾九年之中，毛文龙究竟在朝鲜海外做了些什么？且先看朝鲜及满清方面的纪录：

朝鲜《仁祖实录》三年正月庚申："时都督以复辽为名，召集辽左饥民，遍置于清川以北，而天朝所赐银粮，占为私用，安坐岛中，独享富贵。以此军兵咸怀怨愤。"

《清太宗实录》："天聪二年四月，明总兵官毛文龙，驻札南海皮岛，诱招辽东人民，使富者皆为毛姓，若其弟与子孙然。且杀我逃亡首级，诈称阵获，欺奏其主。其主臣皆信，升为大都督总兵官，凡海岛官民赏罚升降生杀，悉听之。"

朝鲜与清方的纪录，可算是比较客观的；若是明朝自己方面的记述，虽较主观却更详细，亦更可以看出毛文龙胡作非为的实际情形。《崇祯新政纪略》载，崇祯元年二月二十一日，工科右给事中潘士闻纠毛文龙一疏，中云：

> 元帅三军之司命，主将得人，则干城有所寄。故智将动有成质，勇将所向无敌，未有翱翔海上八年，未复一城一池，而可以言智，敌来深匿穷岛，敌去仍言牵制，而可以言勇如毛文龙者。有谓各岛兵数，自旅顺口及三山岛，男妇二万，兵数仅三分之一。有当军六七年不见一文钱

者，更不知连年火药铳炮等物置之何地耶？有谓往岁献俘，皆窃取各地援兵，希重赏者。有谓内监赍敕稽查兵饷，犒赏五万，文龙自知虚冒，转送内监，复以五六万金送内监不点人马者。有谓文龙差徐虎臣领辽人千余，在鲜地采金，又差心腹张姓领辽人二千，在鲜地掘参，自铁山破，敌兵直入，此二项尽被杀死者。有谓文龙每年招降夷千人，俱改毛姓，养之内室，因铁山失陷，降夷欲内应，假以元宵赐酒，尽杀之假报斩功者。有谓文龙在海外，不问来历，但有渡海者，每银十两给引一张，即真奸细不问者。有谓坑骗客商资本百万金，致含冤绝岛，稍触其怒，提作奸细，竟行杀戮者。有谓见岛将做官日久，积有多金，寻事抄没，锢于大苍岛，仍将妻子给与辽人者。有谓文龙与四内监结拜，对胡太监说："人马散处在外，不便查点。"胡监笑云："点什么人马！只要替老祖爷做些功劳，多封几个侯伯，何愁富贵不长久?"挂一幅画像，头戴冕旒，身穿衮龙，手执圭，供一金字龙牌，写"当今上公魏老祖爷"，朝夕焚香礼拜者。先是，屡旨移镇，概不听命，可谓跋扈。度其诡谋长技，不过以所糜军饷，辇金潜往长安，多方布置，为庇护地耳。

按，所谓"老祖爷"，指明熹宗时专权乱国之大阉魏忠贤。毛文龙因为能以"辇金长安"的方法巴结上这一位当权的大太监，又向魏忠贤请来胡良辅等四个太监到东江来"监军"，作为他的护符，于是便能以杀降报功、虚言牵制之法，安居岛中，坐享富贵。《明史·袁崇焕传》中，载有袁崇焕杀毛时所数他的十二大罪，其情节亦大致即是上面所举的各项。即使仅仅以上面所举的各种情罪而言，毛文龙稔恶如此，已经足够处以一死了。何况由清代档案及朝鲜实录中的纪录看来，当时的毛文龙，在富贵之余，更有谋叛之心，其用心之卑鄙与对国家民族之不忠，更是万死不足以赎其罪。毛文龙之通敌谋叛，在档案文件中所见的证据极为明确。刘安邦先生虽曾由满洲秘档中录出毛文龙交通清人的信件多封，但因收入满洲秘档的信件均已经过清人的窜改，并不能充分看出当时事实的真相。所以，欲明当时事实，仍须先由档案原件比勘满洲秘档，另外更以《朝鲜实录》中的记述互相参考，方能完全了解其中的真相。

## 毛文龙“交通清人”经过

满洲秘档所收毛文龙交通清人的来往信件，其最初两封为清太祖努尔哈赤对毛文龙的招降书，一在天命十年二月，一在天命十一年五月。前一信中说：

> 尔所使之奸细，被我哨卒拿获讯问。据云，尔将明帝所使之大员二人斩杀，得罪明帝。山山海来归之人亦告，尔得罪明帝，且明帝已致书朝鲜王，务将尔弋获。……朝鲜王已复书明帝。云毛文龙在此观望，逍遥军中，捏报降人数目，冒领钱粮，蒙蔽皇帝，实祸我朝鲜国之鼠盗也，我欲设法将毛文龙执送，否则劝勉其部下之人将其擒获，等语。尔虽为主效力，其奈君幼臣昏何？尔纵将所获朝鲜之八部财帛及尔帝颁发之饷糈堆垒如山，谁肯甘心听尔享用？尔既得罪明帝，固不能还，今又不容于朝鲜，我岂放尔逃脱？尔将何归焉？尔之遣使奸细及容留逃亡，意恐被我所见，责备于尔，实则各为其主，岂复有怀恨于尔之理乎？尔若降我，岂不可以效力于明帝者效力于我耶？昔韩信弃楚霸王而归汉，胡景德弃刘武周而降唐，因归降而成伟功，遗美名于后世，人岂谓其不忠于君，叛归他主乎？

此信先则以毛文龙得罪朝廷及朝鲜欲擒毛献于朝廷为恐胁，继则劝之归降，其设辞虽称周至，其实殊昧于事实。因为毛文龙已因辇致巨金结纳皇帝左右的阉人，及投拜大珰魏忠贤为“上公魏老祖爷”之故，极得魏忠贤之宠信。明熹宗童昏无知，明朝皇帝，当时实际是由魏忠贤在那里全权代理，只要魏忠贤始终倚信，更有谁奈何得了毛文龙？至于朝鲜，则因毛军遍驻铁山义州及旅顺沿海诸岛，适当朝鲜往来中国的水陆要冲之故，凡有奏报明朝中国的文书，事事皆须事前关照毛某，否则就不能奏达中国。在这种情形之下，朝鲜之于毛某，歌颂惟恐不及，何尝能有向中国透露半点真实消息的机会？像这样的空言恐胁，显然不能使毛文龙有丝毫畏惧之心。至于书中所说的“胡景德弃刘武周而降唐”云云，“胡景德”应是“尉迟敬德”，若不是原信有错，便是译信之人对音有误。毛文龙收到此信之后，似乎并无接受之意，所以隔了一年之后，清太祖再有第二信招降。这第二封信中的口气，似乎要比第一封信婉和得多，除了极夸清兵之战胜攻取，所向克捷，及明运将终，人力难挽等等之外，继云：

> 岂尔不知良禽择木而栖，贤臣择主而事？韩信弃霸王而归汉高祖，刘正弃宋而归蒙古忽必烈，是皆上观天时，择主而事，留芳名于后世者也。朕受天命而生，凡朕与诸贝勒，不念仇敌，视其功勋而养育之。昔齐桓公养射己之管仲，朝政大治，唐太宗养寇仇之胡景德，终有裨益。尔毛将军不拘如何效力于尔君，尔国将亡，君臣昏聩，反遗祸于尔，有何益哉？……佟驸马、刘副将，皆只身逃来；李驸马及辽东广宁之各官员等，收于阵前，岂不知彼等皆被举而用之乎？尔若向我，则彼等何异焉？

这一次的招降，朝鲜实录中曾记有毛文龙对此的反应情形，抄录数则如下：

朝鲜《仁祖实录》四年闰六月丁未条记云："时毛镇中有士人倪汝听者，密告于姜王两诏使，极言毛将与虏交通，必叛中朝之事状。"越四日辛亥，续有记云："倪汝听密揭，略曰：毛帅已于本月初三日，约大小将领，束牲载书，盟天誓地，共发大乱。谋叛无他，首因丽人进贡，谮疏毛帅，毛帅怒之。兼以武抚（指驻节登州之登莱巡抚武之望）与毛帅仇雠，毛帅恶之。又各处上疏不止，毛帅益大不快。遂使诸将挑兵，先杀附近丽人，探其马匹弓矢器械，储粮畜锐，直造王京，厮杀一场，令其降服，然后整顿储备，攻取山东，到一处收一处，大事可图也。"朝鲜仁祖四年，即明熹宗天启六年，亦即清太祖天命十一年。由这两条记载，可知当时毛文龙因清太祖努尔哈赤之招降，已曾有过投降之打算。复因朝中文武当时屡有议论，指责毛文龙开镇数年，糜费巨额粮饷而毫无建树，建议应将毛文龙移驻旅顺沿海或撤回山海关外的宁远，以收就近指挥监督之利，及他与朝鲜及登莱巡抚之间的关系又甚为恶劣之故，所以更打算在投降之前，顺势来一次大举叛变，以便报仇雪恨。至于他后来何以又蓄而未发？则《仁祖实录》中又有另一条记录说：

> 四年八月戊午，上问于特进官张晚曰：毛将之情形，败露久矣，而近以西来状启，人情尤疑惧，未知卿之所见，则祸迟速当如何？晚曰：臣意彼无速发之理，虏虽强请，毛不速发矣。毛将在此，则享公侯之乐，投奴则为一俘虏，必不及李永芳矣。奴贼亦必知文龙之军不可用，岂汲汲于文龙乎？只虑在此则或为后患，故毛之投降，想必受之，而必不优待矣。

这一条纪录指出，毛文龙之所以毕竟不曾在此时降清，是因为他顾虑到降清之后不可能受到优待，必不能保持他目前割据自雄所享有的王侯生活，所以在经过一番深长考虑之后，又决定了暂时采取观望的态度。由清太祖的第二封招降书中可以看到，信中确实未曾提出较佳的优待条件。而由毛文龙后来致清太宗各书中看来，他的愿望，最低限度想比照宋朝的刘豫，甚至自立为王，清太祖以佟国柱、李永芳招驸马的前例为条件，自然难餍其欲。何况朝议移镇一事，亦因他内有大力奥援之故，在奏上一疏自辩之后，就奉到圣旨，说："疏说地势人心极明，不必移驻。"移镇之事既已打消，朝中反对派人士对他的威胁暂时可以不必顾虑，于是他的叛降计划自然更可暂时停搁下来。到了这年八月，努尔哈赤因为在宁远攻城之战中受伤不治，死了，他的儿子皇太极继位，于是，毛文龙的勾结对象也换了人。

皇太极，即是后来的清太宗。台湾"中央"研究院历史语言研究所出版的《明清史料》，丙编第一册第十一页，载有未署名人致清太宗一书。以此信内容与满洲秘档所收毛文龙致清太宗各书互相比对，知即刘安邦先生所录"毛文龙来书二"的后半段，但因文字大异之故，内容甚有不同，录之于后：

> 华翰云，来官所言，浑然未显，故此再问，彼系下官，所以然好话难以尽吐答者，不得不浑然也。又云，虚好私通之语。不佞立于天地间，断不失信于一人，止知其实好，不知其虚好，止知其公道，不知其私通。人而无信，圣人之所深恶也。台臺与不佞意气交投，但凡事情，商议而行。或战或攻，我自有主意，行止得当，万无一失，保身保家，大富巨贵，指日间耳。不佞一点方寸，天地鬼神可表，王总兵亦皆知之。此复。

这一封信，经过改削之后收入满洲秘档的面目如后，先为录出，然后再加比较。

> 满洲秘档毛文龙来书二："再，来员之言，不甚明晰。故复此往问。

此人不善措辞，所答未有不愚暗者也。又有假好私通之语。不才于天地间，断不肯失信于一人，知诚信而不敢诈伪，守忠义而不敢贼害。人而无信，圣人恶之。如合上意，请即赐书。凡事合商而行，无论野战城战，我皆已成竹在胸，行止得宜，万无一失也。保身家，大富贵，即在今日矣。方寸之心，惟天地鬼神鉴之，王总兵亦早知矣。”

将上面两种不同的文字互相比较，可以知道，二者之间最大的歧异是语气迥然不同。如此信的原件本来全是对等往来的口吻，故称清太宗的来书则曰“华翰”，称清太宗则曰“台臺”而自称“不佞”。复有所谓“台臺与不佞意气交投”之类的话，纯然是友好之间通信往来的关系。但因收入满洲秘档之后必不能保存这种真实的对等关系，所以必需由纂书之人大加删改，以求适合清人自尊自大的地位。如此一来，许多显示相互关系的文字都被删去，连带使文字内容也因不能连接而变得晦暗不明。如原信说：“华翰云，来官所言，浑然未显，故此再问，彼系下官，所以然好话难以尽吐答者，不得不浑然也。”这段文字的本来涵义，应该是在说明，毛文龙前次派去交通清人的代表，因为官位太低，不便使他充分明了彼此间往来勾结的内容，所以有许多话不能传达明白。所谓“好话”，参以原信的尾段文字，当可知道便是所谓：“或战或攻，我自有主意，行止得当，万无一失，保身保家，大富巨贵，指日间耳”之所云云。说得明白一点，不外是毛文龙愿意投降清人，并且愿借清人的势力为后盾，反戈前导，以略取明朝中国的土地为己任。试看满洲秘档所收“毛文龙来书四”的末段，便有如下的文字：“请尔取山海关，我取山东，若从两旁夹攻，则大事成矣。我不分疆土，亦不属尔管辖。”此信中的所谓“大事”，该即是前信中的所谓“好话”，只因去使官职太低，不便明说，而清太宗又不能完全明了，所以回信中才有所谓“来官所言，浑然未显，故此再问”的话。编纂满洲秘档的人将彼此间的关系文字一概删去，又不能顾到删改之后语气不能连接，所以才会使人看起来莫明其妙，不知所以。类此的情形，在“毛文龙来书中”中仍有出现，亦可提出来作为研究比较之用。

> 满洲秘档毛文龙来书五：“毛文龙再上书。前遣官赍书讲和，自今日始，所有一切，我无不承认。彼此若能息止战争，共享太平，不胜欣喜之至。即送阔科还，与上及诸贝勒面商，业经议妥。不意贵使臣误入户部之船，被解粮者掠获，连我之三人一并解京，我亦未之闻也。我之大事，一败至此，实不及料。因阔科一时不能送还，故未言谢。上谕诸贝勒，以我言不由中，一片诚心，化为乌有，此冤将诉之谁？我之心意，本欲与上及诸贝勒共图大事，今如此见疑，岂非天乎？上与诸贝勒东西奔驰，攻伐无已，何时大事乃成？皆不知用兵故也！我与上及诸贝勒共谋国事，同享荣福，俾名垂万世，但不知上与诸贝勒信否？倘纳我之言，宜遣使密商，无稍虚伪。若谓有欺人语，何能欺四五人？请勿疑焉。非常之事，必待非常之人，大事成后，方见有心。书不尽言。”

根据事实推测，此信的写成时间既然远在“来书二”之后，则毛文龙与皇太极所谈论的所谓“大事”，理应即是第二信中所说的“或战或攻，我自有主意”，及“保身保家，大富巨贵”，亦即是第四信中所说的，“尔取山海关，我取山东，若从两旁夹攻，则大事成矣。”俟大事既成，则“我不分疆土，亦不属尔管辖”之事。然而满洲秘档所载此信，却看不出有丝毫迹象，足以与第二信及第四信中所谈到的“大事”有何关联。其开头部分所说，“前遣官赍书讲和，自今日始，所有一切，我无不承认。彼此若能息止战争，共享太平，不胜欣喜之至”云云，看起来更简直是不知所云。这必须先以档案原件与此互校，方可知道，毛文龙原书并非如此含混不明的。

《明清史料丙编》第一本页十二“都督毛文龙致金国汗”书，即满洲秘档所收的“毛文龙来书五”。书云：“都督毛文龙再拜。前差官执书，和事原讲是我一一担承，烦（凡）事都在□□（我身）上，彼此罢兵，共享太平，□（我）心甚喜。已差人送可可牛禄回汗王之话，大事已定。”观此可知，毛文龙与清人所商的大事，其最后所得结果，原来是彼此业已商定，清人希望与明朝议和之事，业已由毛文龙“一一担承”，“凡事都在我身上。”此信后半段又说：“汗王东走西奔，南来北往，何尝做得一件大事？皆不知其法，不知其窍也。”这段话的意思分明是在指出，清太宗虽然处心积虑希望与明朝缔和，其目的只希望明朝承认他们保持既得的战果为已足，然而由于清太宗“不知其法，不知其窍”之故，虽频年征战，究仍不能达到此一目的。若能与毛文龙携手合作，清攻山海关而毛攻山东，东西夹击，使明朝顾此失彼，不得不订立城下之盟，自然便可达到胁和之目的。到了那时侯，“彼此罢兵，共享太平”，双方“保身保家”的“大富巨贵”，亦自然应手而得。笔者的上述推测，不但有前面所举的许多证据为凭，并可在朝鲜实录及袁崇焕章奏中得到足够的支持。谓予不信，且看下文。

朝鲜《仁祖实录》六年十月甲辰条记事：“特进官李曙曰：闻译官张礼忠之言，毛文龙言，胡贼欲以渠为刘豫，事甚不测。……上曰：文龙与禽兽无异。”又，《明清史料甲编》第八本七一九页载袁崇焕杀毛以后所上奏疏，中云：“臣见其难制也，不可用也，讽之曰：‘久劳边塞，杭州西湖，尽有乐地。’文龙应臣曰：‘久有此心，但惟我知灭奴孔窍。灭了东夷，朝鲜文弱，可袭而有也。’……将两种纪录合起来看，一是毛文龙曾对朝鲜译官说，清人“欲以渠为刘豫”。宋高宗时，金人曾以刘豫为齐帝。今清人亦欲以毛文龙为刘豫，是欲以毛文龙为傀儡来取代明朝了。一是毛文龙对袁崇焕所说，“朝鲜文弱，可袭而有也”，这又似乎是不做傀儡便做朝鲜国王，即使不做假皇帝亦可做真国王的了。这可以证明毛文龙的居心确实甚为叵测。因为清人是否有意使毛文龙为刘豫虽不可知，而毛文龙确实因久居朝鲜之故，看准了朝鲜文弱可欺，很想在出兵叛明及帮助清人以兵力达到胁和明朝之目的以后，将辽东完全让与清人，自己则乘虚占夺朝鲜，独霸为王，与清人平分秋色。是即所谓“我不分疆土，亦不属尔管辖”之意。以档案原件与朝鲜实录等书互相比对，其中情形明白如此，可知满洲秘档虽将毛文龙各信纂入档内，一则删改太多，再则翻译内容有欠明确，单凭译信，事实上是很难看出其中端倪来的。

毛文龙原信中所说的“可可牛禄”，即译信中的“阔科”。此人在明朝方面的史书中亦有纪录，但译作“可可孤山”。《国榷》，崇祯元年三月壬申记云：“援辽总兵官毛文龙奏，建虏遣可可孤山马秀才等五人，至皮岛求款。”又，《崇祯长编》卷十一，崇祯元年七月壬子记云：“东江总兵毛文龙，送大清议款使臣可可孤山马秀才等四人至京。”毛文龙与清人交通往来，可可牛禄等人乃是清方所派的谈判代表，如何可以一方面与清人进行勾结，一方面又将清人所派代表送京处置呢？所以，这事乍看起来甚为奇怪，但事实上仍有其原因。档案中存有“毛文龙来书三”的原件，说：“都督毛文龙再拜。前四月二十六日，可可牛禄及马通事等五名到镇江，于五月初三日接到皮岛。有户部在岛分散粮饷，跟随户部人役报知本部，十分起疑。百般解失（释），说：夷人常常往来，连日事忙，留住数日。”此信中既然说到，可可牛禄等一行五人由镇江到达皮岛时，适为户部派来发粮饷的司官所知，十分起疑，虽曾由毛文龙诡辞解释，但此司官是否便信了毛的诡说，并不将此事转报朝中呢？揆之事实，正未可必。按，兵科给事中钱家修于袁崇焕蒙冤下狱之后曾上一疏为袁辨冤，中间就曾说过："毛文龙私通出塞，阳修阴诱，罪在不赦。当日反迹，副都御史朱童蒙已力言之。"据此云云，则毛文龙私通清人的情形，当日必曾有人报知朝中，否则朱童蒙何致疏言毛文龙着有反迹，毛文龙又何必亟亟将清太宗派来的代表缚送京师，以为自明心迹之用呢？但可可牛禄等人虽然明明是被毛文龙执送京师的，毛文龙致书清人解释此事，则又以"错上户部之船，被督饷户部竟自拏□，□□三名一齐解京"（原信中文字）为言，像这样谎言搪塞的理由，当然骗不了满清人。因此，由以后毛文龙与清太宗之间的往来书信中看来，清太宗之所以终于不愿与毛文龙合作"共成大事"，一方面固然由于毛文龙之欲望太奢，为清人之所不乐，二方面亦因此事鉴及毛文龙之反复寡信，不敢相信他真正可以互相合作到底之故。清太宗因此事而对毛文龙有所责难，前引档案原信中已说："若是哄诱，岂哄四五人，做得何事？"这是毛文龙自辩并非诱执可可牛禄之说词，其余信件，则可由下面所引的资料中见之。

## 满文秘档所收非可尽信

《明清史料甲编》第一本四十三页，毛文龙致清太宗原件："都督毛文龙再拜。不佞近与足下通此大事，已经三次，今见来文，甚是的切，又且诚信，不佞暗暗喜跃，以为我两家事必成矣。岂知你奸计百出，一面与我讲和，一面又来偷抢我人民。似比颠倒反复，良心何在？天理何在？休说负天之盟，即常言亦不为。故不待详审，可知先番背盟之事，罪故不在我也！第大丈夫生于天地间，信字要紧。人而无信，不其虽生犹死乎？况拏去的人，不过是我沙汰下不成才的光棍，没行影的花子，安插北岸，就柴薪之辈，在得之者有何益？失之者有何损？况我这边人，原是你那边走来的，今你抢去，是你自己抢了自己的去，与我大关系处，有何碍窒耶？我自思自悔，当初原不该与你通这个机密。你到底是鞑子家，做事只图目前之小利，那知日远之大妙？渺想此事，屡做屡败，非我与你德不深，诚不至之谓也，实我与你缘薄分浅，无大福以享受耳。亦天命也，奈何？奈何？"

这一封的内容，与满洲秘档所收的"毛文龙来书六"相同。只是秘档所收的书中文字改削太多，若仅读秘档，简直不知道双方所谈论的是什么问题。秘档译信，本已收入刘安邦先生的大文中。为便于互相对比起见，且照录一段如下：

> 毛文龙再拜上书。阅上来书，不胜疑骇，仍信用轻浮之人，竟不加察耶？况彼此欲和之事，固两国所愿，两国有益之事，若不愿，则亦已耳，何大言以欺凌我也？事未成，且如此，一入陷阱之中，岂能以礼待我乎？又云先将满洲人遣送则可，否则不可，斯言误矣！我与刘德库初议，两国事成时，不仅送满洲人，即我亦岂能往他处耶？今议和之事未成，必先固执送往满洲人之言，则彼此和好，何时成立？

以上所引满洲秘档所收毛文龙致清太宗书首段，取来与档案中的原信相比，几乎全无相同之处。究其原因，当然是由于原信中痛责清太宗"奸计百出"，一面讲和，一面又派兵来抢归附毛文龙的逃来辽民；又深自咎悔，不该与清太宗议此机密大事，非缘诚信未孚，实因满清人的鞑子本性，只贪近利而不知远瞩将来。这些文字，对清太宗诋斥甚丑，自然不能照信直录。但若在改削之后，将原信变成了所谓："欲和之事，固两国所愿，两国有益之事，若不愿，则亦已耳，何大言以欺凌我也……"云云，则分明已使原信的本来面目荡然无存，即书中的交涉内容亦与前数信中所谈及的南辕北辙，完全不能连接，简直不知意义何指了。满洲秘档所收此信，所以能确定为即是档案中的上举原信，因为译信中曾谈到“先将满洲人遣送则可，否则不可”的问题，继又谈到“阔科”之事，与档案原件所载的内容相同。所以译信虽将原信指责清太宗“奸计百出，一面与我讲和，一面又来偷抢我人民”之事移载于中段，又将文字改写成“一面议和，一面频攻铁山不止，此乃反复谲诈之行，非大人所宜为也”，毕竟仍可看出其本来面目。为了证实鄙说起见，译信中的文字，再抄录一段于后。

……且阔科之事，诚吾之差矣，然在彼之失，亦不少也。

与上文所已引的送还满洲人一事合看，便可知道，此即是档案原信中所说的“偷抢我人民”，与抢拏刘爱塔兄弟一事。原信续云：

不佞正嗟叹间，忽解到不言兔牛禄真夷一名，名十头库，口称：“我等非抢你人民来也，听说刘爱塔弟兄在铁山，我等星夜来抢拏他来了。”你若是真要他弟兄们，待你我事说成之后，我与你送去，不得么？为何动兵来，又起我两家猜疑？大事若成，连各岛人都是你的，何况他弟兄乎？你是一国之君，非同小可，何其器量偏浅而无容忍之甚也？你漫说我信不如你，不知我原意真无妄。你思想了看，我若不是实心拏着这个大事与你往来，为着何意？还是哄你城子来不成？还是哄你王子来不成？把可可事且当做我哄的罢么，未有一遭你受哄，而再遭又受哄乎？

此信中所说的“刘爱塔弟兄”，即是《明史》中的刘兴祚及刘兴治、刘兴贤诸人。按，刘兴祚弟兄诸人虽是明朝降人，但在降清之后，却甚受清太祖、太宗之倚信，甚至称刘兴祚为“爱塔”而不名。刘兴祚后来输情于辽东巡抚袁崇焕，意欲叛清投明，崇焕亦招致之。适因崇焕在熹宗末年不为魏忠贤所喜，罢归原籍，兴祚兄弟始改投文龙。清太宗恨极了兴祚兄弟的叛变行为，又因毛文龙竟敢收容叛清之人，因此就不顾双方间正在谈判的“合作”计划，突然派军袭击义州铁山，意欲以先下手为强的手段，将刘兴祚诸人一举擒回处置，以泄心中之恨。就事论事，毛文龙既然与清太宗之间早有勾结，则清太宗的爱将叛变来投，便碍难收留。既然他并不顾到清太宗的反感而竟将刘兴祚兄弟留下，那么，清太宗因深恨刘兴祚之叛己而决意要以武力夺回，便无可厚非。再加上毛文龙又将清方派来的谈判代表亦执送北京请功，很显然的，两件事都已严重地影响了清人对毛的信心。也许，毛文龙也很知道他在这两件事上都亏了理，为了先发制人起见，所以才会在信中以“倒打一耙”的手法，先将清人“一面与我讲和，一面又来偷抢我人民”之事提出来大事渲染一番，以证明“可知先番背盟之事，罪故不在我也”。此信中的争论之点明白如此，满洲秘档为了讳饰情人之丑，竟将原信改写成“何大言以欺凌我也？事未成，且如此，一入陷阱之中，岂能以礼待我乎?”经过这样一番改写之后，不但事实真相全被泯灭，即是文字内容亦变得晦暗不明，竟不能使后世的读者明了清人何以要大言欺凌，毛又如何在投降以后便将落入陷阱？此信的后段，尚有一些极重要的关键文字，足以使我们了解毛文龙与清人间的“合作”计划何以终归无成。这些文字，满洲秘文件的译信中亦已删去不存，今再查据档案原件，为之举证如下：

> （接上文）设如斯而不揣摸，我终不能剖白矣。倘若翻然醒悟，顿改昔非，莫若汗王与四大王对去人含刀暗盟，或令一心服汉人来验我真假，或心服西夷亦可，勿令金人复来，外一不测差错，你又道我是个谎了。事如依议不谬，再有结局之期，你如何待我？如佟李之隆我，不肯；如西夷之头领隆我，我亦不肯；其中主意，不可不思。外一切所以事，

俱不敢明道，先去的刘得库口内是实，再恳谨之慎之，勿致半途而废，何如？差去十头库，还叫同我的人回来说话。左冲。谨具大红金蟒一端，天青金蟒一端……奉引敬。都督毛文龙再拜。

这一段文字，满洲秘档的译信中只保留了一部分。即是："我前遣书，自此以后，不可再使大臣，或在皮岛之汉官及明国地方之人，有事当慎选其人。若果意见渐除，许即议和，请速行之可也。议妥之事，抑又何疑。因日久未奉明复，故复遣人賫书以陈。"两相比较，一则所保留的文字亦非本来面目，二则毛文龙询问清太宗在事成之后"如何待我"的一大节重要文字已全被删去，可知满洲秘档中所收的译信，实在不能视为可信的史料。

毛文龙询问清太宗，"事如依议不谬，再有结局之期，你如何待我"云云，此当是毛文龙全信的主要意思所在。因为迄今为止，毛文龙虽曾与清人数次通书，表示可以帮助清太宗达到迫和明朝及割据辽东之目的，但如事成之后，清人究竟可以给予他何种报酬，似乎始终未见说明。满洲秘档"毛文龙来书四"，有所谓"大事"成后，"我不分疆土，亦不属尔管辖"之说，但此毕竟只是毛文龙之自说自话，并未见出诸清人之口。揆之毛文龙的本意，当然是希望在事成之后，清据辽东，毛占朝鲜，虽在形式上接受清人的册封，有如金人封刘豫的故事，但只要他能达到占夺朝鲜之目的，即使在形式上稍为屈辱，亦无关系。目前所要紧的，还是要先将条件事先谈妥，以免日后反复。信中所说的"佟李"，即佟国柱及李永芳，均是以明将降清而被清人招为"额驸"的。所谓"如佟李之隆我，不肯"，意即不愿如佟李一般之仅被招为额驸而足也。至于所谓"西夷"，即降清之蒙古部落酋长。蒙古部落的酋长降清，最多只能保持其部落中原有的"汗"号，与毛文龙所梦想的"朝鲜国王"还差上一大截。此所以毛文龙要说，"如西夷之头领隆我，我亦不肯"也。毛文龙与清人“共图大事”的欲望明白如此，满洲秘档所收毛文龙各书却一再要说毛文龙是“欲和”及“欲降”，真可说是去事实真相太远。

以上所述，乃是以档案中所存的毛文龙致清太宗书原件，参考了朝鲜实录及袁崇焕杀毛奏疏等相关资料，所查究出来的毛文龙通清史事的真相。据满洲秘档所载，毛文龙先后写给清太宗的书信，共计七封，但档案中只检得原信五封，余二封当已不存。又，满洲秘档所收毛文龙来书虽有七封之多，其间却并无收载清太宗覆致毛文龙的回信，不知何故。近人罗振玉所辑印的《史料丛刊》，收有天聪二年十月清太宗致毛文龙一信，似乎是目前所仅见的残物之一，因与毛文龙各信的内容有关，转录如下：

> 金国汗致书毛大将军。前者将军差官执书，言山海官多，和事无敢担承，我是奉命海外便宜行事，奏本一上，和事易成。我亦欲罢兵共享太平，即差人去。不意竟不发回原人，一似势力所得。复另差人致书，又是别话，何也？若事不成，或攻山海山东等处，攻取我肯令尔知道。人不食言，是乃真德行。势力所得，是乃真英雄。若以虚言诱致差人几名，有何好处？

按，满洲秘档所收毛文龙来书二，乃天聪二年四月之事。“来书三”中曾说，可可牛禄等人于五月初三日到皮岛，“来书四”中又说，可可等误上户部之船，被执送北京。自“来书五”至“来书六”，虽均未记明年月，由其内容观之，则应该皆是此一年中因可可被执而往来诘难之事。所以，《史料丛刊》中所收清太宗此信，可能即是在毛文龙第六次来书之后所作的复信。此信文字虽少，却一再表示对毛文龙执送可可牛禄等人赴京献功一事深致不满，可知清太宗因此一事，对毛文龙的反感甚深。关于这一点，在满洲秘档所收的“毛文龙来书七”中，亦可看出端倪。此书在内阁大库档案中并未发见原物，暂且据秘档所载，摘引一段。

> 满洲秘档，“毛文龙来书七”：“忆先使赵姓往告上与诸贝勒，请率兵来，我为内应，如此则取之易如反掌。乃不纳我言，又谓我欲降之心未必全真，所使之刘实等仍是巧言欺诈，请速遣回，事自完结。上又不纳，反欲先送满洲人登岸，否则嘱勿遣使，来即杀之。因知事不能成，于是欲降之心绝矣。其率兵于山东收粮，逼迫前往，因不合意（原档残缺）。以吾观之，上何多疑而无定乎？又谓我太胡为，不慎于始，后必不易驾驭。并以我有叛心，密告于袁都堂杀之，告叛之人，有功升为副将，此何意乎？”

这一段文字，其中亦有很多不能了解之处。所以然之故，当然也同前面所举各信一样：因删节太多，不复能顾及意义之完整。但由信中所说，清太宗指毛文龙“太胡为”云云，颇可使我们了解，毛文龙之勾结清人，大概已到此为止，不能再有进一步的发展了。此因清太宗一则不相信毛文龙真能屈心相从，二则亦认定毛文龙言大而夸，所部军并不堪一战。以如此胡作妄为之人而又欲望甚奢，与其日后跋扈难制，不如早日绝之不纳。此信末尾，尚有如下一段话，说“上诚有意于我，如用我时，遣人来告。倘以欺诈见疑，即行停止，我亦不再使人矣。”由于满洲秘档所收毛文龙来书至此而止，内阁大库档案内亦并未发现此外再有何信，故而我们可以相信，毛文龙勾结清人的一番努力，大概真的便是到此即告停止。在毛文龙来说，只要清太宗不疑他欺诈，不指他胡来，而仍然派人来谈，他总是竭诚欢迎的。然则毛文龙勾结满人之所以终于不成，当然只是由于清太宗憎恶毛文龙诈而多欲的一项原因了。目前我们所能知道的事实真相如此，但在明朝当时的记述，则又与此大异其趣。明人李逊之所撰的《崇祯朝纪略》一书云：

> 文龙惮上英明，思自立功名，遂与东□通诚，愿捐金二百万，易金复二卫地，奏恢复功，邀上赏，已成约矣。袁崇焕以督师出，上召问，漫以五年灭东为期。及到任，觇知毛有成约，阴遣喇嘛僧通款，啖以厚利，冀解毛议以就袁。东人最重誓约，坚持不可。喇嘛僧曰：今惟有斩文龙，在彼不为负约，在我可以成功。袁遂以阅武为名，直造皮岛，大阅军士。毛置酒高会。次日，文龙进谒，亦置酒留宴。酒半，伏甲起，称有密旨，即座中擒文龙，斩于辕门外。……毛帅既被杀，袁疏请增饷三百万，谓五年之后辽事平，并前所加各项皆可蠲除，此一劳永逸之计也。上令群臣议，皆执不可。袁计穷，至十月，遂致建兵入口矣。

按，崇祯三年八月十六日明思宗杀袁崇焕，曾降一谕旨，中云："袁崇焕谋叛欺君，结奸蠹国，斩帅以践敌约，市米以资盗粮。既用束酋，阳导入犯，复散援师，阴纵长驱。及戎马在郊，顿兵观望，暗藏夷使，坚请入城，意欲何为？以致庙社震惊，生灵涂炭，神人共忿，重辟何辞。其家属当依律正法，姑赦不论。妻子流二千里，安置福建，财产尽没入官。"此谕以袁崇焕交通清人、引敌胁和为罪，其中"斩帅以践敌约"一款，所指即是《崇祯朝纪略》之类野史中传述的故事。正因为这一类的传说，遂使袁崇焕斩毛文龙一事，变成了他勾结清人的一项罪名。到了清太宗于崇祯二年入犯京畿，并顺便散布阴谋陷害他的反间计时，明朝的崇祯帝一则刚愎自用，误信清人的反间而不疑，二则因毛党人物之乘机鼓煽，将袁崇焕的杀毛一事作为他交通清人、引敌胁和的证据，于是乃深信袁崇焕的逆谋显著，亟亟将之逮捕正法。于是，袁崇焕的冤狱，便与他的杀毛一事发生了连带关系。我们如以现在所能得到的史料来深入研究，便不难发现，清太宗纵反间之目的虽在诱使崇祯帝误杀袁崇焕，但若不是当时有毛党人物从中鼓惑煽动，明朝的崇祯皇帝一时也不致如此深信清人的反间而不疑。所以，袁崇焕的冤狱，乃是在清太宗设计陷害及毛党人物乘机助虐之情形下造成的。刘安邦先生的大文，虽已将袁崇焕杀毛文龙与崇祯帝杀袁崇焕二事联在一起，却未能明白指出二者之间的正确关系，可谓探骊而未曾得珠，画龙而未曾点睛。上文既已详细说明了毛文龙交通清人的真实情形，下文自当接叙袁崇焕为何杀毛，以及如何招来毛党人物之大恨，预伏他此后为崇祯帝误杀的祸根，以为崇祯误杀袁崇焕的公案提供一个正确的解释。

## 袁崇焕初握兵符

袁崇焕，字元素，一字自如，广东广州府东莞县人。明神宗万历十二年四月廿八日生。其祖父世详，父子鹏，久旅广西，故崇焕幼年即在广西藤县应县试，后来并且因此而被人误认为广西藤县人。万历二十四年，在广西中乡试，四十七年成进士，时年三十六岁。明朝的新进士，有观政六部，以资历练政事的规定，因此崇焕曾在工部“观政”；照现在的术语，应该说是“见习”。之后，他被授为福建的邵武知县。明人夏允彝的《幸存录》说：“崇焕少好谈兵，见人辄拜为同盟，肝肠颇热。为闽中县令，分校闱中，日呼一老兵习辽事者，与之谈兵，绝不阅卷。或问之，则曰：士子宜中者，自有命在，随意抽取可也。”《明史·袁崇焕传》说，崇焕之为人，“慷慨负胆略，好谈兵，遇老校退卒，辄与论塞上事，晓其阨塞情形，以边才自许”，盖即本于夏说。至于他何以要与此一“习辽事”之老兵纵横谈兵呢？这是因为满洲的努尔哈赤在万历四十六年的秋间便已举兵叛明，明朝派经略杨镐调集十三万大兵往征，不料四路出师的结果，却是三路丧败，两年之后，连沈阳与辽阳亦告失陷，举国惶惶，都以为东北的边事将至不可收拾。袁崇焕在辽东边防日益棘手的情形下奋然以边事为念，又日呼老兵之习辽事者与之谈兵，藉以晓畅辽东方面的边防阨塞情形，足见他胸中的抱负，便是要驰驱疆场，为国家巩固门庭，以不负男儿的昂藏七尺之躯。由这些地方可以知道，袁崇焕后来之慷慨许国，终至捐弃身躯，在此时业已有其先兆了。

明熹宗天启二年正月，清兵破西平堡，辽东所仅存的军事重镇广宁城，亦为清人所得，经略熊廷弼与辽东巡抚王化贞俱走入山海关，关外的土地全部失陷，京师戒严，明朝的军事情势恶劣至极。此时，袁崇焕正以福建邵武县知县的身份应大计朝觐，在京师，目睹边事危急，对人说“辽事棘矣，余将单骑出阅关内外”。及归，具言关上形势，曰：“予我兵马钱粮，我一人足守此。”及吏部大计考核事竣，榜发得上考，御史侯恂请破格用之，遂擢为兵部职方清吏司主事。台省复交荐其才，再超擢为按察司佥事，监军山海，其时去袁崇焕之授官县令，不过两年而已。明朝末年，东北与塞北方面的边防最称棘手，而人才更为难得。当时如果有人可以被称许为“边才”，一定可得超擢。袁崇焕之能够以七品的知县超升为五品的佥事，正因为他具胆识而又晓畅关外的地理阨塞，足以负起捍御外侮，巩固疆圉的责任，为当时所难得的人才之故。他后来在短短的四年之中，由按察司佥事再擢至辽东巡抚，正式受封疆之寄，亦是由于他在这方面能有卓越的表现之故。由此亦可知道，明朝末年的政治虽称腐败，有很多地方亦尚能做到“用人惟才”，像袁崇焕之拔自小吏，便是很明显的一例。

《明史·袁崇焕传》说：“……遂超擢佥事，监关外军，发帑金二十万，俾招募。时关外地悉为哈喇慎诸部所据，崇焕乃驻守关内。未几，诸部受款，经略王在晋令崇焕移驻中前所，监参将周守廉、游击左辅军，经理前屯卫事。

寻令赴前屯安置辽人之失业者。崇焕即夜行荆棘虎豹中，以四鼓入城，将士莫不壮其胆。在晋深倚重之，题为宁前兵备佥事。然崇焕薄在晋无远略，不尽遵其令。及在晋议筑重城八里铺，崇焕以为非策，争不得，奏记首辅叶向高。”此后便是袁崇焕主张筑城宁远，东出山海关二百里，“便则进据锦州，否则退守宁远”，以为徐图恢复之计，以及大学士孙承宗赞成袁崇焕的见解，迨孙承宗代王在晋出镇山海关，“益倚崇焕，内拊军民，外饬边备，劳绩大著”，此后袁崇焕赖以建立功名的“宁远大捷”及“宁锦再捷”，即奠立于他的反对退守关门的进取战略。但《明史》叙次袁崇焕之胆气与识略虽亦颇详尽，其中却漏掉了他在出为监军佥事之前，与另一个明代重要边疆人才熊廷弼的会见情形，对于他此后经略辽东的军事方略由何建立，似不能详其所起，应该加以补充。

根据袁崇焕后人为袁崇焕补撰的“行状”，说，袁崇焕受命擢任佥事，出监关外军时，原任辽东经略熊廷弼方以失陷广宁之罪在京中“听勘”。崇焕将行，入谒之。“廷弼问操何策以往？曰：主守而后战。廷弼跃然喜，为图辽东至宣府要隘，并注列戍守先后事宜，与商酌竟日乃出。”按，在明代末年的明清战争期间，明朝方面曾经先后产生过两个重要的军事人才，其中的一个当然是袁崇焕，另一个即是熊廷弼。熊廷弼曾于明神宗万历三十六年巡按辽东，素谙辽东边事。万历四十七年努尔哈赤发难，经略杨镐三路丧师，廷议以廷弼熟于边事，擢为兵部右侍郎兼右佥都御史代杨镐经略辽东。甫出山海关，开原铁岭复失，沈阳及诸城堡军民一时尽逃，辽阳城中亦岌岌危惧。廷弼到辽阳，斩逃诛贪，抚恤军民，先以安定人心为主，然后督饬将士，大造战车及火器，浚壕缮城，厚积粮饷器械，以为守御之计。迨城守既固，乃奏上方略，请集兵十八万，分布于叆阳、清河、抚顺、柴河、三岔口、以至镇江诸要地，对满清所据守的老寨形成围堵态势，诸城首尾相应，“小警自为堵御，大敌互为应援。更挑精悍者为游徼，乘间掠零骑，扰耕牧，更番迭出，使敌疲于奔命，然后相机进剿”。熊廷弼当时所定的战略可说是围堵重于进攻，经济重于军事，以当时的双方情势来说，所用的方法极其厉害。因为努尔哈赤的满清骑兵虽然甲坚矢锐，所向无敌，但当努尔哈赤发难之初，他所据有的地盘毕竟只是吉林黑龙江一带经济落后的未开发地区，不但粮食缺乏，给养补给困难，即是骑兵所用的战马，及造甲造箭所用的钢铁，亦都需要从外间购入。加以当时满洲部落的人口不过十余万，壮丁尽数抽调去骑马打仗，就没有足够的人力来从事农业生产，粮食问题更加严重。熊廷弼在满清的占领区外建筑一连串坚固的要塞，摆列大军牢固守御，即使他们只守不战，已经足以使努尔哈赤因无法得到物资及给养的补充而无法持久作战。如果明朝的守军更能做到“乘间掠零骑，扰耕牧，更番迭出，使敌疲于奔命”的话，则是满清方面大部分的农耕及畜牧生产都将遭受极大的破坏，更将使清人不战而坐困了。虽然熊廷弼在半年之后便因与廷议不合而罢官以去，他所部署的围守战略也被继任的经略袁应泰完全推翻，以致努尔哈赤得以乘间大出，一举而攻陷沈阳辽阳，使得以后的明朝对清战争更加处于不利的地位。但若以当时的情势而言，熊廷弼的战略部署，实在是不易之论。自清人一得志于辽沈，再得志于广宁之后，他们的占领区愈来愈大，所裹胁与掳得的人口亦愈来愈多。然而，即使到了袁崇焕在辽东渐露头角的时候，满清方面所患的先天性经济不健全情况，依然没有太多的改善。如果袁崇焕能够秉承熊廷弼的战略观点，以守御重于进攻的战略原则，一方面逐渐加强辽东防军的作战能力，一方面逐渐削弱满清的作战潜力，然后相机进取，逐渐与满清争衡，最后必可得到成功。我们只要看袁崇焕在辽东所布置的一切建设规模，与他此后所采取的审慎行动，便可知道，他是很能了解熊廷弼当年的制胜方略的。熊廷弼之所以能够被称为明清战争期间的重要军事人才，是因为他的识见远大，观点正确，虽然不能才尽其用，充分展舒其抱负，亦尽足以使后人高山仰止。以袁崇焕与熊廷弼相比，袁崇焕具备熊之卓识而没有他的刚愎任气，如果崇祯皇帝能够始终倚信，未始不足以制驭满清。此不但可以由他以后的战守规模中充分得到征验，亦可以由他与熊廷弼的谈话会晤中预见其此后的发展。这是袁崇焕未曾肩任辽事以前的一项大事，《明史·袁崇焕传》或者因为忌讳的原因而削去不记，值得在此提出补充。

## 袁的“用辽人、守辽土”政策

袁崇焕由兵部主事峻擢为宁前兵备佥事后，若是辽东经略仍是怯懦而不知兵的王在晋，袁崇焕必不能以功名自显。及孙承宗以兵部尚书兼东阁大学士督师辽东，代王在晋经略辽东军事，又驳斥在晋所拟的筑重城于山海关外八里铺的无聊建议，完全采纳袁崇焕筑城宁远以为山海屏障的意见后，袁崇焕的抱负已有逐渐实现的机会。宁远城筑成于天启三年，城高三丈二尺，雉高六尺，城基广三丈，顶广二丈四尺，濠阔水深，屹然为关外重镇。一切规制，皆崇焕所手定。至天启五年夏，因宁远城中商旅辐辏，流移骈集，隐然已成内地之故，督师孙承宗与崇焕计议，再将明朝的军力向东伸展，先后修筑锦州、松山、杏山、大凌河等诸城，由宁远更向东拓地二百里。袁崇焕之所以要在宁远守御巩固之后，再东筑锦州诸城，其用意可在他酌定赵率教、满桂二人分守宁远及前屯卫二城的奏疏中见之。今据《两朝从信录》所载原疏的摘要，抄录如下：

> 崇焕疏请酌定率教、桂两镇，以专责成。言：臣驻宁远，地在敌冲，不得不分其责于二人。今定率教驻前屯为后劲，桂驻宁远为前锋，各分信地。如明年复城，则率教东出锦州为前锋，桂为后劲。再一年，桂跨而前，则锦州又为后劲。大抵两镇更迭而前，交相为援。臣每对人言，谓，战则一城援一城，守则一节顶一节，步步活掉，处处坚牢，如此作略，想天下所同心也。惟敌势甚强，一出辄十余万，西部虽驯养，能必其终？处此盖亦甚难。寇近门庭，我欲待而彼不我待，设不如此，不足以守关而压敌。守关与复辽，不得不分作两下工夫，而战即在守。

这一段话，殆即是《明史·袁崇焕传》所说，“用辽人，守辽土，且守且战，且筑且屯，屯种所入，可渐减海运。大要坚壁清野以为体，乘间击瑕以为用。战虽不足，守则有余，守既有余，战无不足”的扩大引伸。由此而推测袁崇焕的策略，一是要以向东拓地的办法逐渐收复辽东失土，既可以屯垦的收入来从事长期战争，复可收养辽人，使不致为敌所用。二是要以实战的方式训练辽兵，使逐渐能从城守之外，进而从事野战，逐渐消除满清的骑射优势。如果以上两项目的都可逐渐达到，最后他必可仍旧回到熊廷弼当年所设计而未能实现的那一步——围堵清人，进而将之消灭。此殆即是袁崇焕平辽战略的第三着，亦即是一二两着的延伸。明朝政府如果能始终倚信袁崇焕，并赋予充分的权力，又在人力物力等方面都给予充分的支持，则以袁崇焕的高瞻远瞩及勇于任事的负责精神，相信满清终有可平的一日。只可惜袁崇焕生不逢辰，一厄于魏忠贤的专权乱政，使他空有抱负而不能伸展；等到崇祯继位之后，总算对袁崇焕的才能有了充分的认识，起为督师，委以平辽之责，但不旋踵即为左右奸人所惑，误信清人的反间，至于自毁长城而不顾。处在如此情势之下，纵使袁崇焕平辽有策，报国有心，又将如何？我国历史常将许多非人力所能挽回的事归结为“气数”，如袁崇焕之冤狱，大概也只好归结于明朝将亡的“气数”吧！

袁崇焕所谓“战虽不足，守则有余”的理论，初次见效于明熹宗的天启六年正月。前一年的十月，督师孙承宗因不能见容于魏忠贤，连章乞罢，明朝政府以高第为经略，代承宗。高第一到，便说关外必不可守，下令尽撤锦州宁远等城的军民入山海关。崇焕力争无效，曰：“我宁前道也，官此当死此，我必不去。”高第无法强迫袁崇焕撤出宁远，却将孙承宗与袁崇焕数年辛勤建设起来的锦州、大凌河、小凌河、松山、杏山、塔山各城屯兵尽驱入山海关，委弃米粮十余万石，死亡载途，哭声震野。清太祖努尔哈赤蛰伏三年，此时见机会来到，即于天启六年正月十四日大举兴师，渡辽河西犯。锦州及大小凌河、松山、杏山等城的守将，秉承高第的指示，焚烧庐舍粮具，退还山海关。只有袁崇焕约同总兵满桂及参将祖大寿、守备何可纲等人，集合将士，誓死守城，仍收敛宁远城外诸小堡的守军，聚守宁远及宁远城南的觉华岛，与总兵赵率教驻守的前屯卫互为倚角应援。正月二十三日，清兵至宁远，越城五里，横截山海关至宁远的大路驻营，目的在阻截山海关及前屯卫方面的援兵。翌日，清兵攻宁远城，戴楯穴城，城上虽矢石交下，不能退。袁崇焕令闽卒罗立发西洋大炮，伤清兵甚多。明日再攻，复如之。清兵遂解围去。此役据《明史·袁崇焕传》的记载虽只寥寥数语，但朝鲜实录中却保有极详细的纪录，日本人稻叶君山所撰的《清朝全史》中已曾有引叙，云：

> 我国译官韩瑗随使命入朝，适见袁崇焕，崇焕悦之，请其入镇。崇焕战事节制虽不可知，而军中甚静。崇焕与三数幕僚闲谈，及报贼至，崇焕乘轿至战楼，又与瑗等谈古论文，略无惧色。俄顷，放一炮，声动天地，瑗惧，不能仰视。崇焕笑曰：“敌至矣。”乃开窗，见敌兵蔽野而

> 进，城中了无人声。是夜，敌入外城，盖崇焕预空外城，为诱入之地也。敌并力攻城，又放大炮，城上一时举火，明烛天地，矢石俱下。及战方酣，从各堞间推出甚大且长之木柜，半在堞内，半出城外。柜中伏甲士，俯下矢石。如是数次，又从城上投枯草油物及棉花无数。须臾，地炮火发，土石飞扬，火光之中，见人马无数腾空乱坠，敌大挫而退。翌朝，见敌队拥聚于大野之一边，状如一叶。崇焕遣一使备物谢曰："老将久横行天下，今日败于小子，岂非数耶?"建州主先已负重伤，及是，因惫恚而薨。

由朝鲜译官韩瑗的记载，可知袁崇焕之却退清兵攻城，主要凭藉于事先埋设于外城地下的地炮。但《明史·袁崇焕传》中本有"令闽卒罗立发西洋巨炮"的话，想是韩瑗当时对新式的西洋大炮尚无认识，只知此炮"声动天地"，甚为可畏，而不知其杀伤力甚强，所以文中不及记叙。按，谈迁所撰的《国榷》，引天启六年十一月袁崇焕疏言，"辽左之坏，虽人心不固，亦缘失有形之险，无以固人心，兵不利野战，只有凭坚城，用大炮一策"。所谓大炮，即是万历末年新由西方教士输入中国的红夷大炮，亦即是袁崇焕守宁远时所用的西洋大炮。红夷大炮之传入中国，系由于居住澳门的葡籍传教士之媒介。袁崇焕籍隶东莞，与澳门的距离甚近，所以他很早就对这种新式的大炮具有认识。《明史·兵志》说："其后大西洋番船至，复得巨铳曰红夷，长可二丈余，重者至三千斤，发之洞裂石城，震数十里。天启中锡以大将军位号，遣官祀之。崇祯初，大学士徐光启请命西洋人制发各镇。"《明史》所说的"大西洋"，即葡萄牙。徐光启奏请招募葡萄牙人制造大炮，乃是崇祯年间的事，而袁崇焕之用西洋大炮守城，则较此时尚早。自从袁崇焕利用西洋大炮守城著效，明朝的军兵知道此一威力强大的新式火器可恃，于是胆气顿壮，甚至于敢进一步与强悍的满清骑兵一刀一枪地拼个高低了。袁崇焕在天启六年正月的宁远大捷之后，继有天启七年五月的宁锦再捷，不但其得胜原因在此，袁崇焕藉实战训练辽军的成效，亦在此一战争中充分得到征验。

## 再战再捷徐图恢复

天启七年五月的宁锦再捷，起因于袁崇焕乘清太宗移军东征朝鲜及驻军朝鲜的毛文龙所部，以期解除清人的侧翼威胁时，一面遣使与清太宗通问，一面遣军缮完锦州及大小凌河诸城。清太宗报书崇焕，责其乘间筑城，无和好之意。又因诸城筑成之后，对满清形成进逼之势，大为不利，所以清太宗决定兴兵来攻锦州，一则伐谋，一则报复其父努尔哈赤攻宁远遭败之耻。天启七年五月十一日，清军渡大凌河，大凌河城中的守军弃城而遁，清军遂直抵锦州城下，四面合围。此时锦州城中的守将是前锋总兵赵率教。五月十二日，赵率教塘报军情云："敌分两路抬拽车梯挨牌，马步轮番交攻，职及左辅朱梅督各将领并力打射，炮火矢石，交下如雨，自辰至戌，打死敌人尸填满地。至亥时，敌兵拖尸去，退兵五里，西南下营。"清兵攻锦州不能克，一则由于城坚难拔，一则由于城上有新式的西洋大炮，火力强大，故而清军在遭受重大死伤之后，不得不退兵停攻。至此月的二十五日，清太宗由沈阳调集援军，舍锦州而攻宁远。袁崇焕与镇守太监刘应坤、兵备副使毕自肃等督率将士登陴守御，又于城外濠内环列枪炮，而满桂、尤世禄、祖大寿等将领所率明军，又在城东二里列阵，与清军展开大战。此一役也，据《明史·袁崇焕传》所记，是明军将士多死，满桂亦身中数箭，而清军亦从宁远引还，再回攻锦州，不克而退。但若参考袁崇焕的报捷疏，则清太宗之再攻宁远，岂仅无功而退，直可说是严重挫败。此疏见于天启七年的《都察院实录》，中云：

> 十年来，疲天下之兵力，未尝与奴合马交锋。即职去年，亦从城上而攻城下。今始一刀一枪，两下拚擒。夷凶狠骠悍，而职凭堞大呼，分路进止，指挥应手。即老于行伍者，皆恨此夷之劲而精。赖皇上威灵，一战摧之。

按，《东华录》叙清人攻宁远之役，因三大贝勒怯敌不敢战，曾记述清太宗怒责三大贝勒的话，说："昔皇考攻宁远不克，今朕攻锦州又不克，若遇此野战之兵尚不能胜，何以张我军威耶！"观此可知，自袁崇焕出守辽东以来，在他统辖下的辽军，已经渐渐由望敌逃遁一变而为能守，再变而为能战。《明史·袁崇焕传》说："我大清举兵，所向无不摧破，诸将罔敢议战守。议战守自崇焕始。"袁崇焕守辽的策略及其绩效明白如此，由此而渐图恢复，辽事正大有可为。自天启六年正月宁远大捷，明熹宗已将袁崇焕擢升为兵部右侍郎兼右佥都御史巡抚辽东。至天启七年五月宁锦再捷，明朝政府本应再有奖赉以为酬庸。但因此时的明朝政府已由魏忠贤擅权乱政，袁崇焕既不肯如毛文龙之尊魏忠贤为"上公魏老祖爷"，当天启六年努尔哈赤因伤重致死，袁崇焕遣使吊唁，乘间试探和议，其事又悉出魏党人物之主使，袁崇焕致书当道，至有"讲款非臣所得专，夫用之而不克自用，此千古遗憾"之语，对魏党人物之欲以讲和苟且结局，极为不满，更深遭魏忠贤之忌。因此，魏党人物之一的御史李应荐，便以宁锦二次大战期间袁崇焕株守宁远不救锦州为"暮气难鼓"，疏请准袁病归而优其叙录。于是袁崇焕在天启七年的七月初一日获准放归，距离他在宁远城头凭堞大呼，力战却敌之时，不过只是一个多月的事。再经过一个多月，明熹宗崩驾，崇祯继立，朝局一变。这年的十一月，太仆寺少卿龚萃肃疏请再召崇焕，中云："袁崇焕苦心边塞，功赏甚轻，而魏忠贤崔呈秀逐之以去，可乎？"此外则兵部尚书阎鸣泰及户部主事陈此心亦有疏为崇焕鸣不平，于是袁崇焕再度得到起用。情势发展到此一地步，足见此时的明朝政府，上自新即位的崇祯皇帝，下至朝中臣僚，都已体认到，只有袁崇焕才是有能力恢复辽东的人才。在这时候，如果朝中没有党邪嫉能的奸臣，如果明朝的皇帝不是猜疑而好自用的崇祯，辽东的局势当然大有可为。只可惜当时的情势正是朝有奸臣而皇帝又无知人之明，于是，明朝的抗清战争，也不免因袁崇焕之冤死而至不可收拾。按，《两朝从信录》载袁崇焕于天启五年八月所上"辽事治标治本疏"，其中甚多警句。如论我兵不当浪战，遇敌人之远来，惟当以固守之法困之，中云："盖不贪功便无由致败，若贪一击之利，令属交锋，从前之祸立见。从古未有兵连祸结至八九年者，有之则自东事始。今便欲局之结，焉得而结之？"又如论今后之对策，但当以稳扎稳打的办法站定脚跟，用且守且战，且筑且屯的办法着着进逼，"不必侈言恢复，而辽无不复，不必急言平敌，而敌无不平。"具见他的韬略久具胸中，平辽应非难事。但是他最后更有一段警策的话，非常值得我们注意。他说：

> 古今人原不相远，而成败难易者天。盖勇猛克敌敌必雠，振奋立功众必忌。况任劳则必任怨，蒙罪始可有功。怨不深，劳不厚；罪不大，功不成。谤书盈箧，毁言沓至，从来如此，惟乐羊与即墨大夫幸结独知于英主耳。臣遭遇圣明，推心置腹，逾越古人，惟皇上与廷臣始终之，封疆其有赖矣。

明朝当熹宗之时，主昏臣奸，朝政浊乱，袁崇焕因惧怕朝中群臣之猜忌而上此疏，犹有可说。崇祯号称英主，理应懂得袁崇焕所说，"勇猛克敌敌必雠，振奋立功众必忌"，以及"怨不深，劳不厚，罪不大，功不成"等的话。

何况袁崇焕在崇祯元年起为督师之后所上一疏，亦曾说：

> 恢复之计，不外臣昔年以辽人守辽土，以辽土养辽人，守为正着，战为奇着，和为旁着之说，法在渐不在骤，在实不在虚，此臣与诸边臣所能为。至用人之人，与为人用之人，皆至尊司其钥，何以任而勿贰，信而勿疑。盖驭边臣与廷臣异，军中可惊可疑者殊多，但当论成败之大局，不必择一言一行之微瑕。事任既重，为怨实多，诸有利于封疆，皆不利于此身者也。况图敌之急，敌亦从而间之，是以为边臣甚难。陛下爱臣知臣，臣何必过疑虑，但中有所危，不敢不告。

此更可知袁崇焕身肩辽事以后，所忧虑的并非敌不能灭，而是庙堂之上信任不专，或致反为敌间所乘。在明熹宗时代，袁崇焕的职位尚不甚崇高，他的忧虑，总算还没有出现的机会。到了崇祯时，袁崇焕既被任为尚书督师，又为崇祯所深倚信，崇祯帝甚至曾经亲口对蓟辽总督王象乾说："卿抚插于西，崇焕御敌于东，恢复成功，皆卿等之力。"可知崇祯此时所专委任以办辽事的，即是袁崇焕与王象乾二人，而崇焕独当大敌，所负责任尤重。在清太宗既视袁崇焕为阻挠满清成功的重大障碍，自从袁崇焕杀毛文龙之后，毛党人物又视袁崇焕为大仇，双方面都必欲去之而后快。这两股仇冤的力量集结在一起，终于使袁崇焕当年所忧虑的事不幸而言中。由此更可知道，一个朝代之将亡，其本身必定先存在着许多足以造成灭亡的因素，外敌之兴，不过是在这些亡国因素之外，更提供了一些加速其灭亡的力量而已。袁崇焕之冤死，在上面既有猜疑而好自信的皇帝，在下面又有许多党邪害正的奸佞人物，外加清太宗之纵反间，袁崇焕岂能有不死之理？所以，袁崇焕之死，并不是清太宗反间计的成功，直是明朝方面自己不能容许有袁崇焕这样的杰出人才存在而已。

说到这里，也许读者会发生疑间，以为袁崇焕之死，既然是由于清太宗纵反间及毛党人物报复陷害的双重原因所造成，那么，如果袁崇焕在当时不杀毛文龙，此一冤狱岂不就没有发生的可能。然则袁崇焕之杀毛文龙，正是自种其因而自食其果，在袁崇焕而言，未免太不聪明。这种看法，当然也不无理由。然而我们在此时却不可忽视一项重要的事实，即毛文龙此时，已因尾大不掉而有跋扈难制之势。即使袁崇焕不杀毛文龙，毛文龙是否便能停止他的通敌谋叛行为，并使袁崇焕的五年平辽大计亦能不受他的影响呢？袁崇焕在崇祯元年再起为督师之时，崇祯帝召见平台，面询平辽之期，袁崇焕的回答是“五年”。既然袁崇焕曾在皇帝面前立过限期，皇帝英察，当然要按时责效。而东江虽在海外，毕竟也仍是袁崇焕的辖属。如果毛文龙果有谋叛之心而袁崇焕未能先事预防的话，不管是毛文龙折而降清或是南向侵犯登莱，酿乱山东，都将严重影响到袁崇焕预定的五年平辽大计。在这种情形之下，袁崇焕为先事防范而作断然的措施，正是必要之举，决不能说他操之过急而致自贻伊戚。关于这一点，不可不有所区别。下文所要讨论的，即此。

## 杀毛文龙为平辽手段

由前面所引的毛文龙致清太宗各书，我们已经可以知道，毛文龙不但通敌有据，而且谋叛有心，只是其踪迹尚不甚显著而已。到了崇祯元年至二年间，情形忽然有了很大的转变。《崇祯长编》卷十二，载有崇祯元年八月庚戌山东总兵杨国栋奏劾毛文龙一疏，于历数毛文龙空言牵制，虚费钱粮，私通粟帛，易敌参貂等跋扈通敌的十大罪之外，更说：

至如奉旨移镇，竟若罔闻，奉旨回话，绝无应答，煌煌天语，视若弁髦，此等滔天大罪，尚可容于尧舜之世哉？更有异者，文龙近以漂风为名，突至登州夏家疃上岸，续到多船，见在登莱沿海窥探，不知意欲何为。大将擅离信地，律有明条。虽地方严为之备，然村野之民，一时鸟惊兽骇，莫知所向矣。

按，上文所引毛文龙致清太宗第四书中，本有所谓“请尔取山海关，我取山东，若从两旁夹攻，则大事成矣”的话。毛文龙以东江总兵而突然藉漂风为名，带船至登莱沿海窥探，即使不是连结清人为东西夹攻之计，亦必潜蓄逆谋，意在叵测。此尚不过是毛文龙的第一次窥伺登莱，至崇祯二年春，乃又有第二次窥伺之事。《明史稿》列传第一四四张可大传：“崇祯元年，出为登莱总兵官。……二年春，毛文龙忽拥众至登州，声言索饷。可大单舸往迎，责以大义，文龙乃返。”毛文龙这一次的登州之行，表面上是来向登莱巡抚要索欠饷，而据登莱道臣之申报，毛文龙至发为“牧马登州，取南京如反掌”之语，可知毛文龙的不臣之心，在这一事件中实在已充分表露无遗。袁崇焕身为辽东督师，兼辖宁锦及东江诸镇，毛文龙亦为其辖属。毛文龙有逆谋，袁崇焕如不能先事消弭，设或毛文龙一旦引兵南向，作乱登莱，有如崇祯五年孔有德据登州作乱，明朝政府调集大兵征剿，费时一年始定的情形，则袁崇焕身为其直属长官，岂能推诿责任？姑不论一旦发生这种情形时袁崇焕势将因未能防范未然而受到严重的处分，即他的五年平辽计划，亦势必因此而受到重大的阻挠。为了统筹大局，袁崇焕势必对毛文龙之可用及可信与否，作一番实地之查验。崇祯二年五月，袁崇焕借阅视为名，亲自出海东巡，至双岛，毛文龙来见，袁崇焕与商移镇及改由宁远转饷等问题，语极恳切，至于屈体相待，其目的无非希望能以至诚感动文龙，以期东江一镇仍能为恢复之用。无如毛文龙自大已久，目中已无朝廷，更何况乎督师？至其答语之轻藐，态度之侮慢，更充分可使袁崇焕了解毛文龙实在已是一个悖逆不堪再用之人，于是方决定杀毛文龙以保全东江。这其间的情形，李光涛先生所撰《毛文龙酿乱东江本末》一文的第五章“斩帅始末”，叙述甚详。今抄录原文中所引的《崇祯长编》一段于后，以便读者能够较为进一步的了解其间详情。

《崇祯长编》卷二十三，崇祯二年六月戊午，“督师袁崇焕杀毛文龙于皮岛”一条下云：

> 先是，崇焕于五月二十五日东北风起，自北汛江开洋，历大王山风转，船从大洋飘一夜，二十六日，泊中岛。二十七日，待风，召诸将饮酒。……二十八日，风顺扬帆，历松木岛、小黑山、大黑山、猪岛、蛇岛、虾蟆岛、泊双岛，去旅顺陆路十八里，水路二十里，旅顺游击毛永义来迎。明日，崇焕登岛谒岭，谒龙王庙。……是夕，毛文龙至。明日六月朔，文龙来谒拜，崇焕答拜。文龙呈币帛酒肴，崇焕受酒肴。茶毕，文龙出，崇焕报谒，坐文龙帐中，因曰：“辽东海外，止我两人之事，必同心共济，方可成功。历险至此，欲商进取大计。有一良方，不知患者肯服此药否?”文龙曰：“某海外八年，屡立微功，因被谗言，粮饷缺乏，少器械马匹，不能遂心。若钱粮充足，相助成功，亦非难事。”崇焕回舟，免文龙谢。因谕舟中不便张筵，借帐房于岛岸，饮文龙，礼甚恭，多密语。文龙喜，二更方辞去。明日，文龙迎崇焕登岛。……入席，文龙健儿带刀环侍绕崇焕，崇焕叱退，与文龙密语，三更辞去。又明日，文龙张筵迎崇焕，便服登岛，又密语至晚。文龙有傲慢色，意悒悒不乐。是夕，崇焕传副将汪翥与语，二更方出。又明日，颁东江三千五百七十五名赏，……檄文龙，今后旅顺东，行文龙印信，西行督师印信。又檄

定营制。又檄谕恢复镇江旅顺。毛文龙俱未遵依。又明日，传各兵登岸较射，给赏。文龙问崇焕何日行？崇焕云："宁远重地，来日行，今邀贵镇岛山盘桓，观兵角射。"又云："来日不能踵拜，国家海外重寄，合受余一拜。"交拜毕，登岛山。谢参将（即谢尚政）暗传令营兵，四面密布，文龙随行官百余员，绕围内，兵丁截营外。崇焕问诸将姓名，俱曰姓毛。文龙曰："俱是敝户小孙。"崇焕曰："岂有俱姓毛之理？似尔等此好汉，人人可用，我宁前官兵俸粮多于尔等，尚然不能饱暖，尔等海外劳苦，每月领米一斛，且家口分食此米，言之可为痛心。尔等亦受我一拜，为国家出力，此后不愁无饷。"各官感泣叩首。因问文龙曰："余节制四镇，严海禁者，恐天津登莱受腹心之患。今设东江饷部，钱粮由宁远运来，亦无不便。昨与贵镇相商，必欲取道登莱。又议移镇，定营制，分旅顺东西节制，并设道厅稽兵马钱粮，俱不见允。岂国家费许多钱粮，终置无用？余披沥肝胆，讲至三日，望尔回头是岸，谁知狼子野心，欺诳到底。目中无我犹可，圣天子英武天纵，国法岂能相容？"语毕，向西请命，缚文龙，去冠裳。文龙尚崛强，不就缚。崇焕又云："尔疑我为书生，不知我乃朝廷一员大将。尔欺君罔上，冒兵克饷，屠戮辽民，残破高丽，扰登莱，害客商，掠民船，变人名姓，淫人子女，尔罪岂不应死？今日杀毛文龙，我若不能恢复辽东，愿齿尚方以谢尔！"又谕东江各官曰："毛文龙如此罪恶，尔等以为应杀不应杀？若我屈杀文龙，尔等就来杀我。"各官俱相对失色，叩首哀告。文龙语塞，但云"文龙应死"，叩首乞生。崇焕曰："尔不知国法久了，若不杀尔，东江一块土，非皇上有也。"请尚方剑，令水营都司赵不忮何麟图监斩，令旗牌官张国柄执尚方剑斩文龙首级于帐前。即谕：将首级备好棺木安葬。围外兵丁汹汹，见崇焕兵严整，不敢犯。崇焕又谕东江各官云："今日斩毛文龙一人，以安海外兵民，乃杀人安人。尔等照旧供职，复原姓，为国效劳，罪不及尔。"又分东江兵二万八千为四协，用文龙子承祚管一协，用旗鼓徐敷奏管一协，其二协，东江各官举游击刘兴祚副将陈继盛分管。又将带来饷银十万分给各岛官民。又谕冯旗鼓往旅顺宣谕。又谕将毛文龙印剑，东江事权，令陈继盛代管。谕毕，离岛登舟，……扬帆以归。

由上文所述袁崇焕责问毛文龙的话，有所谓"余披沥肝胆，讲至三日，望尔回头是岸，谁知狼子野心，欺诳到底"之说。袁崇焕向毛文龙恳劝三日而毛文龙不听，所劝的什么？是即上文所曾述及的设饷司稽核军饷出入，军饷由宁远核发而不由登莱，以及移镇盖套，核实兵员编定营制，等等。其目的皆所以杜绝虚糜，整顿营伍，以期兵无虚冒而饷可足用，有一人可作一人之用，为国家图恢复而已。凡此，当然都是毛文龙所极端忌讳之事。因为毛文龙以二万八千余兵而冒称十万，所浮领的军饷，都是用来灌输权门，以为庇覆的。如果兵饷照实有人数核发，他这些交通贿赂的巨额费用从何而出？而一旦没有浮冒的军饷可以通贿赂，结权要，他这些杀降冒功，流毒海外的恶迹势必无人为之庇护，又如何能长期盘踞东江，继续维持他"天高皇帝远"的割据局面呢？《明史·袁崇焕传》说："尝疏请遣部臣理饷，文龙恶文臣监制，抗疏驳之，崇焕不悦。及文龙来谒，接以宾礼，文龙又不让，崇焕谋益决。"如果此说属实，则袁崇焕之杀毛文龙，应当是在他未泛海前往双岛之前所早已决定之事，根本不须在到达双岛之后，劝谕再三而毛文龙不听，始定计杀毛的。然而《明史》所持此说，殊不可靠。清人朱彝尊所撰的《静志居诗话》记袁崇焕入都陛见后，与大学士钱龙锡的谈话说：

龙锡退谓崇焕曰："子方略将如何？"对曰："不外东江关宁两路进兵

尔。”龙锡曰：“舍关宁实地而问海道，何欤?”对曰：“譬如奕然，局中有四子，东江其一也。毛文龙可则用之，不可则处之。”

按，钱龙锡问袁崇焕用兵方略，其原因由于袁崇焕在陛见时曾亲口许诺崇祯，辽东之事五年可了，故龙锡私下详问其腹案如何。据袁崇焕的回答，则他的希望乃是寄托在关宁东江两方面的东西夹攻，犹如毛文龙开镇八年以来所日夕夸诩的“牵制”。不过毛文龙的所谓牵制，只是借此冒功糜饷，而袁崇焕则希望东江能真正发生互相呼应配合的军事作用。所以他在就任督师之后，俟关宁方面的局面稍有头绪，便亟亟于泛海东巡，希望经由亲身实地的考察查看东江情形，并确定毛文龙是否可用，以便相机整顿收拾，于是方有诛毛之事。决非如《明史》所说，在袁崇焕就任督师之后不久，就已决策杀毛。《明史》之所以有此错误，如果不是作史者对当时的军事情势缺少了解，便是因为忌讳而不敢作实在的记载。按，《明史·钱龙锡传》叙钱龙锡事后追述袁崇焕当时所说的话，只作：“恢复当自东江始。文龙可用则用之，不可用则处之。”将一件非常分明的对话删节成为含混笼统、语意不完全的残句，几不知其涵义为何，便可使我们相信，大概是后一种原因的可能性较大。

袁崇焕在杀掉毛文龙之后，将东江所属官兵二万八千余人分为四协，令毛承禄、徐敷奏、刘兴祚、陈继盛等四人分领，而不设总兵官总领其众，事后且上奏请罢总兵官，云：“文龙一匹夫不法至此，以海外易为乱也。今不宜更置帅，即以继盛摄之，于计便。”既然袁崇焕五年复辽的计划完全寄托在东江与关宁两方面的呼应配合上，理应在诛毛之后，充实其兵员器械，增拨其军饷粮秣，勤斥堠，严训练，以备配合师期，东西并举，方是正当办法，怎可汰总兵官不设，置之若有若无的地位呢？关于此一疑间，由现有的资料看来，其中盖亦有故。

清人钱曾所撰的《也是园杂记》说：

> 崇祯二年己巳，督师袁崇焕诱诛文龙，收回赐剑符印等，分东江兵二万八千为四协，仍用文龙子承禄及中军徐敷奏、游击刘兴祚、副将陈继盛各管一协，虚其帅以候有功者，崇焕之意，盖在兴祚也。兴祚初名爱塔，辽阳人，最为建州所亲信。爱塔者，爱他之伪也。守金复，每思自拔归。高阳所谓可间而用，解腰带，制誓牌，遣壮士张盘潜往招之，遂改名归款。柳河之役，兴祚欲以牛庄内应，适召还沈阳，事不就。建师围锦州，令其心膂吴坚忠徒来告，袁公得以先期戒备。及高阳还里，袁公罢去，兴祚归无所主，始通于文龙。凡灰扒鱼皮诸部贰于建州者，咸资而遣之，使奔东江，先后不下千人。文龙屡次报获，影略兴祚，为己功也。兴祚又遣耿仲明兄弟来归，己则披羊皮杂难民而逃。文龙接见，喜过望，握手出肺俯相告语，晨夕与共起居，而阴以阵获报。兴祚闻之，恚甚。今崇焕督师再出，乃潜以己意通焉。时其弟兴治继至，袁公诛文龙，兴治以材官从，格左右无哗者，其力居多。人谓袁倚讲款为秘计，恐文龙泄其谋，故诛之以灭口。不知崇焕本意谓建州爱兴祚甚，必欲钩之使归，具兄弟相继奔东江，独留其母而不遭诛戮者，明以之为市耳。若用兴祚为岛帅，则间谍可通而款议或可立就矣。

上文中所说的“高阳”，即是当时的“高阳相国孙承宗”；“建州”即是满清。钱曾以为袁崇焕在斩毛以后“虚其帅以待有功”，并以为袁崇焕心目中的理想人选即是刘兴祚，其说极有见地。但钱曾继以为袁崇焕“倚讲款为秘计”，其有意使刘兴祚为东江主帅之目的，在藉此通间谍而成和议，则显然是低估了袁崇焕。按，崇祯之所以误杀袁崇焕，便是因为这位明朝皇帝误信了毛党人物所散布的邪说，以为袁崇焕曾有交通清人，欲藉讲和为了结辽事的打算。所以袁崇焕不但以此遭杀身之祸，即其时的官私记载，亦无不相信此说，以为袁崇焕虽在皇帝面前夸下“五年平辽”的海口，不过是“倚讲款为秘计”，一旦事泄被诛，身为笑柄而死不足惜。凡此，俱是明末时人的愚昧之见。钱曾因习闻其说而误信为真，遂以为袁崇焕之所以要以刘兴祚为帅，其目的即在藉此通间谍而成和议，当然不对。欲明此义，我们可以举出二事为证，其一是袁崇焕的复辽方略与他在清兵内犯时的实际战绩，其二是刘兴祚惨烈战死的实况。关于袁崇焕的复辽方略，前文已曾提及，可知他并非徒托空言而胸无成算，只“倚讲款为秘计”的。关于袁崇焕在崇祯二年清兵内犯期间奋勇杀敌的实际战绩，后文将有详细记述，此处姑不赘。关于刘兴祚惨烈战死的情形，先据各书的记载综述如下。

根据《孙承宗年谱》及《东华录》等书的记述，崇祯二年清兵由龙井关入犯内地，袁崇焕在宁远闻警之后紧急入援，刘兴祚所部兵马亦在征调勤王之列。崇祯二年十二月初一日崇焕被逮下狱，时刘兴祚奉命驻兵于沙河。及闻崇焕下狱而孙承宗再出督师，即往山海关谒承宗，涕泣请效死。承宗即遣兴祚合诸将兵护永平，遇清兵于青山营帽儿头。十二月廿九日除夕，兴祚将所部兵马改用清兵衣甲及旗帜，衔枚疾走，直冲清营，乘清人无备，斩获首级五百九十二颗，大掠辎重马驼而回。清太宗听说此事乃是刘兴祚所为，大怒，召集诸贝勒大臣会议，务必擒回兴祚，以泄此恨。于是贝勒阿巴泰及济尔哈朗等拣率劲兵疾追。明军应援诸将见刘兴祚得胜而回，方收军回太平寨，各归信地，刘兴祚所部亦已卸甲在途，不意清军猝至，遂遭毒手。自崇祯三年正月初一日卯时双方开始接触，恶战至申时，刘部死伤殆尽，刘兴祚亦遭清军丛射而死，仍将尸骸载回清营查验。清太宗怒其效忠明朝，命将刘尸裸而弃之于野，不许收葬。看了刘兴祚死事之惨烈与清太宗报复之酷，我们不难想象得到，刘兴祚不但热爱国家民族，而且痛恨清人，至于清太宗，似乎也因爱生恨，早已不存“钩致”之心了。情况如此明显，袁崇焕之所以要保留东江镇帅一席以待兴祚，显然是希望藉刘兴祚的忠心王事以共成不世之勋。至于他之所以要以东江来位置兴祚的用心，其目的或在希望藉刘兴祚熟悉清人内部情形的特长，发挥其招徕携贰，以瓦解敌方力量之作用。“通间谍”则有之，成和议则不可能也。

## 毛文龙罪有应得

袁崇焕于崇祯二年六月五日杀毛文龙，旋即具本题奏，并自请擅杀之罪。同月十八日奉旨：“毛文龙盘踞海上，糜饷冒功，朝命频违，节制不受，近复提兵进登，索饷要挟，跋扈叵测，且通夷有迹，犄角无资，掣肘兼碍。卿能周虑猝图，声罪正法，事关封疆安危，阃外原不中制，不必引罪。一切处置事宜，遵照敕谕行。仍听相机行。”这一项批示，见于《明清史料》所载袁崇焕原疏的兵科科抄，颇合于《明史》袁崇焕本传所说的“优旨褒答”。另据明人夏允彝所撰的《幸存录》说：“崇焕初斩文龙，上亦甚喜之，褒扬倍至，不嫌其矫诏”。据此云云，可知崇祯帝当时对于毛文龙的糜饷冒功，跋扈叵测，犄角无资而通夷有迹，亦早已不慊于心，只是一时未有妥善的办法处之而已。现在袁崇焕忽然以快刀斩乱麻的手段断然处置，当然不致嫌他专擅。至于崇祯给予袁崇焕的“敕谕”，则《国榷》中有其内容，云：

朕以东事付督师袁崇焕，固圉恢疆，控驭犄角，一切阃外军机，便宜从事。岛将毛文龙悬军海上，开镇有年，动以牵制为名，全无事实。剿降献捷，欺诳朝廷，器甲刍粮，蠹耗军国。屡奉移镇明旨，肆慢罔闻，

> 奏进招降伪书，词旨骄悖。而且刚愎自用，弹劾忽怵，节制不受。近又部署夷汉多兵，泛舟登州，声言索饷，雄行跋扈，显著逆形。崇焕目击应机，躬亲正法，据奏责十二罪，死当厥辜。大将重辟先闻，自是行军纪律，此则决策应变，机事猝图，原无中制。具疏待罪，已奉明谕，仍着安心任事。一切善后事宜，委任道将料理，仍榜谕东江各岛。朝鲜声势相联，亦与移谕。

崇祯帝在批示袁崇焕本章的圣旨及前引敕谕内，都提到毛文龙通敌有据，及跋扈叵测、逆形显著的话，可见他对于臣下之通谋敌国及悖逆无上，最为痛恨。再以崇祯一朝的对满清战争情况看来，自崇祯即位以后，他所念兹在兹的唯一心愿，就是不惜动员国家的全部人力与财力以对付满清，不至直捣黄龙，灭其种类不止。袁崇焕当然深知崇祯的此一意向，所以他在受命为督师之后，便亟亟以整顿军事以图进取为重，对于满清方面的求和愿望，便只能虚与委蛇，而不敢轻易转奏朝廷。惟其因为如此，所以才为袁崇焕带来杀身之祸。因为就满清方面的立场来说，由于崇祯帝急于要报仇雪恨而一意主战，倘使果真以中国的全力来从事搏战，大有泰山压顶之势，清人深恐不敌，当然希望双方握手言和，以免生灵涂炭。袁崇焕如果不愿将清人的求和意愿转奏皇帝，和议就根本没有实现可能，然则袁崇焕岂不成了第一个作梗的对头，这是第一点。再以袁崇焕的作为及能力来说，袁崇焕在明熹宗时官不过辽东巡抚，便已显示出他力能克制满清；今既受任督师，有节制四镇之权，如果真的贯彻实行起他所主张的且屯且守，且战且前的蹙敌战略来，满清的来日大患，正不可测，为了求生存，亦必拔去此一眼中之钉而后可。这是第二点。有这两种原因存在，袁崇焕从前所说，“勇猛克敌敌必雠”“图敌之急，敌亦从而间之”，以及“诸有利于封疆，皆不利于此身”的话，便将一一出现在他身上了。再加上袁崇焕之杀毛文龙，于是，清太宗固然要百计除袁而后快，毛党人物亦不惜使用一切诈伪卑劣的手段图谋陷害报复。于是袁崇焕危矣。

危害袁崇焕的主要力量，当然来自满清方面。而其所以要图谋袁崇焕的近因，则由于袁崇焕之不肯与清人议和。于此，我们应当追溯袁崇焕与清人之间的往来谈和情形，以明了双方的"和议"立场。

袁崇焕与清人之间的和议，始于明熹宗天启六年宁远大捷之后。《明史·袁崇焕传》叙其事云：

> 先是，八月中，我太祖高皇帝晏驾，崇焕遣使吊，且以觇虚实。太宗文皇帝遣使报之。崇焕欲议和，以书附使者还报。我大清兵将讨朝鲜，欲因此阻其兵，得一意南下，七年正月，再遣使答之，遂大兴兵渡鸭绿江，南讨朝鲜。……崇焕锐意恢复，乃乘大军之出，遣将缮锦州、中左、大凌三城，而再使使持书议和。会朝鲜及毛文龙同告急，命崇焕发兵援。崇焕以水师援文龙，又遣左辅赵率教朱梅等九将将精兵九千，先后逼三岔河为牵制之势。而朝鲜已为大清所服，诸将乃还。崇焕初议和，中朝不知，及奏报，优旨许之。后以为非计，频旨戒谕。崇焕欲藉是修故疆，持愈力。而朝鲜及文龙被兵，言官因谓和议所致。

## 议和非崇焕本意

关于上面所引的《明史·袁崇焕传》，我们可以指出其中两点很明显的错误。第一、天启六年时袁崇焕遣使与清人谈和，其事乃出于魏忠贤之指授，本非崇焕所愿，第二、在长期的明清战争中，希望借谈和以中止战争的，最初完全属于清方，尤其是清太宗，袁崇焕始终没有这种打算。

先说第一点。

明人王在晋所编的《三朝辽事实录》，录袁崇焕题报遣使往弔清太祖努尔哈赤之丧情形疏云：

> 天启六年十二月，辽抚袁崇焕题：臣先与镇守内臣刘应坤、纪用、镇臣赵率教东巡而得奴死之信，（明人习惯称努尔哈赤为“奴”，盖污蔑之辞。）盖闻之而未见其的也，无一确探以相闻，边臣所任何事？亟往侦其虚实，一也；因离间诸子与夷上下，二也；且谕其毋仍前叛逆，束手归命，听朝廷处分，三也。遂商之经督二臣，以喇嘛僧锁南木座往，同守备傅以昭等共三十三人以行。

又一疏云：

> 臣随诸臣后东遣侦谕，前疏已悉。东夷来者，为方金纳温台十二夷，则夷中之大头目。诸事待裁决者，臣同镇道协三臣召而见之于学宫，取在泮献功献琛之义。此夷之恭敬柔顺，一如辽东受赏时，三步一叩头，与虎、炒诸夷无有二也。跪投夷禀一封与臣，如以下申上体式，独其封上称臣为老大人，而犹书大金国，踵老酋之故智。臣即以原封还之。又递一封无衔礼单，则送臣及西僧官丁礼物。臣令僧与官丁收之。其为臣者，参、貂、镂银鞍、玄狐皮、舍利狲皮，值亦千金，令贮于宁远库以待皇命，而金等皆叩头称感。是日即照边中旧例，赏之酒食，臣徐察其辞气颜色，感激惊怖之意俱有焉，而并不言及求款字面。臣令人潜探之，则深悔其主之僭悖，来文差讹，曰：“空苦我走一遭”，其意已可见矣。

这两段文字之后，原书接叙督师王之臣所上一疏，有“抚臣决计和戎，惟恐臣谋之不同也，故力请分疆，而居臣于关内”语。又有编书人王在晋的按语，云：

> 彼时主张虽繇崇焕，而设谋实自逆珰。逆珰欲招款奴酋，建不世之勋，意不止于封侯已也。自有辽事以来，此举实为大误。

由王之臣的反对言论与王在晋的按语，当可知道，袁崇焕疏中所谓，遣使吊丧曾商得经督二臣之同意云云，其实不然。所以然之故，则以此事之发踪指授，全出魏忠贤之意旨，袁崇焕既系奉行魏忠贤的意旨，自不须一定要得到经督诸臣之同意。所以在事隔一年，明熹宗崩驾，庄烈帝即位之后，抚宁侯朱国弼追论其事，犹云：

> 奴贼与我深仇，而及其死也，魏忠贤乃遣人吊孝，白送却无数金珠，反取嫚书一纸。边臣不奉忠贤之命，敢径为之乎？

朱国弼与王在晋二人的语气如一，可知袁崇焕遣使往吊清太祖努尔哈赤之丧一事，其实全出魏忠贤之指授，其目的乃在希望能由此达成和议，以为魏忠贤建立“不世之勋”。所谓“嫚书”，殆即是前引《三朝辽事实录》中袁崇焕所说的“夷禀一封”，因上书“大金国”而仍以“原封还之”的那一件。此信后经重缮后再送，并由金梁辑入满洲秘档，开头部分作“满洲国皇帝致书于袁巡抚”。惟由袁崇焕疏中见之，此一称呼，实际上应为“金国汗致书袁老大人”；参以《明清史料》中所谓清太宗致袁崇焕书，亦复如此。此书中开列两国的议和条件，是要求明朝先送金十万两，银一百万两，缎一百万疋，布一千万疋，以为和好之礼；既和之后，仍每年致送金一万两，银十万两，缎十万疋，布三十万疋，清则每岁报赠东珠十颗，貂皮一千张，人参一千觔。此一数目，经袁崇焕复书劝说之后，旋即减少原提和好之礼一半，惟每年之岁礼数目仍旧。这些信件，因均已由刘安邦先生收入“皇太极智杀袁崇焕”的大文之中，今不再赘引。所值得指出的是，若以档案原件与满洲秘档互相比较，则满洲秘档中所收录的这些信件，在称呼与语气方面均已改动甚多。如上引清太宗致袁崇焕书，清太宗本自称“金国汗”，秘档则改称为“满洲皇帝”，称袁崇焕本为“老大人”，秘档则改为“袁巡抚”；信中语气原极恭顺，秘档则改为以上达下的训谕式。这些来往信函的原件，备载于《明清史料甲编》第一本及《丙编》第一本，读者尽可取为参考。笔者在此需要指出的是，刘安邦先生的大文中曾说：“清太宗与袁崇焕的书信往还，前后约三四年，内容虽为议和，但双方均无诚意，而且各作打算。袁崇焕前有强敌虎视眈眈，后有阉宦弄权加以牵制，以致反被清太宗施展诡计，使明朝自毁长城。”就现在所能见到的史料来说，清太宗与袁崇焕往复通书议和，在满清方面是确具诚意，而且渴望和议能够成立的；在袁崇焕方面，亦并非没有谋和诚意，只是兹事体大，在袁崇焕既不过只是执行中央决策的一名疆吏，自无权擅作主张。而他亦深知自皇帝以至大小朝臣，无不以满清之叛明为奇耻大辱，人人都坚持对满清的报仇决策，岂敢轻易将议和的意见转奏朝廷。故而只是虚与委蛇，相机为修饬边备之计。因此遂使清太宗误认和议之不能上达明廷，完全是袁崇焕之从中作梗。因迁怒之故，于是乃有后来的纵反间之举。此虽是后话，但因事涉清人在和议中的真实态度，必须先加澄清。

由此接述第二点——清太宗的谋和努力。

## 清太宗一心愿和

台湾李光涛先生，对清代开国初年的史事研究极重成绩。根据李先生所撰，《清太宗之迫而求款》一文，可知清太宗不但在袁崇焕担任巡抚及督师期间曾一再与袁崇焕往复议和，即在他纵反间之计杀掉袁崇焕之后，对明朝之求和愿望，仍是十分殷切的。李文曾引《天聪实录稿》中的天聪六年十月十日致宁远当事大臣一书，充分可见清太宗在袁崇焕死后，仍迫切希望驻在宁远的明朝文武大臣，能将清之求和意愿转达皇帝，以便和事可成，两国共享太平。其中至有“今我一心愿和，上视于天，至诚无伪”，及“我如此愿和，尔若不从”等等的话，可以觇知其中心意向之一斑。天聪六年即明之崇祯五年，袁崇焕系死于崇祯三年。在此稍前，亦即天聪六年之五月，清太宗率大军数万西征蒙古，由察哈尔沿长城北面迤逦向西，历宣府、薄大同，再西至归化城，烧绝察哈尔蒙古部落的板升，至六月间，复还至大同之北，要求讲和。相持数日，至六月下旬，又薄宣府，大营聚于山北，以数千骑至张家口索币。宣府巡抚沈棨惮清兵势大，深恐清兵或大举来攻，必致溃墙而入，于是遣中军韩嗣曾等人往缓师，双方约为和好，以白马乌牛盟告天地，声明息兵言和及永不背盟之意，清人方引兵东还。此在沈棨而言，原不过是一时权宜的退兵之计，但在明朝的崇祯皇帝看来，“逆奴罪在必歼”，乃是明朝中国的决策，历来均有圣旨，不许边臣接受清人之片纸只字，沈棨身为巡抚，不但故违明旨，而且擅与敌人盟誓讲和，其情罪岂非十分重大？故而旋即降旨将沈棨拏交刑部从重治罪。清太宗知悉此事之后，一面致书宁远方面的明朝文武大臣，要求他们转奏皇帝讲和，一面又具一奏，径上之崇祯帝。此奏亦见于《天聪实录稿》，转引于下：

金国汗谨奏大明皇帝。小国起兵，原非自不知足，希图大位，而起此念也。只因边官作践太甚，小国怀恨，不得上达，遂致兵戈延于今日。若称兵无已，彼此受祸何益！倘和事一成，彼此蒙福无量，此小国所以

> 愿见太平也。今春追插哈喇过宣大，即于彼处讲和，杀白马乌牛，对天说誓。然发誓者虽系小人，而所祝者乃两国大事，人之大小，何必计耶？总是皇帝国内之人也。况彼时两家歃血定盟，呼天称誓，小国业已为结局矣，故将我国兵丁缚至张家口官将前枭示，所掳生畜等物，一一查回。小国若不诚心讲和，何忍缚枭我人？我岂不畏天耶？自盟至今，又经数月矣，毫不敢进犯边疆。从古以来，下情得以上达者，天下无不治，下情不得上达者，天下无不乱。两家构兵，盖下情阻滞，不得上达之故也。今欲将恼恨备悉上闻，又恐以为小国不解旧怨，因而生疑，所以不敢详陈也。小国下情，皇帝若欲垂听，差一好人来，俾小国尽为申奏。若谓业已讲和，何必又提恼恨，惟任皇帝之命而已。夫小国之人，和好告成时，得些财物，打猎放鹰，便是快乐处。谨奏。

此一奏疏辞气逊顺，并不因明朝政府之重处沈棨而有所不满，反多方陈说，以证明满清求和之诚，要求皇帝垂听，岂不可以充分证明，与明朝言和息兵，实为清人之大愿么？清太宗之国策如此，然则他之所以要一再致书“袁老大人”，要求他转奏皇帝讲和，当然亦是出自至诚的了。此所以说，在长期的明清战争中，希望借和谈以中止战争的，最初完全属于清方。《明史·袁崇焕传》谓崇焕一再遣使议和云云，似指求和出于明方，尤其是袁崇焕，显然与真实史事不符。

## 满清内部贫弱，不得不和

清太宗何以一心一意要与明朝讲和息兵呢？究其原因，当不外乎满清的经济状况落后，生产不足，物资缺乏，经不起长期战争的拖累而已。《明清史料甲编》第一本四八页，有天聪二年佚名奏疏一文，可以为证。其中说：

> 窃尝见有功之人，闻升官则锁却眉头，闻赏物则辄开笑口。是土苴其官爵，而珠宝其货物也，颠倒至此，何以号召天下？……又见有等贫穷官员，饿殍其色，悬鹑其衣，路人见之，作践凌轹，搒笞同于乞丐，彼何用此官爵为耶？”

又，同书《丙编》第一本叶四十七，载清太宗敕谕诸将领稿云：

> “尔诸将士临阵，各宜奋勇前往，何必争取衣物？纵得些破坏衣物，尚不能资一年之用。尔将士如果奋勇直前，敌人力不能支，非与我国讲和，必是败与我们。那时穿吃，自然长远，早早解盔卸甲，共享太平，岂不美哉？”

同一敕谕中又云：

> 今所得之物，不像先次各抢各得，尽行入官平分。除随身行李外，如隐一针一线者，定以贼盗论。

由这些史料不难看出，满清人在入关以前，一直处于极端缺乏物资的情形之下。由于物资缺乏，乃不得不出以抢掠的手段。但因所抢得的汉人财物仍嫌不能足用，于是又不得不订为“入官平分”之法，如私隐一针一线，亦须以盗贼论。物资缺乏的情形如此严重，对于清人之进行长期战争，自是重大的致命伤。袁崇焕在当年定下且屯且战、逐步进逼的蹙敌之法，无疑正对准了清人的致命弱点，握有绝大的胜算。然而清太宗固是一世之英才，他因充分了解自身的经济弱点而一再与明朝谋和，迨谋和不成，对于袁崇焕的蹙敌之法，自亦有其因应之策。是即东征朝鲜，西平蒙古，打算先以冲破围堵之法，自立于不败之地。在这些地方，由于清太宗是一国之主，尽可随心所欲地自由运用，不虞任何掣肘；反观袁崇焕，虽受命平辽，所辖属的不过只是辽东一隅之地，由于权力不足，根本无法对清太宗作全面的肆应。加以袁崇焕出任督师之时，明朝的皇帝已换了刚愎自用而性多猜疑的崇祯，外示信任而内多防维，袁崇焕又如何能充分展布其抱负呢？所以说，即使袁崇焕幸而不死于清太宗的反间计，他的五年平辽大计是否能顺利达成，就政治方面的因素来说，正亦未可乐观。

## 谈和目的不过求封为王

清太宗与袁崇焕之间往来谈和的信件，档案中所能见到的原件只六件，比之收入满洲秘档的十五件，所缺甚多。所以，若以全部谈和史实而言，自以秘档所收的资料较为完整。但因秘档信件已经过了甚多的删改，亦无法显示全般史事的真相，只好将档案原件与秘档文字互相参看，庶几或可看出此事的大概情形。

追溯清太宗与袁崇焕的往来谈和，发动虽由魏忠贤，具体的和议则系清太宗最先提出，其时间则在袁崇焕遣使往吊清太祖努尔哈赤之丧时。由清太宗所致袁崇焕书中，可知清方此时所提出的和议，多至黄金十万两，白银一百万两，缎一百万疋，布一千万疋。其后经袁崇焕之一番讲说，此数减至一半。其时为明熹宗之天启七年，亦即清太宗的天聪元年。这年四月，清太宗的答书方写毕，即接得前方报告，谓袁崇焕在双方信使往来之时，乘机修筑锦州、塔山、大凌河诸城，诈为和好而意在战守，以此再致一书谴责，而双方往来使人亦告中止不遣。越二年，为清太宗之天聪三年，亦即明庄烈帝崇祯二年，袁崇焕已在一度离去之后，再受命为督师，重来辽东，清太宗乃再致书于袁，重提前议。袁崇焕答书清太宗，亦表示此事可以重谈，于是和议再起。但袁崇焕的复信中，却有如下一点附带要求，乃是：

> 夫国宝者，所以昭信也，若非封谕，不可施用。国中之法如此，愿上勿以为责。

这是满洲秘档中经过删改以后的面目，真正的文字内容如何？因档案中无此原件，不详。不过我们仍可从清太宗的复书中推测得此信的原来情形。清太宗复书云："国宝除封谕外不可乱用，如此，则应与我铸满洲国帝印。"此亦是秘档中的文字，原来文字当然并不如此。然秘档虽能纂改原信内容，此信中却显然露出了马脚。因为倘若果如所说，清太宗的复书是要求明朝铸给满洲国皇帝之印，于理却有未通。既然清太宗要做满洲国皇帝，在地位上就与明朝的皇帝并尊了。如今满洲国的皇帝，却要请并尊的明朝皇帝铸给印信，天下岂有如此之理乎？所以，此信的真正内容，必应是清太宗要求明朝铸给一印，其印文应即是明朝允予给封之名义，以表示臣服中国之诚。既然清太宗之要求不过如此，然则袁崇焕的原信内容，亦必然是要求清太宗废去其"大金"之国号，以及不再使用其自铸之大金国宝之意了。这一层，看后面所引的史料，亦可以得到间接的证明。

《天聪实录稿》载天聪六年八月二日孙应时奏云：

> 讲和之事，决断为难。……若仍如先日封为龙虎将军，汗必不允。若封王位，汗必从之，然非人所得而知也。

由此可知，清太宗当时的求和愿望，除了希望从明朝中国得到物质利益之外，在名位方面，不过希望明朝政府能封予王号，便于愿已足，根本无所谓二帝并尊之说。即使在同一封复袁崇焕的信中，亦说：

> 尔当将讲和之礼，应给之财，再熟计之，勿视我如察哈尔汗也。若视如彼同，我不能允。我意愿罢兵，同享太平，出于至诚，尔亦诚心言之。

上文所说的"察哈尔"，即前引《天聪实录稿》中所说的"插哈喇"，亦即《明史·鞑靼传》中所说的"插汉"，一称为"插部"，乃是元朝后裔的北方蒙古部落之一。插部世居于蓟辽宣大以北的塞外，至万历间渐形壮大，屡为明朝北方的边患。明朝中国当时用以对付插部的办法，不外和战二着，即来款则予抚赏，来寇则据关墙拒守，这种待遇，比起曾封顺义王的俺答汗来，自然差得多了。俺答汗因款贡而被明朝中国封为顺义王，赐赍稠叠，久为清太宗所歆羡。此信中所说，他不能接受如同插汉部所受的待遇，已可看出他的希望不过是封王号，得厚赏，如俺答汗之前例而已。条件既然不高，和议理应可就。然而袁崇焕却深知自崇祯皇帝以次的满朝文武，从来无人敢以议和为结束辽事之想。此不但因崇祯皇帝对清之叛明极端憎恨，即全国上下，亦无不以宋金议和之前事为鉴，以为议和即是慢性的亡国，决不可许。在这种情形之下，即使袁崇焕深知清人之求和确有诚意，谈和的条件亦并非不可接纳，他亦仍然不敢冒此大不韪，轻易将此事转奏朝廷。反过来，他更向清太宗提出试探，想看看清太宗的谈和条件，最低限度究竟可以退让至何种地步。

## 谈和因要求退地而止

秘档所收天聪三年七月袁崇焕致清太宗书，中云：

> 我国幅员九州，所失辽东之地，初非上所有也。辽东之人西来，坟墓皆在于彼，其心能不思先人之骨乎？因不合众意，我受之而不敢言，是以亦未奏于帝。

此是很明白的希望清太宗能将清人所攻占的辽东之地退还明朝，包括开原、铁岭、海盖诸州、辽阳、沈阳、以及广宁等诸城。清太宗若果真为了迫切求和而答允此一条件，无异将满清的领土重新回复到努尔哈赤未兴兵叛明以前的范围——局促于柳条边外的兴京老巢，不但因地土狭小而无法安顿所有的降人与旧人，即所生产的粮食亦不敷此众多人员的食用，不必等明人来攻，已将因穷乏饥窘而无法自存了。在袁崇焕来说，他明知这是决不可能办到的苛刻条件，但是他仍然向清太宗提出了。当时，袁崇焕根本尚未有此力量，可以将入侵的清人一举而驱退至他们的兴京老巢，以致为要谈和即非接受此一条件不可；他之所以要如此说，无非因这一条件决不能为清人所接受，姑且以此作为中止谈判的借口而已。果然，此信去后，清太宗即复书严加驳斥，并说："尔国之官员文士，高视尔帝如在天上，自视其身如在云霄，以我所言不合众臣之心，不即奏于皇帝，使我二载未得遣使致书于都城，而较大辽之欺金，殆有甚焉。此亦天意耳，我岂能强令和好乎？"

至此，谈判不能再继续下去了。这在袁崇焕自有如释重负之感。在清太宗方面的感觉，一则认为袁崇焕中梗和议，其情十分可恶，再则他亦看到在袁崇焕统率之下的辽东将士，在他的严格训练之下，士马日见精强，战力日见强劲，若任令袁崇焕着着进逼，满清的来日大患，正不堪设想。于是，他要严重地考虑到，危害清人生存的第一号敌人，究竟是否袁崇焕其人的问题了。

# 围堵与反围堵

明代末年，自有辽事以来，一般所见的情形便是清人的兵力甚强，所到之处，几乎是攻无不克，战无不胜。明朝政府耗费数以百万计的金钱与数以十万计的人力，尚不足以言抵御，更何能侈言恢复。在更迭频仍的经略与督师之中，真正能有力量可以奏拨乱戡定之功的，只有熊廷弼与袁崇焕二人。熊廷弼死于明季之党祸。据《明史·熊廷弼传》，在他二次出任辽东经略时，曾奏上三方布置之策，此策实为后来袁崇焕之所本。因熊廷弼主张在广宁布列马步军兵牵制正面之敌，另在天津及登莱各置舟师，乘虚入海盖等地捣其心腹，使敌人回顾不暇，则辽阳可以收复，而辽事可有转机。另再联络朝鲜，使助我声势，无异在东、西、南三方面形成了对清人之围堵态势。这种情势，在袁崇焕出任督师时，已经有了极大的转变。原因是明熹宗天启二年时，因辽东巡抚王化贞之愚而自用，广宁军溃，辽东境内的疆土尽失。其后虽因孙承宗之拓筑关外八城而略有恢复，亦只是保有山海关外的一条狭长滨海地带，长不逾四百里，宽不过二十里，起不了太大作用。而由于广宁不守，辽西方面门户洞开，欲如熊廷弼之三方布置，正西方全无凭藉，便毫无围堵的作用可言。为了补救这方面的缺陷，袁崇焕所采用的办法，乃是联络内蒙方面的插汉部落，使为中国所用，以填补此方面的空隙。

说到这里，我们应先查《明史·鞑靼传》中所说的情形，看看明朝末年时的“插汉”，亦即清人所称的“察哈尔”，是否尚有力量可以与满清一较短长。《明史·鞑靼传》云：

> 虎墩兔者，居插汉儿地，亦曰插汉儿王子，元裔也。其祖打来孙，

始驻牧宣塞外，俺答方强，惧为所并，乃徙帐于辽，收福余杂部，数入掠蓟西。四传至虎墩兔，遂益盛。……（万历）四十六年，我大清兵起，略抚顺及开原，插部乘隙拥众挟赏。……四十七年，大清兵灭宰赛及北关金台什布羊古等。金台什孙女为虎墩兔妇，于是蓟辽总督文球及巡抚周永春等以利啖之，俾联结炒花诸部，以捍大清兵，给白金四千。明年为泰昌元年，加赏至四万。虎乃扬言助中国，邀赏无厌。……（天启三年），大清兵袭破炒花，所部皆散亡，半归于插汉。时卜失兔益衰，号令不行于诸部，部长干儿骂等岁数犯延绥诸边。……崇祯元年，虎墩兔攻哈喇慎及白言台吉、卜失兔诸部，皆破之，遂乘胜入犯宣大塞。秋，帝御平台，召总督王象乾询以方略。象乾对言，御插之道，宜令其自相攻。今卜失兔西走套内，白台吉挺身免，而哈喇慎所部多被掳，不足用，永邵卜最强，约三十万人，合卜失兔所部，并联络朵颜三十八家及哈喇慎余家，可以御插汉。然与其构之，不如抚而用之。帝曰：插汉意不受抚奈何？对曰：当从容笼络。帝曰：如不款何？象乾复密奏。帝善之，命往与督师袁崇焕共计。象乾至边，与崇焕议合，皆言西靖而东自宁，虎不款而东西并急。因定岁予插金八万一千两以示羁縻。大同巡抚张宗衡上言：插来宣大，驻新城，去大同仅二百里，三阅月未敢近前，饿饥穷乏，插与我等耳。插恃抚金为命，两年不得，资用已竭，食尽马乏，暴骨成莽，插之望款，不啻望岁，而我遗之金缯牛羊茶果米榖无算，是我适中其欲也。插臬炼悖慢，耳目不忍睹闻。方急款，尚如是，使插士马丰饱，其凭陵狂逞，可胜道哉？象乾言：款局垂成而复梦之，既示插以不信，亦非所以为国谋。疏入，帝是象乾议，诏宗衡毋得异同。

这一段史文，概括叙述插部在明末崛起蓟北及与中国之关系，看来颇似详尽，其实仍多未尽。所以然之故，则因这一部分的历史颇涉及清初开国史事，清人既多隐讳，自不便据实直书。欲明其间真相，尚须取他书参看。至于前文中所提到的炒花、宰赛、卜失兔、永邵卜等，皆蒙古别部之长，在俺答汗顺义王死后，曾先后在漠北雄长一时；而哈喇慎、朵颜、福余，则是蓟镇边外的“三卫”属夷，历来臣事于中国的蒙古部落。

满洲秘档载有清太祖天命四年十月辛未虎墩兔致清太祖一书，于盛夸一己英名之外，特别声明广宁城已为插部所有，警告清人不得染指，辞气甚为骄慢。清太祖之天命四年，即明神宗之万历四十七年。其时清太祖努尔哈赤已起兵破明之抚顺清河，经略杨镐发兵七万，分四路进征，三路丧败，明军大挫，全辽岌岌可危。其时虎墩兔方强，其妻又为北关金台什之孙女。北关为清人所灭，虎墩兔亦与清有仇，于是蓟辽总督文球及巡抚周永春啖以厚利，使联络炒花诸部以东拒清人，其事已见前引之《明史·鞑靼传》。虎墩兔写此书恫吓清人不得进窥广宁，无非自炫兵力，其实广宁固非蒙古所有也。清人亦知广宁仍为明有，故有清太祖覆书驳斥，直接指系明人畏清往攻，“诱汝以利耳”。此信亦见于满洲秘档，时间则已在翌年之正月。越一年，为明之天启二年，辽阳及沈阳亦为清人所陷，广宁地处前敌，形势更为危急。辽东巡抚王化贞师法前人之故智，联络虎墩兔及炒花诸部，欲藉为应援。不料诸部畏清人势强，虽受抚赏，竟不出兵助战。迨广宁既溃，清人又袭破炒花所部，虎墩兔自揣力不能敌，乃西向攻破哈喇慎及卜失兔等部，由辽西而一徙蓟北，再徙宣大迤北，与清人日去日远，显是畏而避之。插部西徙，辽西与蓟北空虚，甚非中国之利，盖蓟北与辽西之地既空，清人即可由广宁西出内蒙，南侵蓟镇，拊山海关与宁远之背，对明朝中国之为害甚大。故袁崇焕在出任辽东巡抚时，即力主羁縻西夷，使为中国之助。迨身膺督师之任，更密陈于崇祯帝，必不可使蓟北之地空虚，以致辽西的藩篱尽撤。然而必如何而后可使蓟北之地不致空虚呢？其一当然是羁縻残余的小支蒙古部落，使不致折入于清，其二则是设法使插部东还故巢，以与中国声势联络，共拒清人。于此，我们便必须注意到当时的另一个重要人物，王象乾。

## 王象乾负责抚驭蒙古

明史未为王象乾立传。考之王鸿绪《明史稿》，象乾固有传，殆为后来修《明史》时所削去。张廷玉于乾隆时奉敕修《明史》，无非据王鸿绪之《明史稿》略为整理归并，于全书内容并无大更动，然则王象乾的传记何以削去不录呢？这其中的道理，显然是由于王象乾的事迹，牵涉到清初若干为清人所讳言的历史，所以在重修明史时特予删去不录，以免留存不必要的痕迹。观《明史稿・王象乾传》，象乾于明神宗万历十七年即为口北道，驻宣府，专主边外诸蒙古部落的抚赏事宜，甚著威信。为边吏既久，熟谙蒙古部落的一切土俗种落及家世。万历二十二年以后，更专任宣府巡抚七年。三十六年，以丁忧官起复为蓟辽总督，适朵颜长昂等部属犯辽东，虎墩兔等亦将窥蓟门，赖象乾抚驭得宜，蓟镇得帖然无警。万历四十年召为兵部尚书，以党争引归。天启元年再任蓟督，当广宁之溃，抚定虎墩兔、朵颜、哈喇慎、及炒花等部，使不致乘机寇掠，甚著功绩。后因与督师大学士孙承宗不合，蓟督亦被裁去，乃再归田。然廷议多以象乾熟谙边事，且于蒙古部落有威信，值崇祯元年虎墩兔大入大同，廷臣多请召象乾，于是再起为宣大山西总督，时年八十二岁矣。《明史稿》叙象乾之再起，惟云事由虎墩兔之入犯大同，责令相机抚驭。但由其他史籍见之，则《明史稿》尚有未尽之隐情焉。

《崇祯朝纪事》云："象乾以原官起用，总督宣大，陛见。上曰：见卿矍铄，知袁崇焕荐举不差。"据此云云，则象乾之再起，实出于袁崇焕之荐举。《明史稿》说，"廷臣多请召象乾"，意实在讳饰。袁崇焕何以要荐举王象乾出任宣大总督呢？第一个原因，当然是由于王象乾任蓟督多年，与蒙古诸部落久相熟习，可资为臂助。第二个原因，则因袁崇焕深知此时的蓟北空虚，亟须抚定未去之朵颜残部，及招回西徙之插部，以为辽左藩篱，象乾于诸部有恩，尤需多多借重之故。《崇祯朝纪事》续云："象乾奏称，虎墩兔从容笼络，抚亦可成。因密陈西部情形数百言。帝色喜，谕曰：卿抚插于西，崇焕御敌于东，恢复成功，皆卿等之力。"观此，更可知袁崇焕之荐举象乾，原是希望他在西抚蒙古、东拒满清的全盘战略观点上与自己通力合作，以共同达成五年平辽之大计的。王象乾在崇祯元年再起为宣大总督，其真正的任务与背景如此，《明史稿·王象乾传》闪烁其辞，实足以启人疑窦。但是，事实上此事又如何能据实直书呢？此所以《明史》要干脆将王象乾传删去不录，以免留下不必要的痕迹了。

谈迁著《国榷》，于当时人评斥王象乾一力以抚赏笼络虎墩兔之不当，曾有论云："胡部合则强，分则弱。插汉以元裔，国初尝遣使聘问，今处其衰，再世不贡，而顺义王败逃之余，独虎墩兔入为劲，力能扼建敌。汉不离乌孙匈奴乎？縻之使西部不与建合，亦伐交之道也。我拒之坚，彼计求一逞，势必合建，宁有余力以两制之哉？事有似正而失之胶者，插议是也。"这里所说的"建"，即满清，因清人之先世本明之建州卫也。谈迁论当时人不知纵观当前的军事及外交大势，但知胶柱鼓瑟，以为虎墩兔骄慢悖逆，不宜一味姑息。殊不知虎墩兔当时正苦于饥困，明朝中国如不能及时抚驭，彼内困饥馑，外畏强敌，其势必不出两途，一是愈徙愈西以远避清人之进逼，一是因不敌而降于清。前者将使蓟北亦入清人势力范围，如是后者，则清人在合并蒙古以后，势力将更为强大，其为害岂尚可言哉？谈迁的此一观点，足以看出当时的明朝士大夫中亦有颇具远见之人。无奈这类具有远见之人太少，所以不但王象乾不能安于其位，即袁崇焕所作各种抚驭蒙古的措施，亦为他自己带来极多的污蔑与困扰。可知在当时的情势之下，袁崇焕既不能放手施展他的抱负，各种反对的言论又足以横生阻力，比起清太宗之得以为其所欲为，在形势上便已相形见绌了。

## 清人得到控制蒙古之权

袁崇焕致力于抚驭蒙古部落，旨在争取中国对蒙古部落之领导与控制，进则可以协力对付满清，最低限度亦可堵塞清人向辽西的发展。但袁崇焕的努力，最后未能成功，虽说朝中的掣肘太多亦为其原因之一，但是，最主要的原因，还是由于诸蒙古部落之间的利害冲突太多，明朝中国既无足够的力量驾驭，单靠金钱与物资的收买，难以惬服众心，总是无法使众多的蒙古部落折服的。

按，明代末年，在辽西蓟北一带游牧的蒙古部落，除虎墩兔一支最强外，较小的部落，尚有炒花、宰赛、都令、色令、黄把都儿等。炒花与宰赛先已为清人所破，都令、色令、黄把都儿等部则为虎墩兔所逼，无法安居，颇有降明之意，时为明熹宗之天启七年。适袁崇焕因得罪于魏忠贤而被魏党人物所论，在宁锦再捷之后有功不赏，反得旨准予回籍。都令等深恐袁崇焕去职之后，明朝的军力不足以庇护其安全，遂率其部落二万余人东投满清。据《东华录》所记，天聪元年七月，蒙古敖汉奈曼部诸贝勒来降，太宗率诸贝勒祭告天地，曰："察哈尔汗败弃典常，罔恤兄弟，致敖汉奈曼诸贝勒与之交恶，来归于我"。同年八月，又有"察哈尔阿喇克绰忒部贝勒巴尔巴图鲁诺门达赉吹尔札木苏率众来归"之记事。至十一月，则"察哈尔贝勒昂坤杜棱携妻子率众来降"。杜棱，当然即是明朝所称的都令。明朝方面的记事，只说都令等部投清，据《东华录》，则部落之名甚多也。然都令等虽投降于清人，据《三朝辽事实录》所记，诸部残余亦有散投于明者。是年十月。虎墩兔复恃强攻蓟北之白言台吉部，哈喇慎部亦因不堪虎墩兔之陵逼，要约朵颜三卫头目束不的，图构兵报复。束不的于天聪二年二月致书于清太宗，邀清人发兵往攻。是月之庚子，太宗遂以都令为向导，亲率大军征插汉虎墩兔，大败其众，俘获一万一千二百余人，虎墩兔西遁，哈喇慎部亦听命于清。虎部既西，犹有众十数万，压大同索赏，杀军民数万。崇祯帝怒抚赏无功，徒费金钱，隳军实，降旨不许再予赏。中外希旨革市赏，遂并朵颜三卫之市赏亦皆革去。值塞外大饥，诸部无所得食，请粟于边臣，又吝不予，诸部哄然，并归于清。《东华录》天聪二年八月辛卯记事，有"自此喀喇沁拉斯喀布汗乌勒赫等举部来附"语。喀喇沁，即明人所称之哈喇慎也。自此以后，不但虎墩兔之势日孤，明朝政府抚驭蒙古诸部之努力，亦因诸部自相攻杀之故而尽付之东流。反观清人，则因挟有强大军力之故，遂得以乘此时机，抚其孤弱而击其强悍，不旋踵之间，尽收蒙古诸部而用之矣。

明清两方争取对蒙古部落的领导统驭，其最后的成败直接关系到双方面的胜负。但此种情势并未能为明朝政府的大部分官员所体认，反而对袁崇焕之委曲体恤蒙古部落多所责难，这真是无可奈何的事。

## 招抚蒙古反遭诬蔑

明清档案中存有兵部题复督师袁崇焕的题本一件，原本系上于崇祯二年之二月，内云：

> 该臣会同蓟辽总督喻查得，哈喇慎三十六家原在蓟辽抚赏，仇于虎而未与奴通。自去年虎酋攻伯彦黄台吉据其故穴，彦死之而我不能为各夷之依，夷遂依奴以自固。且夷地荒旱，粒食无资，人俱相食，且将为变。夫辽已能抗奴，夷即变奚为？惟蓟门陵京肩背，而兵力不加，万一夷为向导，通奴入犯，祸有不可知者。臣以是招之来，许其关外高台堡通市度命。但只许布米易换柴薪，如违禁之物，俱肃法严禁，业责其无与奴通。各夷共谓，室如悬磬，不市卖一〡布帛于东，何繇藉具利以糊口？宁愿以妻子为质，断不敢诱奴入蓟辽，哀求备至，各置妻子于高台堡边外，历历可见也。臣亲出谕之，见其穷迫所为，若绝其活命之方，则立毙之也。夷肯坐以待毙乎？即饥之窘之，可空其类乎？不可空则必为怨府，而驱其与奴合。况我天启二年败回，关内外告饥，督臣王象乾行臣赏三十六家，令其驮米粮来市卖，每日百车或数十车，军民利之。我歉曾因其食，彼歉我屯其膏，于义未惬。不如因而树德，存数种于外，他夷入犯，我得藉作藩篱。总在驾驭有法，若能戢其暴而柔其心，彼将为我用之不暇，宁有他心？

袁崇焕此疏之所以值得在此引述，是因为其中所显示的两点重要关键，均与后来的史事演变有关。第一，袁崇焕重视蓟北边外朵颜三十六家属夷的存在，是深恐此夷或因饥困不能自存而折入于清，将使中国在边外的耳目皆尽蔽塞，大不利于中国；第二，如蓟北边外的属夷尽入于清，则清人或将利用所处的有利地形，假道由此入犯蓟镇，直接威胁京师，后患将不堪设想。以上两点，在后来俱成为事实，足征袁崇焕的卓识远见。但在当时之人看来，袁崇焕将米粮卖与边外属夷，事实上是恰恰中了清人之计，“资寇兵而赍盗粮”。如明清档案中所藏的兵科给事中宋鸣梧题本一件，其中便说：

> 臣又闻奴孽以荒饥为名，值西夷市米高台堡，皆窖于猪首山而不运，种种叵测，无非欲因粮中国。

既然袁崇焕所卖给边外属夷的米粮，结果都被清人屯积在猪首山并未运回，到了崇祯二年的十月间，清人又恰恰由蓟镇边外越过崎岖的山岭侵入长城，长途行军，正得力于这些米粮的接济，于是袁崇焕抚驭属夷的措施，恰恰坐实了他“勾敌入犯”的罪名。事之巧合，岂有更甚于此者？所以，袁崇焕虽能洞瞩机先，早就顾虑到清人有乘蓟北空虚而由此入犯内地的可能，在旁人看来，无宁正是他不打自招，证明了他曾与敌人勾结，诱导清兵由此入犯内地。古人说，“察见渊鱼者不祥”，袁崇焕的悲剧，似乎正是如此。

## 清人入犯旨在胁和

明崇祯二年，即清太宗之天聪三年。是年十月，清太宗大举攻明，由辽西越蓟北山岭，破大安口入长城，直犯畿甸，是即明代史籍中所称之“己巳虏变”。满洲老档中载有清太宗侵入畿甸后遣使祭告房山金太祖、金世宗二陵的祭文一件，极言此次攻明之役，皆因“明之国君妄自尊大，不允议和”之故。可知清太宗以大军入犯，确有以战胁和之心。《东华录》于此，亦有类似的记载，云：

天聪三年六月乙丑，谕贝勒大臣曰：战伐者，生民之危事，太平者，国家之祯祥。前向明议和，明若听朕言，两相和好，以享太平，则我国采参开矿，与之交易；若彼不愿太平而乐用兵，我国当竭力耕织，衣食既足，又何求乎？缎帛者粉饰之物也，虽无何伤？我欲和而彼不从，岂可坐待？

此云清人欲和而明朝不许，岂可坐待，更分明显示出此时的清太宗已不耐久候，而欲以实际行动逼胁明朝了。明清档案中所发现的清初珍贵史料，曾有副将高鸿中所上一奏，及清太宗批复高鸿中的一谕，正好说明清太宗之所以在此时要有此意向，实系由于高鸿中的献计。此事直接关系到清人对明朝中国的作战计划，甚为重要，摘录一部分如下。

明清史料丙编第一本高鸿中奏本：

臣高鸿中谨奏。若此时他来讲和，查其真伪何如。若果真心讲和，我以诚心许之，就比朝鲜事例，请封王位，从正朔，此事可讲。若说彼此称帝，他以名分为重，定是要人要地，此和不必说。他既无讲和意，我无别策，直抵京城，相其情形，或攻或困，再作方略。他若因其攻困之急，差人说和，是求和，非讲和。我以和许之，只讲彼此称帝，以黄河为界，容他南去，或以山海为界，也罢。他若不依，我亦不肯退兵，多积粮草，定要与他作对到底。若攻困他到危处，或者朝廷南迁。他若南去，不必追他，纵拿他一人，他家宗派甚多，倘另立一好人为帝，反为不便。

同书中另有清太宗批复高鸿中之一谕，题作“敕谕副将高鸿中稿”，因此可知上奏之高鸿中，当时之官职为副将。敕云：

览卿所奏，劝朕进兵勿迟，甚为确论。但南朝规矩，兵民为二，民有常业，兵有常粮。我国兵民为一，出则备战，入则务农，兼以收拾兵器，故稍迟时日。俟地锄完即行。

这两件档案均未标著年分，只高奏的面页有“二月十一日到，十二日奏了”数字。由两件档案的内容看，可知此是清人开始从长城北面入侵中国内地之前，高鸿中与清太宗之间讨论此一作战方略的原始文件。按，清人在入关之前，由长城入犯中国内地，先后共有五次，最早的一次在崇祯二年十月，亦即清太宗之天聪三年。由于清太宗在采纳此一建议后曾说，“俟地锄完即行”，然则高奏应系上于天聪三年之二月十一日，不久即得清太宗之嘉许，并说，“俟地锄完即行”。参之前引天聪三年六月谕各贝勒大臣的记载，更可知清太宗之所以表示不能再坐待，正是由于高鸿中向他建议了此一策略，使他感觉到可以有办法以实际行动迫胁明朝中国就范之故。高鸿中的策略固然厉害，清太宗之英明果断，亦可以证明他确实有能力战胜明朝中国。

## 范文程献反间计

东华录记清太宗于天聪三年十月开始大举攻明之事云：

天聪三年九月甲辰，上大举伐明。十月癸丑朔，上亲统师启行。以喀喇沁台吉布尔噶都曾受赏入边，用为向导。……辛未，次喀喇沁之青城。大贝勒代善、三贝勒莽古尔泰晚诣御幄，止诸贝勒大臣于外，而先入密议班师。既退，岳托、济尔哈朗、萨哈廉、阿巴泰、杜度、阿济格、豪格入。上默坐，意不怿。岳托奏：诸将皆集于外，待上谕旨。上怃然曰：可令诸将各归帐。我谋既隳，又何待为？因命所发军令勿宣布。岳托、济尔哈朗曰：何故若此？上曰：两贝勒云，此行深入敌境，若粮匮马疲，何以为归计？纵得入边，若明人会各路兵来围，为之奈何？倘从后堵截，致无归路。何由返国？以此为辞，固执不从。伊等既见如此，初使朕离国而来，何为耶？岳托、济尔哈朗及众贝勒劝上决计进取，于是令八固山额真往与大贝勒三贝勒议。夜半议定，乃颁谕云……

在这一段文字中可以看出，清太宗初次攻明的行动，在大军尚未入边之前忽然遭遇到阻碍，原因是太宗之长兄代善及三兄莽古尔泰对明兵甚有畏惮，深恐在进入长城以后，或因归路被截、或因彼众我寡、或因粮尽而马疲，以致欲归不得，将有全军覆没之虞，故在师次青城时力劝太宗不可冒险，坚请班师。在清太宗即位之初，代善、莽古尔泰与清太宗同主国事，他们二人的意见甚具影响力量，所以清太宗虽心中大为不怿，仍不得不接受其班师之议。但是，代善与莽古尔泰最初力主班师，到后来何以又忽然改变初衷，愿意与清太宗一同进行他的大胆冒险行动了呢？关于这一点，似乎就与后来的反间计大有关联了。

清人李霨所撰《范文肃公墓志铭》云：

天聪三年，从跸入蓟门，克遵化，将偏师，谕降潘家口、马兰峪、三屯营、马栏关、大安口凡五城，皆下之。时明宁远总制某将重兵居前，公进秘谋，纵反间，总制获罪去。

范文肃，即清代的开国名臣范文程，文肃乃其谥，天聪三年时曾以章京身份随清太宗入长城攻明，参与军机，甚见倚信。此云范文程向清太宗进反间计除去将重兵抵御清军的“宁远总制某”，参之清人张宸所撰的《范文程传》，可知其人盖即袁崇焕，且张传中亦明明说到袁崇焕即因范文程所进之反间计而被杀。两者所记内容相同，可知清太宗除去袁崇焕所用的反间计，实际上即是范文程所进上。惟墓志铭与传记叙次此事在清兵攻克遵化之后，恐有错误。揆之实际情形，当以行次青城时所奏上，较为正确。因为当代善与莽古尔泰劝请清太宗由青城班师时，他们所畏惮的，事实上只有袁崇焕所统率的辽兵，辽兵以外的其他明军，无一堪与清军对敌，军虽多亦无用也。此时若非有一绝对有效的办法怯除其中心之疑畏，恐不足以使代善与莽古尔泰一改初衷，亦不足以鼓舞清军将士之攻明决心也。故而如就当时之情势言，范文程所上的反间计，似应在此时。因范文程奏上此计，自清太宗、代善、莽古尔泰，以至八旗诸贝勒，俱深知除袁有术，余子碌碌不足畏，于是始以兴奋鼓舞之心情大胆南侵。清太宗之攻明，最初本在以战胁和，至此乃增加了以反间计除去袁崇焕的一项。

## 袁崇焕闻清兵入寇紧急赴援

根据《东华录》所记的日程，清太宗于天聪三年十月初一日率大军出发攻明，取道辽西，经热察山地入侵长城。在途行军二十日，至十月廿一日丁丑，即由龙井关及大安口分两路破长城而入。此两关口均在遵化城之西北，属蓟辽总督所辖防区。清兵由此进入长城后，沿途击破明军之抵抗，至十一月初三日，即攻陷了遵化城。遵化城中驻有顺天巡抚王元雅，遵化既陷，王元雅自杀。越十余日，清兵再由遵化向西，越蓟州，陷三河顺义，深入畿辅，京师震动。自清兵入长城，至此不过二十余日，攻城杀将，几于所至摧破。此时虽有各路勤王之兵来援，唯一可与清兵一较短长的，不过只有袁崇焕所率的辽兵而已。

袁崇焕的防地，是山海关外的辽东，蓟镇非其所辖。但清兵入侵畿甸，势将危及京师，凡属臣子，俱有勤王之责，袁崇焕自不能借口汛地不同而可置身事外。所以，他在十月廿一日从属夷处得报，知道清兵已有入犯长城之可能后，不敢怠慢，立即部署一切，亲统马步精兵二万，由宁远火速入援。为了争取时机，更令驻札山海关的总兵官赵率教率兵四千先发。赵率教于途中闻悉遵化被围，三昼夜疾驰三百五十里往援。经三屯营城，欲暂时入城休兵，总兵朱国彦不肯开城，率教遂西。十一月初四日至遵化之东，猝遇清军大队，因兵数过少，在一场剧战之后，全军尽歼，率教亦中流矢阵亡。袁崇焕军虽在后，因步兵行缓而勤王事急，亦只带骑兵九千先行。十一月初四日离山海关，初五日行抵抚宁县，知遵化已陷。初七日至沙河驿，则三屯营城被陷及率教兵败之讯亦至。遂部分后到之步兵，分守永平、玉田、丰润、迁安等州县，自率马军驰防蓟州。时清兵尚踞遵化未出，明之兵部急调宣府大同等镇兵入援京师，已陆续由北京向东，进驻顺义三河等地，扼守京东门户。蓟州为清兵由遵化向南必经之路，如清兵不能越蓟州，即不能西窥京师。但因入犯的清军数逾十万，袁崇焕所统辽兵则仅只九千，双方兵力悬殊，实不足以轻言堵御。不久，清兵即逐渐向南移动。十一月十三日，清军前锋抵马伸桥，为袁军所败。而清兵大队续至，双方在蓟州东南相拒半日，清兵忽折而向西，趋三河顺义，不旋踵而陷之，清兵遂向通州。崇焕闻讯，急由蓟州向西，趋河西务。河西务在通州之南九十里，俱位于京师之东南。至是，袁崇焕的援军乃与清军成一南一北，都以自东向西的方向，逐渐接近北京。

通州距北京六十里，乃是南来漕运的终点，城内经常贮存数以百万石计的漕米，地位极为重要。清军西趋通州，其可能的动向有二：一是攻据通州而破坏城中的仓储，如此势将使北京城中的军民因乏食而坐困，二是以进攻通州的姿态吸引袁崇焕的援军，然后突然移兵西指，以全力进攻北京，使袁军无法应援。以双方所处的地位言，通州距北京近而河西务距北京远。此时的袁崇焕，救通州则不能兼顾北京，援北京则不能返救通州，实在很难作抉择。崇焕部下的副总兵周文郁，鉴于当时已有很多不利于袁崇焕的谣传，乃向崇焕建言，以为我军当向敌进逼求战，不可西向京师，而崇焕不听，卒致在后来被人指为口实，以为袁崇焕与清军同时会师北京城下，其目的实在引敌胁和。谈迁撰《国榷》，论云：

> 当满桂战败，时谓督师对垒不发一矢，非也。桂战都城北，崇焕战都城南，颇有杀伤，第先后间纵敌贻患耳。方在蓟州，独不能缀其后掩袭之耶？闻石门驿一小砦，驿宰某率土人垒石塞径，被攻终日而陷。苟矢志厉众，剪其零骑，俾敛寇不敢散掠，遏其锋于通州，决一血战，无鸣镝都门之下，庶免于戾。而崇焕智不出此，岂刃在其颈，不觉冥蹈之耶？

## 时论催战每不量敌军之强

此云袁崇焕不肯乘清军由蓟州西来之时，缀其后而掩袭之，使不敢全师西向；又不肯在敌犯通州之时，与之决一死战，以阻遏其进犯北京之谋，俱为袁崇焕有心勾引清军进逼京师，以达成其胁和目的之证明，充分可以看出当时人对此事之评论如何。平心而论，清兵善骑射而长于野战，自努尔哈赤起兵以来，除了在宁远城下一再遭败之外，凡属野战时的冲锋陷阵，明军几乎从来无法与之对抗。即天启七年的宁远再捷，袁崇焕所部的辽兵，虽然也曾在宁远城下以肉搏杀敌得过一次胜仗，但那也还是用倚城为守的战法，是守势的防御而并非野战冲锋也。虽然辽兵的作战能力在袁崇焕的训练之下已有长足的进步，但如要以一刀一枪去与清军在野战中互较短长，彼此之间总还有一段距离。袁崇焕当然对此很有自知之明。而且，自有“辽事”以来，亦从未有人能在野战中胜过清军，那末，要说袁崇焕可以用他所统率的辽兵，以掩袭或堵截的战法来制胜清军，不仅责望过高，而且亦不合情理。袁崇焕自闻警入援以来，守蓟州，守河西务，无非鉴于本身的野战能力不足与清军相抗，只有倚城为固，方可抵挡满洲骑兵的驰骤冲突。所以他在清军进犯通州之时，毅然决定不救通州而先期进抵北京，预先占据有利地形以待敌来攻，正是不愿以己之短攻敌之长的正确战略。而且他也料定了清军的最后企图必在攻击北京，犯通州不过是牵制性的虚幌一招，所以他决定抢在清军的前面，以逸待劳，庶可制敌机先。不过，他可不曾想到，清太宗早就安排好了要和他合唱一出反间计，不管袁崇焕是否能洞瞩敌情，抢先来到北京城下与清军以实力相周旋，或是因估计错误而中了清军的牵制之计，坐待在通州城外而使北京受困，无论是胜是败，他总非倒霉不可。在这种情形之下，除非明朝的崇祯皇帝在战略与政略上的见解都能比清太宗高明，又能对袁崇焕信任不疑，否则清太宗的毒计，必然不能达到其预期目的。所以，袁崇焕纵然能制敌机先，使北京能有磐石之安，也不过是在上述两种情况中出现了一种而已。

## 广渠门外辽兵血战却敌

崇祯二年十一月十七日，清军由通州全师西来，进逼北京，营于城北之土城关。他们意外地发现，袁崇焕所统率的入援辽兵，不知何时比他们先到了一步，竟在北京城外摆好了阵势，专等他们来较量高低了。当时，袁军营于京城东南面的广渠门外，西北面的德胜门外，则另有大同援军满桂所部及宣府援军侯世禄两支。二十日，清军由南北两路分攻袁军及满桂侯世禄。世禄军避敌不敢战，独桂军力战，但非清军之敌，赖城上发大炮掩护，清军方不敢进逼。至于城东南的广渠门外，则情况与此大异——辽军血战却敌，清军大遭败衄。由此一战，显示袁崇焕所训练的辽兵，骁勇善战，不畏强敌。有如此强劲善战的军队，清军虽强，亦不足畏。由此亦可证明，袁崇焕五年平辽之说，在袁崇焕个人而言，应该是很有把握的。

《明史·袁崇焕传》叙述崇祯二年十一月二十日的广渠门外之战，只说是与清军鏖战，互有杀伤，而未详叙其事。台湾“中央”研究院历史语言研究所藏有当年明史馆为纂修《明史》而撰的《崇祯长编》二十四册，记天启七年至崇祯五年时事甚详，独崇祯二年十一月的纪事缺其后半，以致广渠门外的大战情形亦不得而详。推究其中原因，《明史·袁崇焕传》之所以语焉不详，与《崇祯长编》之不记广渠门外战事，殆均由于满清当局之讳言此事。所以，此一战役的详细情形，目前固已无从明了。所能赖以约略窥知其大致面目的，只有《国榷》中的少部分资料，以及《东华录》中的一些反面证据而已。现在且先抄一段《东华录》中的记载。

> 时袁崇焕祖大寿兵二万屯沙窝门外。莽古尔泰分兵为三队，令纛章京等率摆牙喇兵前进，阿巴泰、阿济格、多尔衮、豪格继进。闻敌于右偏伏兵甚众。因约我军入隘口宜趋右偏，不趋右偏而由正路入者，罪与避敌同。比入隘口，豪格独趋右偏，败其伏兵，追杀至城壕；阿巴泰阿济格多尔衮不趋右偏，由正路入，击败敌兵，亦追杀至城壕。阿济格所乘马被创死。正白旗纛章京康古礼未至城壕，止于中途。多铎因年幼，与莽古尔泰留后，值明兵来犯，御之。额驸恩格德尔领喀尔喀蒙古兵，偕其弟莽果勒岱，及领札噜特兵之巴克多尔济，见敌兵一队距城稍远，

屯树林内，不俟整队，骤进接战，遂败奔；吴内格及札噜特部贝勒塞本马尼突入迎战，始击敌之。收兵后，命诸贝勒大臣议：阿巴泰不从右偏进，与同旗豪格相离，应削爵，夺其所属人员，给与豪格……以康古礼、郎球、韩岱等逗留中途，削爵罚赎，夺俘获；以哈宁噶、俄罗塞臣善战，俱授备御；恩格德尔、莽古勒岱自蒙古首先投诚，功大，免削职，仍罚赎，夺俘获；巴克多尔济削职罚赎，夺俘获，以所罚之半给吴内格，令分赏同进兵将士。

此文所说的沙窝门，即广渠门之俗称。文中称袁崇焕祖大寿有兵二万，实为夸张之言，盖欲藉此自掩其败也。《东华录》记此一战役，虽亦语焉不详，而由清太宗在此战后行罚之重且多见之，清军之受创必重。《国榷》记此，则云：

庚子，建□大至。宣府总兵侯世禄、大同总兵满桂，俱屯德胜门。世禄避敌，桂独战，城上发大炮，误伤桂兵殆尽，桂负创卧关将军庙中。袁崇焕令都司戴承恩择地广渠门，祖大寿阵于南，王承胤阵西北，崇焕阵于西，待战。午刻，敌骑突东南，我力战，敌却。而承胤徙阵南避，敌还而西，刀及崇焕，材官袁升高刃格之而折，获免。南兵复合，敌却。我力战，游击刘应国、罗升荣、千总窦浚等追之运河，敌骑多冰陷，杀伤千计，我亦丧失数百人。

## 袁军力战旨在雪谤

这一段文字虽然亦很简略，但所叙两军之进退胜负，则远较《东华录》为分明。如叙述两军交战时之屡进屡退，可知战况之剧烈；如叙述明军追敌入运河，以致清之骑兵陷没以千计，则不但可见明军之勇，亦见清兵损失之重。清军虽强悍，然在此一战中与袁崇焕部血战搏杀，结果乃大败铩羽，而且死伤以千计。足见当时的明军，只袁崇焕的辽兵可以与清军一争短长，其余俱非清兵之敌手。程本直撰《漩声》，谓广渠门外之战，清人自云“十五年来无此劲敌”，更可知在此一战中，清人固已深切体认到辽兵之强，已有不再容他们横行中国之势。然而此一战也，在袁崇焕实不得已而为之。因为当时已有很多谣言，指称清兵之入犯出于袁崇焕之勾引。而清军未至蓟州之先，袁军本已追及清军之前，乃袁崇焕并不乘此时与清人决一死战，反以督师名义，散遣来援之昌平总兵尤世威军还防昌平，大同总兵满桂军保护京城，宣府总兵侯世禄军西移三河，以致蓟州正面之兵力薄弱，清军得以越蓟州而通州，再由通州而至京师；若非袁崇焕有意纵敌深入，何致布置乖谬如此？程本直为袁崇焕上疏辨冤，尝论之曰：

> 若夫诸路援兵，岂不知多多益善？然兵不练习，器不坚利，望敌即逃，徒寒军心。故分之则可以壮声援，合之未必可以作敌忾也。

明军非清兵之敌，事实甚为明显。如侯世禄军之见敌即退，满桂军之死伤殆尽，即为当时之事实。袁崇焕虑来援诸军不能抵敌清军，故而分遣诸军为蓟州之声援，本无可厚非。不料侯世禄军纪律不佳，经袁崇焕遣防三河，三河城中拒而不纳，侯世禄借口军食不继，径自移兵通州就粮，以致蓟西门户洞开，清军乃得乘势长驱。这虽然不是袁崇焕的过失，然而当时的都中人士却并不能原谅袁的此一措施，总以为袁崇焕以督师之尊，受皇帝的特达之恩，在受命统筹指挥全局之后，并不急于杀敌致功，反有意按兵不战，纵敌深入，其心岂尚可问？在这种情形之下，袁崇焕如果再不能在北京城下与清军搏一死战，他所受的污蔑与嫌疑，岂尚有湔雪的机会么？虽然袁崇焕一战而胜，但在他本人来说，实在是大违初心的。因为由袁崇焕看来，清军悬师深入，利在速战。然而清军虽长于野战，而其粮饷难继，锐气易衰，倘应之以持重不战，使清军在野无所掠及城坚难攻的情形下师老兵疲，自不难一战而破之。无如当时人并不知晓兵机，既以一己的好恶迫使袁崇焕不得不战，更有毛党人物从旁推波助澜，大事造谣生风，袁崇焕为了洗谤雪嫌，自然就非战不可。但此战亦幸赖袁军将士之敌忾同仇而得以背城借一，否则的话，双方的兵力既已悬殊，设使一战而败，其后果真不堪设想。所以，此战在当时虽可为袁崇焕洗谤雪嫌，然在袁崇焕实系迫而出此，不足以言胜算也。

## 毛党造谣入袁于罪

广渠门外之战，袁军血战杀敌，北京城上的守城官军万目共睹。有此铁一般的事实，照说，袁崇焕的通敌不战之谤，总可以得到洗刷了吧！然而事实正不尽然。因为袁崇焕旋即在十二月初一日被崇祯帝下令拿交锦衣卫狱，最后且以“通敌”的大逆之罪，被凌迟处死。促成此一事件的主要因素，当然是清太宗的反间计成了大功，而毛党人物对袁之乘机构陷，以致崇祯帝对于清人的反间计深信不疑，更为其中的重要关键。因为倘使没有后一因素的话，清太宗的反间计，还未必能使崇祯帝相信哩！欲明此义，当先从毛党人物对袁崇焕之构陷说起。

前引余大成《剖肝录》，叙袁崇焕杀毛以后的不良后果说：“旧额东江岁饷百万，大半不出都门，皆入权宦橐中。自焕斩文龙，尽失其赂，佥与体仁、栋合谋，交致其罪。”这里所说的“体仁、栋”，即是当时的礼部尚书温体仁与兵部侍郎梁廷栋。温体仁后来入阁拜相，而且在《明史》中列名奸臣传，其为人如何可知。至于梁廷栋，则先为兵部侍郎，在清兵入犯之后，因兵部尚书王洽下狱而署理兵部尚书，对于袁崇焕之因叛逆而致重辟，直接间接都曾出过大力。梁廷栋之倾陷袁崇焕，《剖肝录》一书中有详尽的叙述，文长不具录，读者可以自取参看。至于温体仁之倾陷袁崇焕，虽《明史·温体仁传》不详其事，现在亦有铁一般的证据，可以证实余大成之说不诬。清人叶廷琯《鸥陂渔话》云：

> 明季督师袁崇焕之狱，当时帝意谓其通敌召兵，故加严谴。幸赖吾纯皇御制文集中力为昭雪，而覆盆冤案，始得因煌煌天语而明。近阅乌程张秋水广文《蝇须馆诗话》，记其所见温体仁与弟幼真家书三则，始知此案实由体仁逢君之恶谗谮而成。广文谓其处处皆自写供状，信哉！

纯皇，即清高宗乾隆帝。此云袁崇焕之冤狱虽因清高宗之御撰文字而得以大白真相，然世人尚不知温体仁实为造成此一冤狱之主要人物也。温体仁的家书真迹，目前当然早无原本，张秋水的《蝇须馆诗话》，也只是一部手抄本，并无刻本传世。若不是叶廷琯在《鸥陂渔话》中转录了这些家书的有关部分，温体仁在此案中所扮演的角色，几乎就无从为人所知了。由于这些原因，《鸥陂渔话》中所引的温体仁家书，就特别显得可贵。不惮烦琐，摘引其最关紧要的两信如后。

## 温体仁陷害袁崇焕的铁证

温书第二："十一月间连写三信，至沛苍归，而敌骑已薄都城矣。赖满将军一战，人心始定，城守渐有次第。然引敌长驱，欲要上以城下之盟者，袁崇焕也。阁中素与袁通，倚为长城，不意误国至此，可恨，可恨。赖腊月之朔，圣明立擒袁崇焕下诏狱，次早敌遂拔营而南。崇焕之擒，吾密疏实启其端，此亦报国之一念。”

温书第三：“□□入犯，皆繇袁崇焕以五年灭□欺皇上，而阴与华亭罪辅、临邑罪枢密谋款敌，遂引之长驱，以胁城下之盟。及敌逼潞河，华亭犹大言倚逆督为长城，奸党交口和之，吾不得不密疏特纠，以破群欺。及逆督既擒，奸辅胆落，复挑祖大寿引兵东行，以为怙逆地，吾不得不再疏以坚圣断。”

由第二信中的“赖满将军一战，人心始定，城守渐有次第”等语，可知温体仁之惯于颠倒黑白，混淆是非。盖北京城外之战，满桂所部一战而溃，赖袁崇焕所率辽兵在广渠门外力战却敌，北京始有磐石之安。温体仁掠袁功为满功，故意益此损彼，已可知其存心诬蔑崇焕。继云：“崇焕之擒，吾密疏实启其端”，由第三信见之，此密疏盖即清兵进逼京师时所上，特指袁崇焕引敌胁和一事而言。此时京师谣传甚炽，竟言袁崇焕阴谋与敌言和而虑朝廷不允，故引敌长驱，以逼帝为城下之盟。对于这些谣言，皇帝尚在疑信参半，而温体仁即于此时上密疏直陈其说，于以坚帝之信，关系甚大。此信虽毫不涉及温体仁的政治动机，然而他既然一再因袁崇焕而攻击“华亭罪辅”钱龙锡，则《明史·钱龙锡传》中所说，温体仁因钱龙锡阻其入相之路及手定逆案之故而借袁崇焕事为陷害之计，确属信而有征的了。温体仁因政争而陷钱龙锡，已轶出本文的范围，可以不论。但温体仁家书中所透露的密疏，曾有所谓“密谋欺敌，遂引之长驱，以胁城下之盟”语，与当时所谣传的袁崇焕勾敌入犯若合符节，真不免使人怀疑，这些恶意中伤的谣传，或者便是毛党人物所编造，然后再借温体仁之疏以坚帝之信的哩。试看前引李逊之所撰《崇祯朝纪略》说，袁崇焕之所以要杀掉毛文龙，是因为毛文龙业已与清人约定，以二百万金易还沦于清人的金复二卫之地，作为恢复之功，而袁亦欲以此法欺朝廷，既无法使清人舍毛而就己，最后只好借事杀毛，以便单独与清人议和云云。姑不论袁崇焕从不曾有此卑劣愚妄的打算，即以毛文龙与清人通款的各项信件而言，其间亦毫无捐金易地之说。凡此云云，目的无非在贬损袁崇焕的人格，间接抬高毛文龙的地位。另外，明末某佚名人所撰的《谀闻随笔》卷四，亦有如下的一段记载，说：

> 袁崇焕以五年平辽自任，意在讲和，以金帛岁饷易还辽西地。敌亦愚之，以为东江不除则和议不成，于是锐意杀文龙。密谋于阁臣钱龙锡，龙锡报书，有古人入三军斩大将头而人不觉语，焕意遂决。疏赴东江，以四万金犒其军于岸上，而诱文龙入舟，放至中流，数其罪而杀之，自谓得计，然不敢讼言讲和也。密令举兵内向，要城下之盟。而兵既入，不能复敛，大肆杀掠，和迄不成，焕亦以误国受诛。

照此记述，则袁崇焕之杀毛文龙，似又出于清人之授意，以为讲和之前提矣。其为借此夸张毛文龙牵制之功与对照显出袁崇焕之欺饰，不言可喻。大约在崇祯帝误杀袁崇焕之前，诸如此类的谣言，必定很多，积讹成是，崇祯帝虽欲不信，亦不可能了。余大成《剖肝录》说："辅臣温体仁，毛文龙乡人也，衔焕杀文龙，每思有以报之。适枢臣梁廷栋曾与焕共事于辽，亦有私隙。二人从中持其事，焕由是得罪。"由此可见，毛党人物之造谣，加上温体仁与梁廷栋之从中主持，再有清太宗所布置的反间计亦适时而至，刚愎而多疑的崇祯皇帝，还有不深信不疑的么？袁崇焕杀毛文龙一事，在这里便发生了极大的影响力量了。《明史·袁崇焕传》说："初，崇焕妄杀文龙，至是，帝误杀崇焕。"袁崇焕之被杀，可以说是崇祯帝的"误杀"；至于袁崇焕之杀毛文龙，则决不可称之为"妄杀"。这大概是由于修《明史》之人并不十分了解毛文龙的种种悖逆不法罪行之故吧！

# 《郑成功传记》以外的新资料

关于郑成功的生平，数十年来，由于中外史家的努力搜求，各种传记资料备出，大致已可说是再难发现新的事物。但是，笔者曩读乾隆《潮州府志》，却意外地发现一条在通行的郑成功传记内所没有的资料。

乾隆《潮州府志》卷二十八名臣传，有揭阳县籍的《郭子奇传》，云：

郭子奇，字仲常，号菽子，揭阳人。天启辛卯举人，登崇祯戊辰进士，选庶常，请假归省。假满入都，改礼部主客司主事提督四夷馆。奉使册封荆藩，转员外郎。丙子典试河南，事竣，转郎中，以内艰归。服除，起补原职。升福建提学参议，杜绝请托。时郑成功尚为泉州诸生，原名森，其父芝龙已封南安伯，势焰赫耀，求置成功高等，得食饩于庠，以相夸耀，即抚按亦欲以此羁縻之。之奇曰：若辈鹰鹯性，岂一廪生所能笼络乎？卒不允。……甲申闻变，抚按犹援恒例，待哀诏至乃发丧，之奇力争，偕闽士缟素哭临，由是忤抚按意。又以不纳郑芝龙请，时芝龙方握重兵，虑有变，归从永明王朱由榔，奔梧州，僭号永历。寻败，将入交趾，为王师所获，槛送桂林斩之。”

这一条记事，说到郑成功在为泉州诸生时曾有欲补廪食饩而为学道郭之奇所拒之事，听来颇感意外。因为现有的各种郑成功传记资料都说，郑成功早年读书颖敏，人多目为命世英才。崇祯十一年补博士弟子员，试高等，时年甫十五。观此，则成功早年即文采焕发，何致于有藉干求以博一廪之事呢？究竟乾隆《潮州府志》中的这一条记事是否可信，实在值得推敲。这一问题久悬不决，最近读到清人李世熊所撰的《寒支集》，在其中看到一篇《郭宫詹传略》，意外地竟得了印证的机会，实在可称奇遇。因将《郭宫詹传略》中有关此事的文字录出，以供治南明史与台湾史诸先生之参考。《郭宫詹传略》：

……迁福建提学副使。正色寒铓，严塞径窦，科岁两巡，无一倖进者。时海上郑芝龙已晋都督，久擅海洋之利，富拟王者，远交朝贵，近慑抚按，炙手可热。子郑森（原注：即郑成功），尚为诸生。壬午，以遗才就乡试，自泉入福，邮传馆舍，皆有司备设。及入棘闱，监临遣小吏诣号舍致寒温，预选同舍生代为起草，珍果佳肴，络绎传送，森竟日饮啖而已。漏下便已出闱，传呼归馆舍，其赫奕如此。公独落落不相知，报谒之外，绝无通问。癸未二月，岁试下游。森籍南安学，意欲饩于庠，两院三司，咸为缓颊。予时在公幕中，一夕坐谈，忽出一卷相示，曰："子阅之，是当置何等？"阅竟，复公曰："文尽通畅，此地多材，应得二等耳。"公笑置之曰："此郑斐虹之子也。两台欲得食饩，子意云何？"予言："以郑之气力，欲他途进身，何所不得？今沾沾以廪生为荣，意良佳。且朝廷不惜以一品官縻其父，其子颇能文，食饩何伤？"公正色曰："不然，命官是朝廷事，衡文是学道事。铨曹混浊，失在朝廷，衡文颠倒，罪在学道，吾不能任罪也。且子意在调停耳，他日居官，决不可习此伎俩。夫人埋没正性，与世周旋，一事不可为也。叨天幸何尝无厚福，少蹉跌即下流，为万世所恶矣，慎之，慎之！"予唯唯受诲，竟以二等置郑森。

《寒支集》的作者李世熊，是福建宁化县人。由《郭宫詹传略》一文见之，当明崇祯十五、十六两年郑成功在福建参预乡试及岁考时，李世熊即在学道郭之奇幕中，故得亲知其事。所谓郭宫詹，即郭之奇，崇祯十七年十月，弘光帝擢为詹事。以《寒支集》所记与乾隆《潮州府志》合看，二者并无抵触。可知不但《潮州府志》所记可信，即《寒支集》所记郑成功岁考置二等而未能补廪，以及早一年在福州参加乡试的种种光景，俱应为当时之事实。然则另一些郑成功传记中所说，郑成功虽读书颖敏而“不治章句”，属于命世雄才而非科甲中人物云者，大概是确实不错的了。郑成功不是科甲中人物，其父郑芝龙却一定要希望他由此出身，大约亦即是《潮州府志》所说，其目的只是希望借此夸耀乡里的心理使然了。

崇祯壬午，即崇祯十五年；癸未，则十六年。郑成功在崇祯十五年参预乡试，至十六年又应秀才岁考，然则他在前一年所考的乡试，显然也并未得中。郑成功参预乡试时既由抚按觅人代为撰文而仍然未能得中，其原因何在呢？第一种可能，应是捉刀人所撰的文字不佳；第二种可能，应是郭之奇的有意摈弃。看情况，两种可能都有。由这一件事，虽可看出郭之奇的秉公无私，而郑成功却颇有纨绔阔少的模样。郑成功后来在海上起兵，纵横东南沿海十数年，虽清人亦为之震惧辟易，然而他在两三年之前却还有这种纨绔阔少的模样。何以他在两三年之后就能由昔日的纨绔阔少一变而为果毅英断的一代名将呢？这些地方，显然还大有研究的余地哩！

# 海瑞有偏激之嫌

《大红袍》与《小红袍》，是民间很风行的两部通俗小说。这两部书以明朝的海瑞为主角，故俗称《海公大红袍》与《海公小红袍》。在这两部书中，海瑞是一个铁面无私、除暴安良、忠君爱国、刻苦自励的好官。加上戏剧的渲染，几百年前，他俨然成为我国民间普遍崇拜的中心人物之一。提起《海公大红袍》，任谁都会竖起大拇指来赞好。近世史家，论述海瑞虽能以坚贞的志节力谋矫正当时的政治颓风，而因不能见容于当时的执政大臣，所以终不能得到重用。言下之意，多深表惋惜。诸如此类的说法，实际上并未充分说明事实的真相。

海瑞，号刚峰，海南岛琼山县人。他是个一榜出身的举人。初任福建南平县教谕，继升浙江淳安县知县。他在做淳安知县时，正是胡宗宪在做浙江巡抚，此人多权术而好功名，交结严嵩父子，威权震东南。又耽于声色玩好之奉，宠赂彰闻。当时的浙中文武将吏，自都布按三司以下，无不惕息奉命。惟有海瑞，居然敢抗其颜行，不为权势所屈。及内调为户部主事，又敢上疏极谏明世宗之佞道不朝，虽祸几不测，亦全无顾惜。即此二事，已为人所难能。何况他在出任应天巡抚及南京都察院右都御史时，更能力惩贪墨，锄抑豪强，为千千万万的小民扬眉吐气，这种刚正不阿的正直作风，允当“忠介”之谥。但以上所述，都只是海瑞好的一面。孔子说，人非圣贤，孰能无过？海瑞并非圣贤，其立身行事，当然亦不无可议之处。而且他之未能为执政大臣所援引，亦未必全由执政大臣之好佞恶直，不能识拔忠良。凡此虽属小节，但却与论述海瑞一生的历史有关，值得提出来加以检讨。

《南吴旧话录》卷十，记有上海朱察卿致潘御史书云：

> 故乡风俗，白发黄童，俱以告讦为生，所言者景泰、天顺间田土，皆四五世事也。及问其尔我祖父名，则茫无以应。如欲告赵甲而甲无仕宦，则借钱乙有仕宦者告之。如事凡几十岁，则以旧岁二字易之。如尊公老先生，天下称为长者，徐相公为两朝元辅，亦屡干其衔。此二百年所无之事也。仆入郡，见士夫家日有百人哄索钱声，毁其几榻，使家人逾墙而匿，此亦二百年所无之事也。开府公未临吾郡，小人势已鸱张，竞市纸书讼词，一肆中有日得三四金者。迨节钺甫入城堙，即萍聚其舆，或投怀袖，或投靴袜，虽承簿无此大亵。此亦二百年所无之事也。开府公披逆鳞于先朝，故当是奇男子。但学术偏正，治乱所关……

书中所说的“开府公”，即海刚峰，时方以右佥都御史巡抚应天十府。海瑞巡抚应天，史称其“素疾大户兼并，力摧豪强，抚穷弱。贫民田入于富室者，率夺还之”。但因操之过急，其流弊遂不可胜言。除上文所述上海县无赖刁民乘机滥投诉状，捏词诬控外，其它各属，亦群起效尤。《南吴旧话录》卷十另有一条记事，说：

> 沈凤峰瘠田数百亩，当海中丞时，售田者亦诬为侵夺。公即裂券还之，私谓所亲曰：存翁遇中丞厚，中丞闻其纪纲多怙势，故有意惩之，

> 欲为徐氏敛福。不意刁民起而四应，其风旁及我辈。稍与之辩，则激中丞之怒。横流满地、到海自平，中丞必有悔时耳。

此所谓“存翁”，盖即当时称为“存斋相公”的徐阶，乃是严嵩之后世宗穆宗两朝的首相元辅。徐阶于海瑞有恩，此时徐阶已致仕在家，因其家奴多有不法之事，故海瑞多方摧抑之，以为徐阶敛福。而其流风所被，则无辜者亦同遭不白之冤。如沈凤峰之事，即为其例。《南吴旧话录》谓其结果造成“刁民逞奸，著姓鲜不破碎”，所指即此。前引上海朱察卿致潘御史书中亦已有颇详尽的叙述。《尤西堂全集》记述当时有人向海瑞投递匿名状以为讽刺，状云：

> 告状人柳盗跖，为势吞血产事。极恶伯夷叔齐兄弟，倚父孤竹君历代声势，发掘许由坟冢，被恶来告发，又贿求嬖臣鲁仲连得免。今某月日挽出恶兄柳下惠捉某箍禁孤竹水牢，日夜痛加炮烙极刑，逼献首阳薇田三百余亩，有契无交：崇侯虎见证。窃思武王至尊，尚被叩马羞侮，何况区区蝼蚁，激烈上告。

状中称伯夷叔齐为“极恶”，称柳下惠为“恶兄”，称鲁仲连为“嬖臣”，而告状人柳盗跖及见证人崇侯虎，虽正是极恶之人，却俨然正人。由状中文字之颠倒黑白，肆口诬蔑，正可见当时所呈诉状，正是此砌辞捏饰，无中生有之一类。而海瑞不察，致为奸人蒙蔽，其结果遂极恶劣。何良俊《四友斋丛说》论此，有云：

> 海刚峰之意，无非为民，为民即为朝廷也。然不知天下最易动而难安者，人心也。刁诈之徒，禁之犹恐不戢，况导之使然耶？今刁诈得志，人皆效尤，至于亡弃家业，空里巷而出，数百成群，闯门要索，要索不

遂，肆行劫夺。吾恐更一二年不止，东南之事，必有不可言者。幸而海公改任，此风稍息。然人心动摇，迄未定也。

又云：

海刚峰爱民，只是养得刁恶之人。若善良之人，虽使之诈人，尚且不肯，况肯乘风生事乎？然此风一起，士大夫之家，不肯买田，不肯放债，善良之民，坐而待毙，则是爱之实陷之死也，其得谓之善政哉？

以上所述，俱是海瑞在应天巡抚任内鼓励小民与豪强争斗所造成的不良后果。史书记此，只说“故家大姓时有被诬负屈者”，其详若何，固不得而知。由上所引，乃可知其结果实甚为恶劣，非仅仅少数人被诬负屈而已。

为此，何良俊对海瑞的批评颇不客气，其一条说：

海刚峰第一不知政体。既做巡抚，钱粮是其执掌。岂有到任之后，不闻丈田均粮，不清查粮里侵收，却去管闲事？

又一条说：

海刚峰不怕死，不要钱，不吐刚茹柔，真是铮铮一汉子。但只是有些疯癫，又寡深识，动辄要撒赖，殊无士大夫之风耳。

又一条说：

海老既去之后，复有辩本，疏中言，今满朝皆妇人也。其言虽为切直，然岂可谓秦无人？夫卿相则雍雍，百僚则侃侃，古盛朝事也。岂有满朝之人终日忿忿，为足以了公家事耶？且大臣去国，固自有道，岂有既斥之妇，依栖门庭，但去寻闹？古无此事，亦是不识体耳。

何良俊的批评虽似刻薄，但亦不能说没有相当道理。其所反映的，大概即是当时一般人对海瑞的观感。海瑞一生之所以屡起屡踬，终于未能得到大用的机会，未始不是由于这些原因使然。

北宋仁宗时，国子监直讲石介风节卓著，从学者甚众，人称徂徕先生。值庆历四年朝局变革，富弼、范仲淹、韩琦等人同时为执政，国家前途呈现空前光明的远景。时余靖、欧阳修、蔡襄、王素等并为谏官，力引石介入谏垣，执政诸人多表赞同，只参知政事范仲淹反对，他所持的理由是："石介刚正，天下所闻。然性好为奇异，若使为谏官，必以难行之事，责人君以必行。少拂其意，则引裾折槛，叩头流血，无所不为矣。主上富有春秋，朝廷政事，亦自修举，安用如此谏官也?"诸人以范仲淹的话甚有理由，遂作罢。这一段故事，很可以说明海瑞在明穆宗、神宗两朝，何以只能作到都察院的副都御史及右都御史，又出之南京，不能在朝中更居一较为重要的职位，甚至入阁拜相。盖海瑞性既刚正，行事又不免偏激，若位居宰执，对于当时的政局，必定要提出甚多矫枉过正的主张。其时的秉政宰相：前有徐阶、高拱，后为张居正，俱是隆庆万历之世著有政声的名臣。尤其是在张居正秉政的时代，政事修举，海内富强，万历初政，号称明代盛世。以上诸人，各有他们的政治主张。若海瑞居朝中要职，专门摘疵寻瑕，事事与执政大臣牴牾，虽其立场不失为正，然而如何能为人所全盘接受呢?海瑞所提出的建议若不能被接受，其结果自然亦不免要"引裾折槛，叩头流血，无所不为矣"。为了不希望海瑞遇事掣肘，自然不便使他位居要职。假使海瑞在刚正之外兼具平和宽容等诸项美德，使人得以爱之亲之，其结果当然与此不同。然而此正是海瑞个性中所缺乏的，亦正是海瑞之所以为海瑞也。

# 补记海瑞史事

记《海瑞有偏激之嫌》一文，就明人笔记中所论海瑞行事失之过偏各点，指出海瑞虽为明代历史中有数的清官，但因其性格过于刚强而偏激，缺乏平和宽容之美德，使人无法爱之亲之，故而终于遇事与人牴牾，其一生之所以屡起屡踬，不能得到大用的机会，未始不是由于这些原因使然。笔者之发为此论，也许读者未尽同意，近由明人记述中又得到有关海瑞的记事若干条，颇可与前文互相发明。因再为文补记，以便读者诸君对海瑞能有更深一层的了解。

近人谈海瑞史事，颇有人以《海公大红袍》之类的弹词小说为根据，以为海瑞曾中进士。其实不然。按《明史·海瑞传》中，并未有海瑞曾中进士的记载。据明人梁云龙所撰《海忠介公传》，其中曾说："壬子举孝廉。会试不第，即毅然曰：士君子由科目奋迹，皆得行志，奚必甲第？遂就教。"壬子即嘉靖三十一年；所谓"甲第"，即进士及第以后所通称的"甲科"，与举人出身的"乙科"相对称。由此可知海瑞并未考中进士，而是以举人就吏部铨试，初次得官福建南平教谕。若是海瑞曾中进士，则依明代铨选制度，进士及第者，在京可考选庶吉士及授主事行人等官，在外可授知县推官等职，教官位卑，榜下即用的进士当不致屈就此职。

海瑞在南平任教谕四年，据梁云龙所撰传记，“戊午，擢知淳安县事”，戊午年即嘉靖三十七年。由此上推，则海瑞之以举人就教职，当是嘉靖三十三年的事。亦即是他在一度参加会试不第之后即改就教职，未曾再参与第二次的会试。

海瑞在淳安任知县三年，惠政甚多。今淳安城外尚有纪念海瑞的“海公祠”。《明史·海瑞传》记海瑞在淳安县任内的具体事迹，只有执胡宗宪之子及抗巡盐都御史鄢懋卿二事，亦即是《海公大红袍》写海瑞力抗国公张志伯一事之所本。但《明史》虽未记海瑞在淳安的惠政如何，由梁云、龙何乔远等人所撰的《海忠介公传》，仍可看出海瑞治淳之实际政绩，在清廉以外，更能做到兴利除弊，固不仅是消极地不贪民财而已。

明代人民，在赋税以外的差徭负担极重。清刊本山西《赵城县志》卷四徭役，有修志人李升阶论前明徭役负担的一段话，很可参看。原文如下：

> 役法有银力二差。银差号轻省，民犹病之，力差素称烦艰，尤以耳房、架阁、铺陈、库子，斗级、馆夫、应捕、巡盐诸役为甚。初设耳房，俾司赃罚，只值谨愿，无侵削，即职举矣。后当不时之给，往往令以己资办具，人稍不堪累；然终偿之，未甚也。一再后，所办皆不偿，始大困。而尚可言者，以所责办皆公家大计，不滥用，犹有纪极也。至其末流，有求辄取，若左藏然，欲无罄资产得乎？架阁所职者图籍，亦易办也。有司以易办故，令任茶房油烛火炬。其始惟供长吏，每夕烛十枚，炬数秉，日煮香茗数罂，投以枣果足矣。既而凡役县中者皆取给焉，供之家一，而资焉之家百，奈何其不贫且困乎？有吝惜者，或拒不予，则风其烛，倒其炬，汙油其茶品，而役者且以不治见罚，上之人乌从知之？

铺陈供使往来，役本芜杂。兼以世习日华，人情取悦，衾绸枕簟，缘饰文采，穷极靡丽，皆民膏血，一不当可，掠治殆遍。凡若此者，不可胜纪。

按，在明代的徭役制度下，一县所需，只官员俸薪，在额征赋税的“存留”项下开支，其余一切办公用品及衙署开支，悉皆责令轮当差徭的人户负担，其方法各地不同，有的名为“差徭”，有的名为“里甲”。由上文所举的差徭情形，则应役人不但须供应县署中的灯火、茶水，举凡县署中所需要的用品，都需要由应役人户自掏腰包买来供应，此外尚需包办县中供应往来官员寝宿所需的铺盖被褥，且必须华丽精致，丝毫不得差错。应役之人无力独自承担，则亦有按人丁分摊征派之法，每一丁所需缴纳的役银，往往可以多至数两。明代物价低廉，银一两通常可买米四、五石，相当于十亩之田的应纳赋额。但赋额虽轻而徭役极重，仅供应一项，每人即需摊银数两，相当于数十亩之田的赋额，在小民诚为极重的负担。海瑞在淳安，自奉极俭，俸薪外一毫不取于民。署中柴薪，令家僮樵采，蔬菜择隙地自种。里甲银旧时每丁征四、五两，海瑞令只征二钱，县中公务用途，一切取给其中。上司檄县取银馈送要津，旧例皆派之里甲，海瑞只于问案所征的罚赎款下支付，有则送，无则已。抚按出巡，吏书照例索贿，海瑞独不与，曰：“充军死罪宁甘受，安可为此穿窬举动?”鄢懋卿借名巡盐，广事勒索贿赂，各地有司备办供应，至于“厕饰文锦，溺器用白金”。海瑞独以鄢懋卿所发文檄为凭，上禀请示说：“宪令巡历所至务为节省，传闻与宪牌颇异。欲从宪牌惧招尤，欲从传闻恐违宪，下邑疲敝，未知所从。”鄢懋卿接禀甚怒，然因海瑞之辞直，又其强项之名素著，无以难，竟为之敛威而去。时严州知府为海瑞之上司，闻海瑞有上禀之事，惧祸有不测，甚恐。及见鄢懋卿竟不加罪，大为高兴，连说：

“好了淳安百姓，难为你，难为你。”由于海瑞在淳安本地有这许多保护地方及兴利除弊的措施，所以淳安百姓才会在他离任以后建祠奉祀，以为去思。若仅读《明史·海瑞传》，固无由窥见海瑞在淳安的惠政；而《海公大红袍》等书的作者识见浅薄，并不知海瑞在淳安的惠政如何，自然亦写不出其当时的实际情形了。

海瑞因供具过薄而致得罪于鄢懋卿，鄢懋卿阴嘱巡盐御史袁淳设法罗织海瑞罪状，致海瑞于俸满升嘉兴通判后坐谪江西兴国州判官，其事已具见于《明史·海瑞传》。但《明史·海瑞传》说，海瑞后来由兴国州判官升户部主事，是由于吏部文选司郎中陆光祖的推毂；由梁云龙所撰《海瑞传》见之，似有未确。梁传：“寻有通判嘉兴命，以袁论故，仍以原职改调。公听调赴部，朱镇山公贰铨曹，为言公清望于冢宰严公，遂改公兴国……升户部主事，盖镇山公力也。”此朱镇山公，盖即朱衡，后由吏部侍郎升至工部尚书。其识海瑞，则是因海瑞在福建任南平县教谕时，朱衡正在福建任提学副使。虽然这事甚小，但亦可见《明史·海瑞传》所记海瑞事迹，颇多疏误。

何良俊《四友斋丛说》论海瑞云：“海刚峰不怕死，不要钱，不吐刚茹柔，真是铮铮一汉子，但只是有些疯癫，又寡深识，动辄要撒赖，殊无士大夫之风耳。”此与《海公大红袍》等书所描写的海瑞，相去不啻霄壤。所以乍闻此言，不免要以为何良俊的批评失之过苛。但若以海瑞晚年出任南京吏部右侍郎，因上“陈一日治安疏”而招致御史梅鹍、祚房寰二人的攻击一事看来，海瑞之被讥为“寡深识”，诚可谓是有由来的。

海瑞之以在籍右佥都御史起用为南京都察院右佥都御史，是明神宗万历十二年冬间的事。尚未抵任，即改为南京吏部右侍郎。十四年二月，再升南京都察院右都御史。这年二月十九日，海瑞恳恩致仕，兼“陈一日天下治安事”，疏中曾请神宗以重刑治天下之贪风，略云：

> 自张居正刑犯而后，乾纲独断，无一时一事不惟小民之念，有其心不收其效者，失之有刑而刑轻也。诸臣莫以其故闻，诸臣皆是贪风俗中人，待士有礼之说，借口而非其正，不可信。夫待士当礼，而民何辜乎？太祖初，剥皮囊草，洪武三十年定枉法八十贯绞之律。弘治士多廉介之节，民无渔夺之忧，政刑原非德礼外事，士乎民乎？太祖之权衡审而两全之矣。正德初年，美意始变。世庙朝，詹事霍韬所以有“文官恶其厉己，记钦定条例改杂犯”之疏也。贪其害之者，与犯此者，抚按官为甚，吏部未有执此而酌抚按进退者。抚按得以容贪，贪可得而禁乎？京师四方之极，两京官借口公费，无一衙门无有。以辇毂之下而义利之辨不明至此，贪又可得而禁乎？

这一段话主张治贪风用重典，至以明太祖处贪官以剥皮囊草之说为言，《明史·海瑞传》论此，以为“劝帝虐刑，时议以为非”。于是山东道御史梅鹍祚首疏攻之，谓海瑞：“以清平之世创闻此不祥之语，岂引君当道志于仁哉？”越月，南京提学御史房寰再上疏论之，以为海瑞“妄引剥皮囊草之刑，启皇上好杀之心。”又谓其莅官以来，无一善状：“惟务诈诞，矜已夸人；一言一动，无不为士论所嗤笑。”海瑞疏辨，房寰再疏驳之。海瑞的辨疏虽不见于《海忠介公全集》，但房寰的驳疏却曾被引入沈德符的《野获编》中。读《野获编》所引房寰疏，海瑞之为人，诚然有很多地方可使人为之惊诧不止。

《野获编》“台疏讥谑”一条引房寰驳海瑞疏云：

> 瑞谓臣论其一言一动无不为士论所嗤笑者之诬，请举一二实之，可乎？瑞为牍，令兵马司申之于给事锺宇淳，宇淳批其牍尾曰：“海外奇

谈。”又送监生到国子监，令祭酒黄凤翔责治，凤翔批其来文曰：“本堂先生，且将中庸‘君子素位而行’一章与他讲解。”凡此皆为嗤笑，瑞岂以为是二臣褒美之词耶？至于诸臣往来，宾主之间借瑞而供谈笑者，何可胜数。臣一日偕司业习孔教，属见其属官屠谦陈文衡等。座中有问及瑞之举动者，曰：“贵堂翁放告受状，不见发行如何？”谦曰：“他要行，我四司执定不肯，说：问理词状，原不是本部衙门职掌，所以没奈何只得住了。”臣又问曰：“然则近日何为？”文衡曰：“在家读程策。”臣曰：“读策经生事，大臣何用为之？”文衡曰：“要条陈。”笑曰：“要条陈，不过就事论事可矣，何必程策？”顷瑞所陈一日治安天下之疏，固即自来终日杜门熟读程策而有得也。然疏之将成，竭心思于匝岁之久，而效之速，能计治安一日之间，臣终未敢信之。谦又曰：“近日又要我改一道招拟，甚是苦事。”臣语谦曰：“老法家何难于此？”谦曰：“题目古怪难做。他招题说，南直隶之有徽州，犹十三省之有福建。考日，诸吏俱不喻其意。吾堂翁晓譬之曰：‘徽闽人多欲，你每只将殷正茂与沈汝梁两个来取供问罪就是了。’题内又有‘汉汲黯秉公出首，被徽州知府重责二十，汲黯气愤不过，抱石投江而死’，如此题目，教人怎做？”习孔教叹曰：“此老不出，反获盛名，今此一出，露出许多本相。此见造化之妙，不容人窃取虚名也。”此皆臣去年八月回京之时，所习闻于诸臣者。近过苏松，会抚臣王元敬，按臣邓炼，又相与言及瑞之为人。二臣皆自广而来，臣问其居家何状？应曰：“此老大概好异，作事多不近人情。居家九娶而易其妻，无故而缢其女，是皆异常之事。”臣问其妻女有可出而死之罪否？曰：“如有可杀之罪，则贤者之能事，非所谓不近人情矣。”臣长叹曰：“吴起杀妻，易牙烹子，斯其人欤？奈何世之贤瑞者啧啧耶？今瑞已耄而妻方艾，人欲固无所不极，女既杀而子亦无，天道或不尽爽也。”

《野获编》所录此疏，据说仅只原疏的一部分，此外尚有指责海瑞“破靴易带诸事，及讥诮谓孔孟不廉诸说，俱不必录”。但即使仅就上述一部分而言，海瑞之行事怪僻及不近人情之处，实在使人感到万分意外。房寰此疏，后经吏部办事进士彭遵古、诸寿贤、顾允成等三人上疏驳斥，指房寰所论不当，其疏具见引于《海忠介公全集》。但彭遵古等三人虽力斥房寰妄肆诋毁，亦只就海瑞之清节及事功两方面立论，于房寰所讥姗的行事怪僻及不近人情各点，固无法为之辨白。观此，可知房寰的论调虽失之刻薄，其言或不尽诬。参以《海忠介公全集》所刊海瑞“行状”，所谓“九娶而易其妻”云云，盖亦颇有踪迹可寻。

《海瑞行状》：

> 公生于正德甲戌十二月念之七日，享年七十有四。配王氏，封安人，继封恭人。前娶许氏，生二女，出。后娶潘氏，不越月亦出。侧室二，丘氏、韩氏。人之口实公者，谓公此处认真太过，至六娶七娶。不知公娶惟三，而慎选辄易则侧室，其出其死，抑亦所遭不幸。

行状历举海瑞先后三娶之姓氏，以“公娶惟三”来证明六娶七娶之诬，自更不至九娶。但其中既说，“而慎选辄易则侧室，其出其死，抑亦所遭不幸”，则海瑞在正室三娶之外，必尚有屡易其侧室之事。据梁云龙所撰《海瑞传》，海瑞以万历十五年卒于南京都察院右都御史任，随侍在侧者，“二媵四仆”。此所谓“二媵”，殆即是行状中所指出的丘、韩二妾。但丘、韩二妾只是海瑞诸妾中之见存者，其在此以前所娶所出之妾有几，由“慎选辄易”及“其出其死”二语见之，则其数必尚不止于二人。假定所出及已死者亦以二人计之。则并其见存之妻妾及已出之妻妾合并计算，其数已有七人之多。海瑞一生以清直大节著称，既为清官，应无此充裕财力从事易妻买妾之事。然而海瑞却一为再为，又且出非其罪，其行事之怪僻，亦可见一斑。海瑞卒时，年已七十有四，而随侍二妾，年方少艾，亦复大出一般想象之外。以此而论，海瑞的性格，有许多地方还是有待研究了解的。

明代大史学家王世贞评海瑞，曾说："不怕死，不爱钱，不结党，是其所长；不虚心，不晓事，不读书，是其所短。"与何良俊《四友斋丛说》相参看，颇可视为海瑞之定论。沈德符说："大抵忠介之清，冠绝一时。兀端性褊而执，既以清骄人，又以清律人，至形之谩骂，人多不堪，然服其名不敢抗，惟房首撄其锋，遂有泼皮无赖之称。"凡此俱可知道，海瑞之好"以清骄人"及"以清律人"，正是其生平之最大短处。于此，笔者愿举出清代陈瓆及郭嵩焘二人的言行来与此作一比较，以见海瑞之好"以清骄人"及"以清律人"，是不是值得推崇的美德。

陈瓆，清康熙时号称天下清官第一。历官台湾县知县，刑部主事，郎中。康熙四十九年，由四川学政调任福建台厦道。五十三年，由台厦道超擢湖南巡抚，再调福建巡抚。史称其擢任湖南巡抚之日，单骑赴任，衣冠俭素，马后老仆三人，负敝簏自随。属僚迎于境上，不知此即新任巡抚。及闻新巡抚已至抚署接印任事，皆惊叹。调福建巡抚后晋京陛见，清圣祖谕曰：

> 汝请的训旨，昨日都说过了，汝照着行就是。做清官固是好，固是难得，但恐清而刻，人便不能相安。要清而不刻为好。今天下做官人各样都有，有举人进士出身的，有捐纳的，有旗下人，有汉人。论做官，捐纳内亦有好官，举人进士亦有败检不好的。他们初到地方，或未晓做官，须教诲他。人孰无过，过而能改，还是好的。不肯改过，以法参处

他，他亦无怨。又做官亦有体，做巡抚封疆大臣与府道州县小官不同，一切犒赏应酬，均不能免。若说我一介不取，亦一介不与，恐行不去了。不能做得些事，徒说清官，亦有何益？如张伯行，做福建巡抚声名甚好，调到苏州，最初一年也还好，后二年三年，渐渐不好了，人甚议论他。他做人太短，又自视太高，说我是清官，都不管人，总督提镇等官都不相和，一事亦行不得，更生出好些事端，这便是清官不好处。天下人那个不知陈瑸是个清官，但恐汝清而刻了。

清圣祖的这一段训谕，指出做清官必须要"清而不刻"，方能与人相安，诸事辑睦，很可以与海瑞的行事相参看。比较起来，海瑞之短处，似乎正是清圣祖所说的"清而刻"，以为自己既是清官，便有理由督责下人个个都效法他的言行。清末的郭嵩焘，曾任广东巡抚及出使英法大臣，平生廉洁自持，一介不妄取，尝说："廉者君子以自责，不宜以责人；惠者君子以自尽，不宜望于人"。这两句话，完全出诸儒家的恕道。有这样的精神，才是地地道道的君子，才是清廉和平的好官。然而，海瑞似乎就缺少这种精神。清圣祖说："这便是清官不好处"。可惜，海瑞没有机会听到这段议论，也好让他反躬自省一番。

我国历史上尽不乏有清官，但一般所谓的清官，大多如清圣祖所说，其病在"清而刻"，所以其本人虽清节卓著而他人却无法忍受。瞿宣颖《人物风俗制度丛谈》中有清代的"清官"三人，一为嘉庆时的闽浙总督汪志伊，二为光绪时的江西藩司李嘉乐及陕西藩司李用清，皆属此一类，引叙如下：

嘉庆中，李赓芸，江苏东台人，进士，历任郡县，以廉能称，屡登荐牍，时以为天下清官第一，累迁至闽藩。时汪志伊为闽督。汪故老吏，以布粟起家，矫为廉洁，尝刊小学规范诸书行世，李公素轻之。尝乘新

> 轿入督府，汪训之曰："奢者必贪，君初为方面大员，慎勿美于服饰。"李愤然曰："芸虽不肖，为天子大吏，稍饰舆服，诚不为过，实耻效布被脱粟之平津侯以欺罔朝廷也。"汪心衔其语。会有改教知县朱履中讦李受其陋规，汪乃露章劾之，命福州守涂以辀罗织其狱。涂希汪意，私具状逼李画诺。李不服，以辀拍案诟之，日夜锻炼。李怫然入寓，怀冤状自缢死。事闻，上命侍郎熙昌王引之往鞫其狱，闽中士大夫争伏钦差寓门以鸣其冤，汪不得已致仕去。

这一段故事中所记的闽督汪志伊，虽亦以布被脱粟矫饰为清官之状，然而中心忮刻，不能容一正直之属僚，而不惜借事罗织，以报睚眦之怨。如此清官，乃十足之伪君子与假道学，比之公开贪赃枉法之墨吏，尤为可怕。

> 光绪中，江西布政使李嘉乐，陕西布政使李用清，皆阎敬铭荐为廉吏者也。闻嘉乐官山东知府时，禁眷属食肉，令打扫夫于署中后园种蔓青，即以此味为常蔬。灯油自掌，每晚各室亲舀一小勺畀之，不许稍添。二鼓不息灯者，必加诃詈。尝责其妻浪费，至欲呼役笞之。用清在陕藩任，合家蔬食，其母亦不获一尝肉味。偶患病思食肉，其妻私购熟肉以进，为用清所见，怒而掷诸地。母遂携媳至长安县署，语知县："子不孝，将返原籍，不再返藩署矣。"用清亟恳臬道首府转圜，各遣妻至县署劝说，始由用清迎回。

此二人虽亦号称清官，但若由其行事见之，则正是天下之吝啬人也，愚妄人也。清代制度，外官自督抚藩臬以至道府州县，均有养廉银，较俸薪多出数倍。知府称为方面大员，体制已甚尊贵。俗语有所谓"三年清知府，十万雪花银"之谓，盖清代漕粮及田赋均由地方官司征纳，正额之外，复有所谓“火耗”、“平余”，大县钱粮额多，所得火耗、平余之类的好处，常有数万。入息如此丰厚，比之明朝制度，不知要好了多少倍。海瑞做淳安知县，令老仆在署中种蔬，一方面固是不愿扰民，一方面亦因明朝的知县俸薪确实菲薄可怜，如不在额外多取，只有自己种菜。但清代的知府不比海瑞时代的知县，李嘉乐亦效法海瑞种菜，又不准妻子浪费，至阖宅晚间所点灯油亦需由其本人亲自舀给，一小勺之外不许多添，非吝啬而何？推其用心，无非欲藉收入充裕时努力节省，以求多积宦囊，为罢官后置产之计而已。如此行径，居然亦滥竽“清官”美名，岂不可笑可怜。至于李用清，以藩司之收入更多于知府。居然亦惟以积财为事，至于自己节省而不准其母食肉，则是在吝啬刻薄之外，更加之以昏昧无识，以此博清官之名，是诚清官中最最下品的了。

拉杂书此，无非说明官之有清名者其人未必可取，必须在清廉之外更兼具宽厚平和爱人惜物等诸项美德，始为好官。此亦谈海瑞史事以外可资借镜之鉴戒也。

# “对食”与“菜户”

## ——明代宫闱趣闻之一

《明史纪事本末》卷七十一“魏忠贤乱政”篇，记魏忠贤入宫及得宠的大略情形说：

> 魏忠贤，初名进忠，河间肃宁人也。少黠慧无赖，好酒善谄。喜驰马，能右手执弓，左手彀弦，射多奇中。目不识丁，然亦有胆力，能决断。顾猜狠自用，喜事尚谀。尝与年少赌博不雠，走匿市肆中。诸少年追窘之，恚甚，因而自宫。万历十七年，隶司礼监掌东厂太监孙暹。时熹宗为皇太孙，忠贤谨事之，导之宴游，甚得皇太孙欢心。孝和王后，太孙生母也，忠贤夤入宫办膳，其介绍引进者魏朝。朝，故属太监王安名下。安素刚正，主持一宫事。魏朝日誉忠贤，安善视之。朝初与太孙乳媪客氏私，即所称为“对食”者。然朝以侍安，又承事太孙，多不暇，忠贤乘间亦通焉。客氏者，故定兴民侯二妻也，年十八进宫，又二年而嫠。生子国兴。光宗践祚，册太孙为东宫，忠贤得充东宫典膳，客氏力也。光宗升遐，东宫暂居慈庆，忠贤、朝结为兄弟，而两人皆客氏私人。上即位数月，一夕，忠贤与朝争拥客氏于乾清宫暖阁，醉詈而嚣，声达御前。时上已寝，漏将丙夜，俱跪御榻前听上令。客氏久厌朝儇薄而喜

忠贤憨猛，上逆知之，乃退朝而与忠贤。忠贤卒矫旨发朝凤阳，缢杀之，自是得专客氏，而尾大不掉之患成焉。

魏忠贤与客氏有私，以及魏朝因与魏忠贤争客氏不胜而被魏忠贤所逐等情形，亦见于《明史·魏忠贤传》及刘若愚《酌中志》等书。读史至此，每疑太监素称阉人，魏忠贤及魏朝如何能与客氏有私？凡此之类，俱属宫闱秘辛，亦为正史所讳言，必须于野史传闻中考之，庶几可以了解其中的大致情形。

按，太监之有妻室，可说是“自古有之”，而至明时为甚。如北魏时有宦官张宋之纳南朝殷孝祖妻萧氏，唐代大阉高力士及李辅国亦俱有妻。另据《唐朝年代纪》所说，宰相裴光庭娶武三思女为妻，高力士与之私通。是则高力士不但有妻，且有外遇矣。降及明代，则太监娶妻之事，记载甚多。如叶盛《水东日记》云，太监陈芜，交趾人，以永乐丁亥侍太孙于潜邸。既御极，是为宣宗。以旧恩升御马监太监，赐姓名曰“王瑾”，赏赉不可胜计，且出宫女两人，赐之为夫人。据此，则宣宗时太监陈芜有妻，且出于皇帝御赐矣。又据王世贞《弇州史料》，英宗天顺间，赐太监吴诚妻南京庄田。吴诚先于英宗正统十四年随帝北征瓦剌，于土木堡兵溃时阵亡。景帝景泰二年八月，吴诚之妾姚氏奏称，诚存日曾在西山建坟，今欲将其所遗衣冠招魂安葬，景帝允之。据此云云，则吴诚不但有妻，且曾蓄妾矣。沈德符《野获编》云：“成化五年，内臣龙闰娶南和伯方英妾为妻，上命离异。成化十二年，太监常英藏匿妖人侯得权，妻以养女，后谋逆事发被诛。盖其时内臣有妻女，相沿成俗矣。”按，明太祖御宦官极严，除禁止宦官过问政事外，亦不准太监娶妻，犯者有剥皮之刑，语亦见《野获编》。初年之禁令既如此之严，不知在后来又何以浮滥至此，且亦不闻有重刑罪之。然则太监娶妻之风，固是前代相沿之陋习，并非明太祖的禁令所能彻底革除的了。

《野获编》：

比来宦寺多蓄姬妾，以余所识三数人，至纳平康歌妓。今京师坊曲所谓西院者，专作宦寺外宅，以故同类俱贱之，不屑与齿。然皆废退失职及年少佻挞者为之，若用事贵珰，极讳其事，名下有犯者，必痛治，或致毙乃已，则犹愈于高力士之娶李玄晤女，李辅国之娶元擢女也。今猥下妇女，多与此辈往还，至有昵爱宦官，弃其夫而托身者。此唯京师有之。其内宦侪辈中，亦或争奸斗殴，然不敢闻之官，盖以国家有厉禁也。顷者邸报中，见禁中获妇人男装者。讯之，则宦官包奸，久而逋其夜合之资，匿避内府不出，以故假衣冠闯禁廷索之。旨下，宦官付司礼监，妇人付法司，后不知究竟如何。及见《石允常传》，则国初更有异者。允常为浙之宁海人，举进士，为河南按察司佥事，微行民间，闻哭甚悲，廉知其女为阉宦逼奸而死，因闻之朝，捕宦抵罪。此洪武末年事。景泰初，大同右参将许贵奏，镇守右少监韦力转恨军妻不与奸宿，杖死其军。又与养子妻淫戏，射死养子。事下巡按御史验问。天顺元年，工部右侍郎霍瑄又奏，力转每宴，辄命妓。复强取所部女子为妾。上怒，始遣人执之。天顺六年，守备大同右少监马贵，收浣衣局所释妇女为妻，为都指挥杜鉴所讦。贵服罪，上命宥之。天顺七年、协守大同东路都知监右监丞阮和娶妻纳婢，又拷掠军士甚酷，为其所讦，命锦衣官密察得实，上亦命宥之。

沈德符的《野获编》成于明神宗万历年间，依此书的记载，则在明代中叶时的宦官，已尽多逼娶民女及包养妓女等等的丑闻，至末年时乃愈演愈甚。宦官不能人道，据野史所记，所谓娶妻及逼奸，无非发泄其变态的性心理。

以事涉猥亵，可以无须引述。所值得注意的是，宫廷中的太监们既然需要发泄其变态的性心理，自必致引起争奸斗殴之事。如魏忠贤与魏朝之事，即为其例。但熹宗的乳母客氏在宫中甚有权势，一言之间，可移人祸福。然则魏忠贤及魏朝之与客氏，当然不可能如一般太监娶妻纳妾之专供其本人发泄变态性心理为事，应该是可以想象得到的。这其间的关系究竟如何，诚然是值得注意的地方。

《野获编》：“太祖驭内官极严，凡椓人娶妻者，有剥皮之刑。然今中贵人授室者甚众，亦有与娼妇交好，因而娶归者。至于匹耦宫人，则无人不然。凡宫人市一盐蔬，博一线帛，无不藉手。苟久而无匹，则女伴俱姗笑之，以为弃物。当其请好，亦有媒妁为之作合，盖多先缔结而后评议者，所费亦不赀，然皆宫掖中怨旷无聊之策耳。”又：“内中宫人，鲜有无配偶者，而数十年来为盛。盖先朝尚属私期，且讳其事，今则不然，唱随往还，如外人夫妇无异。其讲婚媾者，订定之后，星前月下，彼此誓盟，更无别遇。亦有暗约偷情，重费不惜。或所欢侦知之，至于相仇，持刃梃报复者。顷年翼坤宫皇贵妃郑氏宫人名吴赞女者，久为内官宋保所侍，后复与同类张进朝者结好，宋不胜愤恨，遂弃其官，去为僧不返，侪类辈咸高之。又宫人与内官既偶之后，或一人先亡，亦有终身不肯再配，如人间所称义节，其与为友者多津津称美，为人道之。今上最憎此事，每闻成配，多行谴死，或亦株连说合媒妁，多毙梃下，然终不能禁也。凡内人呼所配为菜户，即至尊或亦问曰：‘汝菜户为谁?’即以实对，盖相沿成习，已恬不为怪。唯名下及厮役辈，则曰：‘某公为某老太弟兄。’盖老太为宫女尊称，而弟兄则翁妪之别名也。”又：“余向读书城外一寺，稍久，与主僧习。寺中一室，扃钥甚固。偶因泛扫，随之入，则皆中官奉祀宫人之已殁者，设牌位，具姓名甚备。一日，其耦因忌日来致奠，擗踊号恸，情逾伉俪。余因微叩其故，彼亦娓娓道之，但屡嘱予勿广告人而已。”由这几段记载，可知明代宫中的太监与宫女，到了明代嘉靖万历之世，已盛行互相匹耦。既经互相匹耦之后，其双方的关系，在太监称为某宫女的“菜户”，在宫女则不知作何称呼。《野获编》说：“按宫女配合，起于汉之对食，犹今之菜户也。”据此云云，则明代宫禁中所谓之“菜户”，盖即汉代宫禁中之“对食”。《明史·魏忠贤传》及《明史纪事本末》称魏朝为客氏之“对食”，由《野获编》所记考之，盖即二人互缔婚姻而作为夫妻者。迨魏忠贤既入，攘魏朝而占有客氏，客氏又喜新厌旧，至互哄于明熹宗前，熹宗乃徇客氏之意而将客氏断归魏忠贤，其情形殆又与外间妇女之另结新欢者无异。这些事实，虽说是起源于宫禁中之旷怨无聊，但毕竟亦猥亵太甚，宜乎不能见于正史。奇怪的是，明神宗虽然最憎恨宫女与太监之互相匹耦，而明熹宗乃至为魏忠贤及客氏断决其苟且私情。明朝之纪纲不振，至明熹宗而极，此事即为其明显的例证。

《野获编》：

> 京师人多懒而馋，而妇女为甚；就妇人中则宫婢为甚。盖逸居饱食，本相因也。凡菜户既与宫人成伉俪，其卑贱冗员贫而下劣者，又甘为菜户之役，皆宫人出钱雇之，以善庖者上等，并视其技之高下，为值之低昂。其价昂者，每月得银四五两，专供烹饪，使令如仆隶然。贵珰近侍者俱有直房，然密迩乾清等各宫，不敢设庖湢，仅于外室移飧入内，用木炭再温，以供饔飧。惟宫婢各有爨室自炊，旋调旋供，贵珰辈反甘之，托为中馈，此结好中之吃紧事也。

此云宫女辈因自有厨房可事爨炊，不但以重价雇倩职分卑下的贫穷太监为之司庖厨，且得以“旋调旋供”的便利结好于皇帝左近的大阉贵珰。类此情事，在他书中亦有记载。如刘若愚所撰《酌中志》云：“凡宫眷所饮食，皆本人所关赏赐置买，雇倩贫穷官人在内炊爨烹饪。其手段高者，每月工食可须数两，而零星赏赐不与焉。凡煮饭之米，必拣簸整洁，而香油甜酱豆豉酱油醋一应杂料，俱不惜重价，自外置办入也。凡宫眷内臣所用，皆炙煿煎煠原味，但遇有病服药，不肯忌口。”这种耽溺于口腹之欲的习惯，当然与其安居逸乐的生活有关。《酌中志》：“十月初一日颁历。……是时夜已渐长，内臣始烧地炕，饱食逸居，无所事事。多寝寐不甘，又须三五成朋，饮酒掷骰，看纸牌，耍骨牌，下棋，打双陆，至三四更始散，方睡得着。又有独自吃酒肉不下者，亦如前约聚，轮流办东，帮凑饮啖。”太监辈之饱食逸居，无所事事，而致朋饮聚赌，酗酒诟詈。宫女虽不致如此，但宫漏既长，永夜漫慢，当其辗转难寐之时，必多怨苦烦愁之感。若当春秋佳日，花前月下，自顾形单影只，遥想人间鹣鲽双双之爱，又难免徒自伤悲矣。在这种情形之下，宫人与太监之结为假想式的夫妻，虽似画饼充饥，似亦慰情聊胜。盖处身宫禁之中，旷怨无聊的虚空情感永远无法填补，除了像扮演戏剧般地结为假想式的夫妻聊资安慰之外，实在也无其他的方法可以弥补情感上的缺憾了。宫禁森严，专制帝皇的威权至高无上。然而在天威咫尺的宫禁之中，却有这许多光怪陆离的奇闻异事，诚然是难以想象的。

《野获编》中又有另外一条记载，说：“万历三十二年，尚衣监失御前珍珠袍一件。上震怒，命司礼掌印太监陈矩拷究。袍房内臣田进等三人以夙仇互讦，各受酷刑，竟无踪迹。田进寻瘐死，余充净军。后乃知上前一贵显宫女，即内中称为某太者，盗与菜户内官拆卖久矣。然惮此宫人为主上信用，且事属既往，遂不复穷诘。”宫女将皇帝御用的珠袍盗付所私的“菜户”内官拆卖，其可能的动机只有两种。一是由于此宫女的用途太大，因亏累无法弥补而出此策；一是由于此宫女所私的菜户内官需要用钱，故由此宫女盗出珍珠袍付其拆卖。如是前者，其原因当为宫女与太监结为假夫妻后过于耽溺于口腹之奉，以致造成其亏负。如是后者，则宫女因徇所私太监之请而敢于盗出皇帝御用的珠袍，其情形较前者更为严重。俗语有所谓“恋奸情热”之说，于此庶几近之。假夫妻而至于徇私灭公，不顾一切，则在盗卖珠袍之外，任何蔑法犯禁之事皆可为之，其危险诚不堪设想。史称魏忠贤之乱，客氏实有以助成之。迨客魏之势力既大，又复朋比为奸，恣意妄为，终至斫尽明朝的元气，贻害百世。读《明史》，每疑客魏二人的利害关系何以如此纠结难分。由上面的事实看来，此二人之结为死党，互相勾结，正与他们之间的“对食”关系有极重要的关联哩。

# 鲥鱼进鲜

## ——明代宫闱趣闻之二

《辞海》释鲥鱼云：

> 属鱼类喉鳔类。体长约二尺，形稍侧扁，背部苍色，腹面银白。鳞圆，大小适中。胸腹皆有坚强之三角鳞。下颚突出，齿微细如鲈，生于两颚骨及口盖骨上。臀鳍长，几及腹部之半。尾鳍分叉。皮下多脂肪。产太平洋，五六月为产卵期，此时溯河而上，我国南方江河中多有之。

鲥鱼在我国是一种甚为名贵的美鱼，其最著名的出产地在长江及钱塘江，时间则为阴历之四月间。《本草纲目》曾说，鲥鱼于四月间“从海中泝上，人甚珍之”。《辞海》亦说此鱼于五六月间由海中溯河而上产卵，故我国南方江河中多有之。彼此所说的情形相同，可知此鱼之依时而来，原为由海洋上溯至淡水河流的上游产卵，其原产地则在海中。今金门沿海常可捕到海产的鲥鱼，台北市上的菜馆也有清蒸鲥鱼飨客。但海产的鲥鱼与捕自河中的鲥鱼味不相同，在台北吃过清蒸鲥鱼的食客，一定会怀疑此鱼有何特别的佳处，致被江浙人誉为极珍贵的美味？究其分野，一则由于入江产卵时的鲥鱼最为肥腴，一则海鱼无活鲜，河中所获则可乘活宰杀，活鱼之味自胜于死鱼，如此而已。

笔者的家乡在浙江。每年农历四五月间，钱塘江中出产的鲥鱼极擅盛名。按，钱塘江由杭州上行九十里至富阳，再九十里至桐庐，再九十里至严州(即今之建德县)，由富阳至严州的一百八十里间，此江不称为钱塘江而名之曰富春江。在富阳以下，钱塘江因受潮汐的影响，江水浑浊而味咸。在富阳以上，两岸地形渐高，江水被约束在高峻的山岭间浩荡奔流，其水清澈，其味甘美。自桐庐以上，山势愈峻，水流湍急，其名曰七里泷，岸上有著名的严子陵钓鱼台。年年的四五月间，海中的鲥鱼由海口进入钱塘江，又由钱塘江上溯至富春江及七里泷，在富阳以上至桐庐建德，随处可以捉到新鲜的鲥鱼。鲥鱼离水即死，昔人有人生五大恨事之说，其中之一恨，便是恨吃不到新鲜的活鲥鱼。但在富春江上春游泛舟，却可使人充分满足此一生平憾事。因为江中的渔船甚多，网得鲥鱼时并不出水，只用鱼笼沉入水中随船拖带，何时买得，何时即可在船上动手剖洗，就用船上的炉灶现蒸现吃。从前人曾有诗云："一尺鲥鱼新出水，松枝炊火味无双。"在菜馆里吃出水甚久早已死去的鲥鱼，即使有冰冻冷藏，决无此美味。此所以说在台北的菜馆中吃鲥鱼，绝对不能领略到其中的美处也。

由海入江产卵的鲥鱼极为肥腴，其皮下层的脂肪甚多。古人谓鲥鱼的美处在鳞层下的脂肪，海产鲥鱼殊无此佳胜。富春江上的舟子，烹调鲥鱼有其特到之手法。其法是将鲥鱼剖腹洗净后用荷叶包裹，内置火腿、冬菇等物，隔水蒸熟。蒸好后取出，用葱姜蘸食，其味之美嫩鲜腴，直非言语所能形容。富春江中的鲥鱼美腴如此，长江中所出的鲥鱼当然也一样。所以，富春江和长江中所产的鲥鱼，在从前是要进贡皇帝的。

《沂阳日记》："韩苑洛，性刚直，为浙江按察佥事，分巡杭严，独持风裁。镇守太监王堂并织造中官有所求于有司，率裁抑之。后因富阳县产茶与鲥鱼，二物皆入贡，采取时民不胜其劳扰。公目击其患，作歌曰："富阳山之茶，富阳江之鱼，茶香破我家，鱼肥卖我儿。采茶妇，捕鱼夫，官府拷掠无完肤。皇天本至仁，此地独何辜。鱼兮不出别县，茶兮不生别都，富阳山，何日颓，富春江，何日枯。山颓茶亦死，江枯鱼亦无。山不颓，江不枯，吾民何以苏。"韩苑洛即韩邦奇，据万历《杭州府志》的记载，富阳本贡鲥鱼，赖韩邦奇之奏请得罢。按韩邦奇之为分巡杭严道，乃明武宗时事，然则富阳之进贡鲥鱼，在明武宗以后已可无此苦累。但南京不然。据史书所记，迄明亡为止，南京每年均须进贡鲥鱼，由南京兵部派拨马快船运送至北京，称为"进鲜"。鲥鱼既是出水即死的娇嫩之物，由南京至北京的程途又远达二千数百里，即使以最快速的方法昼夜航行，亦必需一个月以上的时间才能到达北京。因此，所谓鲥鱼进鲜，其实是很可笑的举动。

沈德符《野获编》云："南都入贡船，大抵俱属龙江广洋等卫水军撑驾，抵潞河则前运俱归，周而复始，每年必往还南北不绝，岁以为常。……其贡名目不一，每纲必以宦官一人主之，其中不经者甚多。……其最急冰鲜，则尚膳监之鲜梅、枇杷、鲜笋、鲥鱼等物。然诸味尚可稍迟，惟鲜鲥则以五月十五日进鲜于孝陵，始开船，限定六月末旬到京，以七月初一日荐太庙，然后供御膳。其船昼夜前征，所至求冰易换，急如星火。然实不用冰，惟折干而行，其鱼皆臭秽不可向迩。余于夏月北上，曾附其舟，几欲呕死。偶邻舟友人邀会文，则舫斋芳洁，不减吴下沙棠。怪问之，乃知纳赂主者，尽徙贡物于他舫耳。其鱼到京，始洗刷进充玉食，上颁赐阁部大臣及经筵日讲词臣。贵珰辈杂调鸡豕笋菹，以乱其气，用银沙锣饷遗近臣，侈为珍味，然实不堪下箸，何止海上之癖也。"据此云云，则由南京经由长途跋涉运到北京的新鲜鲥鱼，在到达时早已成了臭秽不堪的腐鱼。然而明朝的皇帝却仍然要侈为珍味，除了荐新太庙之外，还要颁赐近臣，视为异常的恩典，说来岂不可笑之至！明人于慎行有诗咏此，云："六月鲥鱼带雪寒，三千江路到长安。尧厨未进银刀鲙，汉阙先分玉露盘。赐比群卿恩已重，颁随元老遇犹难。迟回退食惭无补，仙馔年年领大官。"以臭秽不堪的腐鱼而至称之为"仙馔"，看来实在太滑稽。然而此不但是明朝二百数十年的老规矩，而且其中更有笑话哩。

据明代的传说，在北京城中年年吃惯臭鲥鱼的皇帝和太监，根本就不知道新鲜鲥鱼是何美味。据说，有一位宫中的大太监被调到南京去做守备太监，南京距长江近在咫尺，照理他应该有机会一尝新鲜鲥鱼之美味了。然而他在五月间虽然天天吃到新鲜鲥鱼，而竟然不知道所吃的乃是何物。一日，他忽然想到，到南京有鲥鱼可吃，何以他竟不曾吃到的问题。乃召来庖人，责问何以馔无鲥鱼？庖人答云，现在正逢鲥鱼出产的季节，日日都有奉进，何以说没有。此太监怒而不信，命他将日日进奉的鲥鱼拿来当面观看。庖人即从厨下取来新鲜鲥鱼一条，奉呈太监公公亲看。此太监将取来的新鲜鲥鱼看了又看，毕竟仍是看不明白，乃以非常怀疑的口吻说道："看起来倒很像是鲥鱼，可是它为何不臭不烂啊？"由这个笑话可以知道，明朝时由南京路远迢迢地"进鲜"到北京去的新鲜鲥鱼，简直是浪费人力，暴殄天物。如果这些鲥鱼的来源再要像是韩邦奇所咏的，由"官府拷掠无完肤"而得，则此一进鲜之举，更是明朝的一项虐政了。

在抗战以前，富春江每年鲥鱼汛期中捕得的第一尾鲥鱼，必定要专程送往杭州，呈献给当地的省政府主席，照例可博厚赏。这虽然是前代封建意识的遗留，但因"献新"而博厚赏，总是有利可图的事。所以封建皇帝的时代虽已过去，这一旧习惯却依然年年保持不改。抗战期间，杭州沦陷，省府播迁浙东，后来更远迁浙南，向省政府主席献新的老习惯无法继续维持，于是人们乃采取变通之法，将每年在富春江中捉得的第一尾鲥鱼，改送往驻节天目山的浙江省政府浙西行署主任。当时富阳亦已陷敌，鲥鱼由桐庐取道分水于潜二县抵达天目山，路程在一百八十里以上，在既无汽车，又无其他较快捷的交通工具可资利用的情况之下，送到天目山的鲥鱼，没有不因天热长途而变臭的。为了答谢渔民的献新美意，行署当局仍然设宴邀请署中的高级职员，同享此一时鲜美味。据吃过的朋友说，那种鲥鱼的味道实在不很高明，只是说起来中听而已。不过，要是以此与明朝时送往北京的鲥鱼相比，无论如何总要胜过万倍的了。

> 五月鲥鱼已至燕，荔枝卢橘未应先。赐鲜遍及中官第，荐熟谁开寝庙筵。白日风尘驰驿路，炎天冰雪护江船。银鳞细骨堪怜汝，玉筯金盘敢望传。

此明人何景明所写的“咏鲥鱼诗”也。地点仍然是在北京，时间亦仍然是六月炎天。长途迢迢送来的臭鱼，出现在诗人笔下时，居然仍是银鳞细骨的珍馐，至于望玉筋金盘之赐而不可得。此情此景，有谁能想象得到，诗中所吟咏的，其实只是一些臭秽不堪的腐鱼呢？诗人的作品多夸诩不实，这里应是一个很好的例证。

# 说书大家柳敬亭

在抗战前后的京沪苏杭各大城市，茶楼中都设有所谓“书场”，亦即俗语所说的“说大书”。说大书的“先生”们都曾受过专业训练，所说的故事虽不出稗官野史与小说演义一类，但一经说书先生道白出来，原来的故事情节就被放大了许多倍。举凡书中人物的心理状态、言谈举止、动作场面、以至衣着服饰等等，无不刻意加工描绘，以生动而趣味的叙述表达出来。使得听众为书中的有趣情节所吸引，亦哀亦喜，乐而忘倦，以致需要天天去坐茶馆，天天去听说书先生上一场未曾说完的故事。技术高明的说书先生，经常可以招徕大批听众，为茶馆主人带来极大利市。中国旧式的章回小说，在一回完了处，照例有“欲知后事如何，且听下回分解”的套语，说书先生通常亦是用的这种手法，每当故事发展至高潮时，戛然而止，被故事所吸引的听众便只好怀看急切期待的心理，到下场再来恭听。这种纯朴而古老的民间娱乐，在台湾当然是不曾见过的。

一般人所谓的“说书”或“说大书”，在专门从事此业的人来说，则又另有一个较为高尚的名称，谓之“评话”。但现代的“评话”，与宋明以来所通行的“平话”并不一样。宋明以来的“平话”，不过是述说历史故事。比较具体的内容记载，便是现在还能见到的演义小说之类，如《三国演义》、《水浒传》等等。但清代以后兴起的评话，则是以演义小说为本，另作进一步加工描叙的“讲史”。试以清人笔记小说中的记载为例，便可以看出二者间的不同所在。

清凉道人《听雨轩笔记》：

小说所以敷衍正史，而评话又所以敷衍小说。小说间或有与正史相同，而评话则皆海市蜃楼，平空架造。余昔在郡城城隍庙，见有说《三国演义》“葭萌关桓侯战马超”者，言孟起与桓侯苦战三日夜，欲于马上擒桓侯而不能，遂诈败。桓侯追之，孟起回身掷飞抓罩其首。盖孟起之高祖为新息侯马援，素精此技，昔佐光武定天下，百步之内，取敌人首如囊中物，孟起之家传绝技也。桓侯见飞抓自空直下，猝不及避，不觉大声而呼，举蛇矛向上格之，抓堕于地不可收，大惊而退。后李恢说之，遂降昭烈。世传桓侯是大鹏金翅鸟降生，故急迫之际，元神出现耳。昔有桓侯“在唐留姓，在宋留名”之说。于唐时为张睢阳，宋时为岳忠武，在孕时，母梦鹏飞入室而生，可谓有源有委矣。后于杭州昭庆寺西廊茶店内听说《飞龙传》“陈桥兵变”一段，言宋太祖领兵北伐，夜宿陈桥驿中，张光远、罗彦瓌等欲奉以为帝，太祖闻之大惊，遂逾垣至厩，独乘九天斑豹马而逃。行至陈桥，时月色明亮，见一白须者握铁鞭立于桥上，大呼曰：“来者非赵某乎?”曰：“然。”其人曰：“我高行周也。向知汝系真命天子，故我听苗训之言，自刎以全汝一家。今天命在汝，逃欲何之?”盖行周讳名高鹞子，而周太祖郭威讳名郭雀儿，鹞能捕雀，故昔郭威与高战辄败，历有仇隙，后郭威登极，知宋太祖之父弘毅素与行周结生死盟，遂执弘毅及其眷属，而令宋太祖往说行周，使之归降，否则取其首，若二者皆不能，则满门皆戮。时行周为汉守海平城，宋太祖奉命而至，行周誓不背汉，不肯归降。术士苗训以天命有在劝之，行周遂自刎死，其首以畀太祖。太祖持归，弘毅全家始得释系。今宋太祖将次登位而逃，其马日行千里，夜行八百，人不能追，故行周显灵以阻之。太祖不答，策马上桥，行周拒以鞭，马惊跃长嘶，不敢进。正徘徊间，张光远等自后追至，被以黄袍，拥之而返，行周亦冉冉入云去。按二说虽皆悠谬缥缈之辞，然亦清新可喜，所以柳敬亭一派至今盛行，而人莫之厌也。溽暑炎蒸，北窗高卧，听说书者剧谈一回，亦一快事。

由这一段话的记述，可知通行本的《三国演义》及《飞龙传》，与出诸说书人口中的“评话”，其内容之繁简，相差至何种程度。看演义小说至“葭萌关张飞战马超”及“赵匡胤黄袍加身”等处，其情节诚然已比原来的历史记载生动有趣得多，但若在说书场中听说书先生绘影绘声地娓娓道来，必定更会被故事中标新出奇的有趣情节所吸引，诧为闻所未闻，足以大开眼界。两相比较，即可了解清凉道人所说，“小说所以敷衍正史，而评话又所以敷衍小说”的话，其意义何在。由此更可知道，旧式的演义小说（亦即宋明以前的“平话”）与新式的“评话”，所创造的艺术意境如何不同。演义小说与真实历史间的距离尚不太远，评话则添枝加叶，充满了说书人的想象构造，其所以能风靡听众，成就卓著，正基于此一特点。

将旧式演义小说中些少的故事情节另外加工添饰而发展成为新式的“评话”，据说，其创始人乃是明末清初的说书大家柳敬亭。

清人王韬所撰的《瀛壖杂志》说：“评话始于柳敬亭。”又前引清凉道人《听雨轩笔记》，亦以为评话乃是“柳敬亭一派”，可知这两说都是主张柳敬亭为新式评话之创始人的。

明人张岱描写柳敬亭说评话的情形，云："南京柳麻子，黧黑，满面疤瘤，悠悠忽忽，土木形骸。善说书，一日说书一回，定价一两，十日前先送书帕下定，常不得空。余听其说景阳冈武松打虎白文，与本传大异。其描写刻画，微入毫发，然又找截干净，并不唠叨。哱夬声如巨钟，说至筋节处，叱咤叫喊，汹汹崩屋。武松到店沽酒，店内无人，謈地一吼，店中空缸空甓皆瓮瓮有声。闲中著色，细微至此。"《陶庵梦忆》柳敬亭的说书本领，在柳敬亭之前，无人可与比拟；在柳敬亭之后，则摹仿者先后继出，代有名流。如乾隆时的扬州说书大家浦琳与叶霜林，咸同间的扬州说书人龚午亭，均是其中翘楚，在李斗所撰的《扬州画舫录》中有姓名可按的说书大家，尚有吴天绪、徐广如、王德山、高晋公等等，无虑十数。这些说书人的说书方式，都是"柳敬亭一派"，惯于以自己创造的新奇情节充实其说书内容，所以能够轰动遐迩，名重一时。由此看来，柳敬亭是开创此派说书方式的始祖之说，大概是不错的。

说起柳敬亭，大概很多人对他的名字都不会感到太陌生。孔尚任所撰的《桃花扇》，一开头便由柳敬亭登场说书。剧中并且借了吴应箕等一班名士之口，说出柳敬亭曾被阮大铖请去做一名清客，后来复社人士草"留都防乱公揭"揭发了阮大铖的"阉党余孽"身份之后，柳敬亭就"不待曲终，拂衣散尽"，"宁可埋之浮屠，不可投诸匪类"，毅然与阮大铖割席。这种大义凛然的公忠志节，足使许多"文人无行"的儒门败类愧煞。柳敬亭的大名，因此而与《桃花扇》的故事同垂不朽。但若由当时人的其他记载看起来，则柳敬亭的一生，更充满了传奇的色彩，固不仅此一端而已。

清人阎尔梅的《阎古古全集》中有一首"柳麻子小说行"，题下小注云："名遇春，号敬亭，年八十，扬州人。"阎尔梅作此诗的时间是在康熙五年，由此上推，可知柳敬亭的出生时间，大约是明神宗万历十五年。他本是扬州府泰县属乡间的渔家子弟，本姓曹。年十五岁时，因“犷悍无赖”而“犯法当死”，于是随同其他的一些无赖汉渡江亡命，改姓为柳。据吴伟业所撰的《柳敬亭传》说，柳敬亭之所以要姓柳，是因为他亡命过江时止息于一株大柳树之下，“攀条泫然”而生感触，“抚其树顾同行数十人曰：嘻，吾今氏柳矣。”大概柳敬亭在此以前虽因犷悍无赖而好犯法，自有这一次的亡命经验之后，便已决定洗心革面，不愿再做过去的无赖行径了。他之成为说书大家，其径遇更为离奇。据吴伟业及黄宗羲为他所撰的传记中说，他在亡命期间，因为生活穷困，偶然得到一本演义小说，虽非素习，居然亦仿效当时的说书人，以书中的故事说起书来。在盱眙市中说书，居然亦能“倾动市人”。可见柳敬亭极富于天才，许多事情，都可不学而能。

其后他从扬州过江来到松江，遇到一个见解卓越的读书人，名莫后光。由于莫后光的指点，柳敬亭终于成了说书一行中出类拔萃的佼佼者。

吴伟业撰《柳敬亭传》记莫后光对柳敬亭所说的话道：“夫演义虽小技，其以辨性情，考方俗，形容万类，不与儒者异道。故取之欲其肆，中之欲其微，促而赴之欲其迅，舒而绎之欲其安，进而止之欲其留，整而归之欲其洁，非天下至精者，其孰与于斯矣。”大概在柳敬亭以前的说书人，不过是将演义小说中的故事演说明白，便以为尽其能事，而莫后光则以为说书亦是艺术之一，其最高的成功境界应不止此。所以他以他自己的见解勉励柳敬亭当“更上一层楼”，以“辨性情，考方俗，形容万类”为目标，更加致力研求，以达到说书艺术的更高境界。于是，“柳生乃退就舍，养气定词，审音辨物，以为揣摩。期月而后请莫君。莫君谓曰：‘子之说未也。闻子说者，欢咍嗢噱，是得子之易也。’又期月，曰：‘子之说几矣，闻子说者，危坐变色，毛发尽悚，舌憍然而不能下。’又期月，莫君望见惊起曰：‘子得之矣，目之所视，手之所倚，足之所跂，言未发而哀乐具乎其前，此说之全矣。’于是听者傥然若有见焉，其竟也，恤然若有亡焉。”

这一段话记述柳敬亭在三个月之内所经历的学习过程，由第一个月的善于讲说到第二个月的曲尽其态，再到第三个月的掌握人情，喜怒哀乐，一任所之，以至于听者对于他所讲述的事物恍然如在目前，终至置身于故事之中，随着故事中人物的遭遇，亦哀亦喜，茫茫然不自知其为局外听众。这种艺术上的移情作用，乃是艺术表达所极难达到的最高效果。从前的江湖说书人，不懂得艺术的最高成就为何物，所以只能停留在说故事的阶段，充其量使听众感到欢悦嗢噱而已。莫后光以他在文学欣赏上所体受到的艺术造就相勉励，终于使柳敬亭能以说书的方式控制听众的感情，从而达到其最高的表达效果。这固然是莫后光的识见有不可及之处，亦因柳敬亭的天分奇高，所谓七窍玲珑，一点即透，才能缔造如此佳绩，为我国的说书艺术大放异彩。由这一段学习的经历，可以知道柳敬亭的技艺全由他自力研究揣摩而来，其本人并无师承。他后来以莫后光为师，并说：“吾无师也，吾之师乃儒者云间莫君后光。”其实莫后光何尝是柳敬亭的老师，柳敬亭之所以要如此说，亦不过是成功不忘所本，藉此报答莫后光对他的指点开导之功。论其成功所自，仍当归功于他自己的勤苦学习与研究创造。

柳敬亭的说书艺术达到这一地步后，他已经能移从演义小说原有的些少情节中体味出许许多多人情物理，再以他自己的丰富构想力加以补充扩大，于是便能使他所讲的故事刻画入微，描叙生动，其动人之处，比之文字写成的小说何止十百倍。所以然之故，则因说书是以口语的方式来表达的，其间可以言词的轻重缓急控制故事进展的速度，以手势加强表现的效果，更加以柳敬亭灌注于言词声调中的感情成分，其效果当然要比单纯的文字描写高明得多。由这些地方看来，一部成功的“评话”，其本身便应是一部极好的小说；而此一小说的作者，便是讲说此一评话的说书先生。因为，评话中的许多情节乃至细部的描写刻画，都是说书先生所自行构想创造的。

以上所说，并非出于笔者的臆测。试举事实为证。清人董玉书所撰《芜城怀旧录》中有“龚午亭传”，此龚午亭，即是同光年间驰名于扬州的说书大家。龚午亭所最擅长的评话，是“清风闸”。龚午亭传说他“于人情物态，心领神会，遇事融发，无不酷肖，往往不事辞说，而自得其意于言语之外。居扬州三十年，于‘清风闸’岁必演数周，而神明变化，先后不蹈袭一语，故闻者终身倾倒而不厌。……后二十年有张捷三者，滑稽有口辩，号为午亭弟子，声音笑貌，颇似午亭，所至人争趋之。然执一而不变，故演至周而人迹遂绝”。这一段记述，说明了龚午亭讲说清风闸之所以成功，是由于他善于变化，每次所讲，前后不相蹈袭；而张捷三之所以只能吸引一次听众，正因为他无此天分，执一而不能变化，所以人们在听过一次之后，即不愿再听同样的二次。这一例证，足可说明两点事实：第一，如柳敬亭之流善于说书的“大家”，所讲故事，通常只有个大致的轮廓是固定的，其内部细节，全出说书人的构想，而每次所讲又并不都是一样；第二，由于同一故事的内部细节在讲书时可以各不一样，所以说书人不可能有固定的“底本”。基于这些事实，对于柳敬亭当年享誉一时的说书情形，我们亦只能由前人的记述中略窥一二，其详细内容，无法从文字记录中去寻得了解。

前人所记柳敬亭的说书情形，除前引明人张岱的《陶庵梦忆》外，清人阎尔梅所撰的《柳麻子小说行》中亦有一段记述，引叙如下：

> 丙午之秋客庐江，秋雨平溪水泷泷，素车白马冠盖集，执绋来登被

九堂。礼成哀止设宾筵，垂杨院静荷池烟，霓裳舞衣粉黛浓，步摇环佩响玲珑。……暂撤宾筵列两旁，豹纹锦瀞布中央。传语满堂客涤耳，喧嚣不动肃如霜。彩褒红袄蹲座上，座定犹余身一丈。科头抵掌说英雄，段落不与官稗同。始也叙事略平常，继而摇曳加低昂。发言近俚入人情，吐音悲壮转舌轻。唇带血香目瞪棱，精华射注九光灯。狮吼深崖蛟舞潭，江北一声彻江南。忽如田间父老筹桑麻，村社鸡豕酒帘斜。忽如三峡湍回十二峰，峰岚明灭乱流中。忽如六月雨骤四滂沱，倾檐破地触漩涡。忽如他乡嫠妇哭松坟，忽如儿女号饥索餺饠。忽如秋宵天狗叫长空，忽如华阴土拭太阿锋。忽如骠姚伐鼓贺兰山，忽如王嫱琵琶弄萧关。忽如重瞳临阵叱楼烦，弓不敢张马倒翻。忽如越石吹笳向北斗，胡儿垂涕连营走。忽如西江老禅逗消息，一喝百丈聋三日。既有渔郎樵叟伐薪款乃之泠泠，亦有忠臣孝子抑郁无聊之啾唧。我闻此间小吏焦仲卿，姑媳评语哀难听。又闻此间神僧血白如银膏，貔貅队里堕三分。孤猿啼破清溪月，炎天箫笛凉如铁。娓娓百句不停喉，绕道不停倏而绝。霹雳流空万马奔，一声暂住最惊魂。更将前所说者未完意，淡描数句补无痕。世间野史漫荒唐，此翁之史有文章。章句腐儒道不出，传奇脚色苦浓妆。独有此翁称绝技，不可无一不能二。八十岁人若婴儿，声比金石真奇异。乃知世间之事不论谁是与谁非，难逃千载之下人刺讥。蓼伯伏孟起九原，定与柳翁奏埙篪。柳兮柳兮豪布衣。

这一篇歌诗，以文字的描写来刻画柳敬亭说书之佳妙，使我们恍惚可见当年柳敬亭说书时，是如何能以他的声调与言词在听众的感觉中描绘出一幅幅具体如见的故事场面，虽在数百年后，读其诗如见其人。其表达之成功与意境之美妙，文字的描写与戏剧的扮演都不能与之比拟。周容《春酒堂文集·柳敬亭传》就说："癸巳值敬亭于虞山，听其说数日，见关壮缪，见唐李、郭，见宋鄂、蕲二王，剑戟刀槊，钲鼓起伏，髑髅模糊，跳掷绕座，四壁阴风旋不已。予发肃然指，几欲下拜，不见敬亭。"这样的表达效果，岂是文字与戏剧所能达到的？可惜我们生年太晚，既不能一聆柳敬亭的说书绝技，又不能从文字记录中看到他所说的故事情节，只能从这些客观的描述中约略窥见他的大概，真是遗憾之至！

柳敬亭的说书技术达到此一地步，在当时诚然已可睥睨一世。史称他在明末时受知于开府武昌的宁南侯左良玉，出入卧内，极见亲信。左良玉在弘光时握重兵数十万，权倾中外，朝中大臣，至必须窥伺颜色。柳敬亭尝奉左之命来南京，宰相以下，俱使之南面上坐，称之为"柳将军"。以一个说书艺人而能得到朝中权贵的如此敬礼，真可说是人生际遇之一奇。然而不久南明朝廷便告倾覆，左良玉既死，柳敬亭亦尽失其所积资，为生活所逼，于是他只好重操旧业，以说书为生。在此以后，他所与周旋的一些人，如漕运总督蔡士英，礼部尚书龚鼎孳等，或是新朝的显贵，或是前朝的降臣，柳敬亭既无法保持他的遗民身份绝迹不与这些新朝士大夫相往来，因此他的晚节颇为人所讥。然而严格的说起来，他在明朝时既未曾做过朝廷命官，则他在入清以后因献艺谋生而与新朝士大夫有所接触，亦难过分苛责。比较起来，与当时知名文士如钱谦益，吴伟业、龚鼎孳之流的腼颜事敌，以明朝高官而不知国仇家恨为何事，柳敬亭的行止就要高洁得多了。他在晚年时，曾随漕运总督蔡士英北上。清人王沄的《漫游纪略》一书记述柳敬亭在由扬州至北京的运河水程中，曾为蔡士英讲说《隋唐演义》等稗史，"危坐掀髯，音节顿挫，或叱咤作战斗声，或喁喁效儿女歌泣态，公尝竦听之，僮仆以下咸助其悲喜，坐客莫不鼓掌称善，率至夜分乃罢。"及至北京，朝中高官久聆柳敬亭之大名，多招之献技，先后接踵，生涯甚盛。当时著名的文人曹贞吉曾作词二首相赠，云：

“席帽单衫，击缶呜呜，岂不快哉？况玉树声销，低迷禾黍，梁园客散，清浅蓬莱。荡子辞家，羁人远戍。耐何逢场作戏来。掀髯笑，谓浮云富贵，曲蘖都埋。纵横四座嘲诙，叹历落嵚崎是辨才。想黄鹤楼边，旌旗半卷，青油幕下，尊俎常陪。江水空流，师儿安在？六朝兴亡无限哀！君休矣，且扶同今古，共此衔杯。”

“咄汝青衫叟，阅浮生，繁华萧瑟，白衣苍狗。六代风流归抵掌，舌下涛飞山走，似易水歌声听久。试问于今真姓氏，但回头，笑指芜城柳。休暂住，谈天口。当年处仲东来后，断江流，楼船铁锁，落星如斗。七十九年尘土梦，才同青门沽酒。更谁是，嘉荣旧友？天宝琵琶宫监在，诉江潭，憔悴人知否？今昔恨，一搔首。”

这两首词，描写一个历尽沧桑的白头艺人的落拓际遇与其中心感怀，意境悲凉，极见写作之佳。曹贞吉的词，一时传诵京师，而柳敬亭的大名也就由此益盛。当时的知名文士之中，颇多和作，如龚鼎孳所写的一首“贺新凉”便很出色，云：

鹤发开元叟，也来看荆高市上，卖浆屠狗，万里风霜吹短褐，游戏侯门趋走，卿与我，周旋良久。绿鬓红颜今改尽，叹婆娑，人似桓公柳。空击碎，唾壶口。江东折戟沈沙后，过清溪，笛床烟月，泪珠盈斗。老矣耐烦如许事，且坐旗亭呼酒，伴残腊，消磨红友。花压城南韦杜曲，问球场，马弰还能否？斜日外，一回首。

由曹贞吉词中“七十九年尘土梦”之句，可以知道柳敬亭北上京师时，业已七十九岁。以七九高龄的老髦之年，至于还需要趋走侯门，观光上国，这一绝代名家的遭遇，也实在太厄塞困穷可怜了，据北京所流传的说法，柳敬亭在逗留京中期间，曾经逢场授徒，故而后来的北京，遂有三辰、五亮、十八奎等支派，皆是柳敬亭的徒辈。由此说来，柳敬亭不但在淮扬一带创立了新式评话的一派，即是北京的说评话，也是柳敬亭所传授。然则“评话始于柳敬亭”之说，真是确切可信的了。

自明末以来，见之于诸家文集的各种记载，对这位一代说书大家柳敬亭的生平事迹与艺术造就，向来都是赞颂备至。然而，清乾隆时的大文豪王士祯却独唱反调。他所作的《分甘余话》中曾说：

> 左良玉自武昌称兵东下，破九江安庆诸属邑，杀人甚于流贼。东林诸公快其以讨马阮为名，而并讳其为贼。左幕下有柳敬亭苏昆生者，一善说评话，一善度曲。良玉死，二人流寓江南，一二名卿遗老左袒良玉者，赋诗张之，且为作传。余曾识柳于金陵，试其技，与市井之辈无异。爱及屋上之乌，憎及储胥，噫，亦愚矣。

此文中所说的“一二名卿遗老”，所指的自然是黄宗羲与吴伟业（梅村）。王士祯在乾隆时官至尚书，身为清朝的显宦，自然要为清朝的统治者说话。很显然地，柳敬亭之能为当时名流所称扬，颇寓有故国之思。王士祯指责左良玉之兴兵东下，形同作贼，又因左良玉而并贬柳敬亭，其心理状态既与当时人不同，因此而故唱反调，亦就不足为异。至于他说柳敬亭的说书技术“与市井之辈无异”，似是违心之论。夏荃的《退庵笔记》特驳之，说：

> 敬亭热肠侠骨，求之士大夫中，不可多得。故当时通侯上相、东林诸君子极重之，匪如丁（指丁继之）苏（指苏昆生）辈仅以其技鸣也。

技极工，果足以尽柳老哉？渔洋（即王士祯）官扬州司李时，年甚少。华胄蚤达，负其才气，凌轹一时，何有于柳老？而柳老周旋明季诸贤最先，迹其生平，长揖公侯，平视卿相，无丝毫媕阿，又何肯为渔洋，此情事之最逼真者。渔洋特创为此说，抹宁南（即左良玉）兼抹敬亭。耳食者遂谓柳技平平，且目为左党，冤乎！

由夏荃之说，可知王士祯的贬词实在毫无价值。而由夏荃文中赞扬柳敬亭一生“长揖公侯，平视卿相，无丝毫媕阿”的话中看来，这一位当代的说书大家，正因为一身傲骨之故，终至一生为衣食奔走，虽在垂暮之年，犹须以献技谋生。阎尔梅称柳敬亭为“柳老豪布衣”，这几个字，颇足以概括柳敬亭的生平，亦可作为后人对他的定评。